HIP HOP 50 ISSUE

ヒップホップ誕生50周年記念号

JN072718

クラシックなヒップホップ・アルバムが並ぶ、HMV渋谷。
(photo by Yasuhiro Ohara)

50 Years Of HIP HOP Fashion In Record Jackets
ヒップホップ・ファッションの変遷

Grandmaster Flash,
Melle Mel & The Furious Five /
More Of The Best

Afrika Bambaataa & Soulsonic Force /
Frantic Situation(1984)

Run-D.M.C. /
Run's House(1988)

Eric B. & Rakim /
Follow The Leader(1988)

L.L. Cool J /
I'm That Type Of Guy(1989)

Salt-N-Pepa /
Shake Your Thang(1988)

90s — 70s

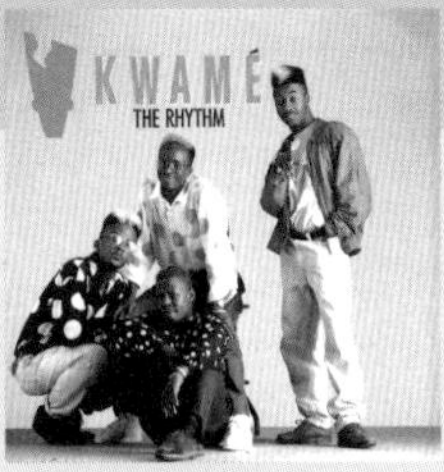

Kwamé /
The Rhythm(1989)

Jungle Brothers /
Doin' Our Own Dang(1990)

Pete Rock & C.L. Smooth /
Straighten It Out(1992)

South Central Cartel /
'N Gatz We Truss(1994)

Kris Kross /
Totally Krossed Out(1992)

Lil' Kim /
Crush On You(1997)

ヒップホップはファンション発信源でもあり、いくつものトレンドを生んできた。古くは80年代のランDMCとアディダス、LL・クール・Jとカンゴールのバケットハットが有名で、彼らのスポーツウェア志向はスニーカーの流行(ナイキ、プロケッズ、プーマ等々)にも繋がり、ビッグ・ダディ・ケインやスクールリー・Dらのゴールドのネックレスはその後の普及を思えば同じように重要だった。ソルトン・ペパの大きなゴールドのイヤリングも忘れがたい。それから、ルイ・ヴィトンやグッチのような高級ブランドを取り入れたり、80年代後半以降にはプレッピー・ファッション——ブランドもののパーカーやスウェット、カーディガン等々——も人気で、それはいま現在もタイラー・ザ・クリエイター(彼はスケーター・ファッションでも知られる)などが継承している。また、90年代のヒップホップ・ファンションといえばオーバーサイズ。Tシャツやジャージ、バギーパンツ、フランネルシャツ、ベースボールキャップ……。ラルフローレン、カルバン・クライン、トミーヒルフィガーやなんかが好まれた。アーティスト主導のブランドも多く、ウータン・クランの「Wu Wear」をはじめ、ほかにもファレルの「Billionaire Boys Club」、ジェイ・Zの「Rocawear」、カニエ・ウェストのブランド「Yeezy」等々。2000年代以降もヒップホップ・ファンションの動きは活発で、オートクチュールからソウルジャ・ボーイやウィズ・カリファのような全身タトゥー、そして近年では黒を基調にしたハイ・ファッションも取り入れている。なんでもいま現在もっともお洒落なのはエイサップ・ロッキーだとか。いろんな意見があるでしょうが、とりあえず、ここに並べたレコード・ジャケットを眺めながら、そのファッションの変遷を楽しんで下さい

Kanye West /
The College Dropout :
Exclusive DJ Album Sampler(2004)

Birdman & Lil Wayne /
Like Father, Like Son(2006)

OutKast /
Ms. Jackson(2001)

Pharrell /
Frontin'(2003)

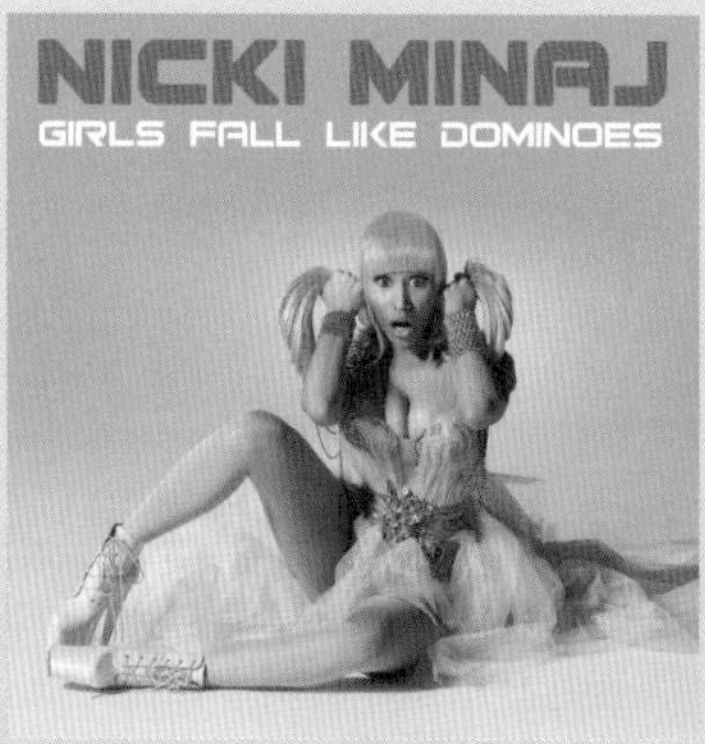

Nicki Minaj /
Girls Fall Like Dominoes(2010)

20s — 00s

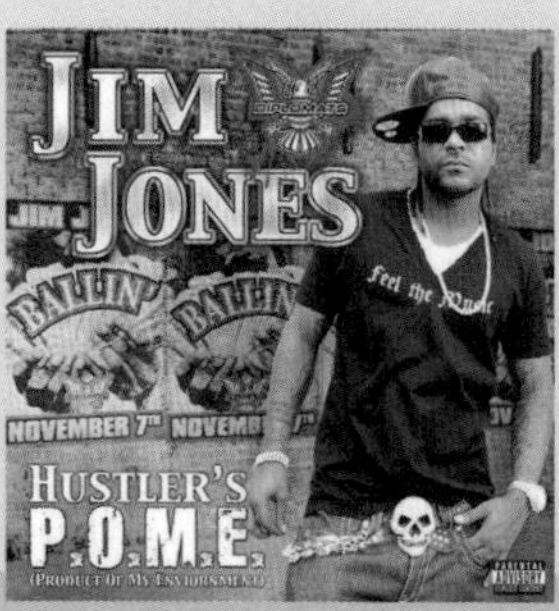

Jim Jones /
Hustler's P.O.M.E.(2006)

ASAP Rocky /
LiveLoveA$AP(2011)

Playboi Carti /
Playboi Carti(2017)

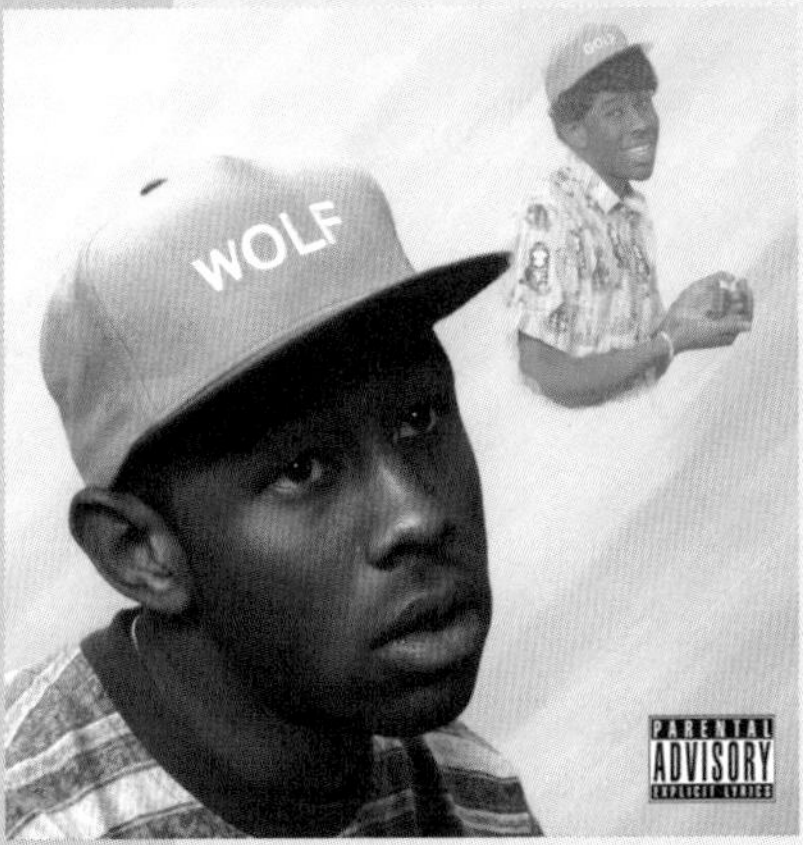

Tyler, The Creator /
Wolf(2013)

Young Thug /
Jeffery(2016)

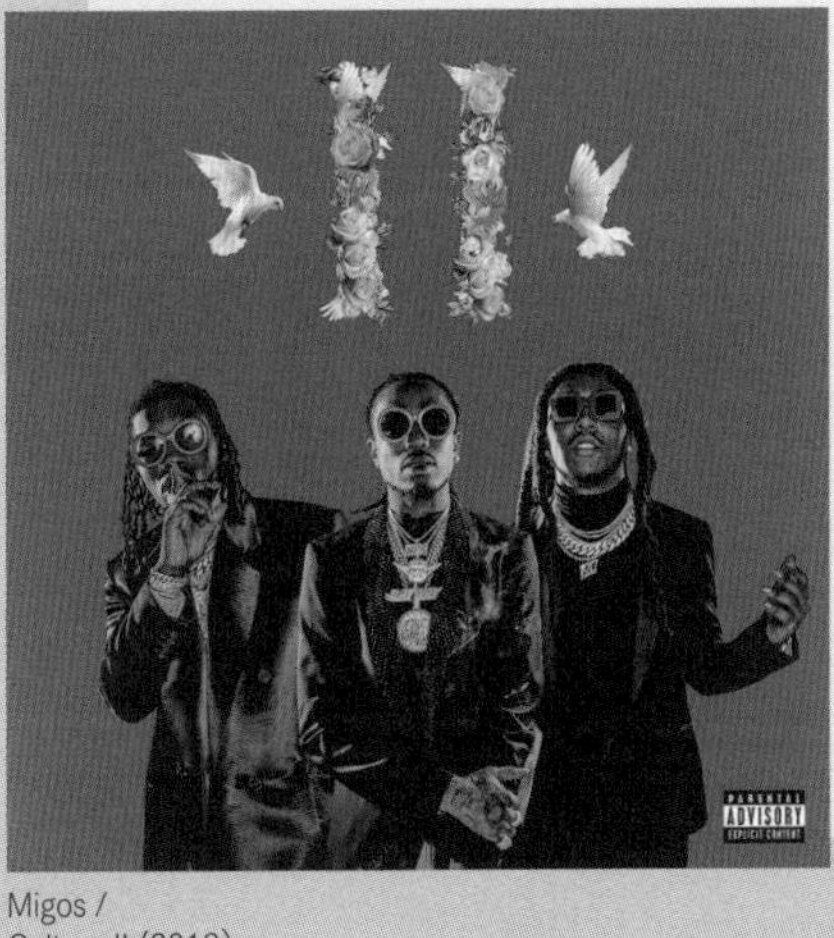

Migos /
Culture II (2018)

Future /
Magic(2011)

HIP HOP 50 〜Daily Operation〜

ヒップホップ誕生50周年を祝う。世界中の日常に溶け込んだ最強カルチャー

文：小渕晃

今年2023年、ヒップホップが誕生から50周年を迎えた。ヒップホップDJのパイオニアのひとり、クール・ハークが、妹のためのパーティをブロンクスで開催。レコードの2枚使いでブレイクビートを初めて披露したその日、1973年8月11日をヒップホップの誕生日とし、今年はそれから50年、というわけだ。

ちょっと待て、そんな誕生日の話、聞いたことがないという方も多いだろう。それもそのはずで、この誕生日、定められたのは近年のことであり、またそもそもヒップホップの誕生は1974年とする説もある。これは、近年、誕生の地であるにも拘らずすっかり影の薄くなったニューヨークだが、来年（にずれ込んだ）ヒップホップ博物館のオープンを機に、その威厳を取り戻そうと動いてきた、その一環としての誕生日制定なのだろう。実際、「ヒップホップ50」にまつわるお祭り騒ぎにもニューヨーク以外は冷ややかだし、若いラッパーたちは総じて無反応というのが現状だ。とはいえ、せっかくの大きな節目、この機に歴史を振り返り、楽しむことはやぶさかではない。

ヒップホップの50年は、若い世代の圧倒的な支持を得て成長・拡大してきた歴史であり、同時に、オールド・メディアとの闘いの歴史であったと言える。「ガラパゴス日本」にいると実感が得難いが、もう何十年も前から世界のユース・カルチャーはヒップホップを中心にまわっている。欧米におけるヒップホップのレコード売り上げは圧倒的、日本の比じゃない。ライヴは、人が集まりすぎて危険、開催がなかなかに困難といった状況。苦肉の策か、今年、最大規模のヒップホップ・フェス『Rolling Loud』の1公演はタイで行われた（客をタイまで来れるお金持ちに限定したい、という意味合いもあっただろう）。ラップ、ブレイクビートなどヒップホップの諸要素はもはやポップスの隅々にまで入り込み、ジャンル

の境界線は限りなく曖昧だ。もはやヒップホップの影響を受けていない音楽はない、と言っていい。

一方でヒップホップは、これはアメリカも日本も変わらず、「こんなもの音楽じゃない」「音楽の未来を壊す元凶」といった非難の言葉、差別的な視線にずっと晒されてきた。ロックンロールも当初アメリカでは「悪魔の音楽」と忌み嫌われたが、オトナに嫌がられる文化は若者の間で流行る。正しいのはいつの時代も若者だ。

ロックと異なるのは、ヒップホップの敵が、ロック・メディアが築いたスター・システムでもあったことだ。アートである前にコミュニケーションの手段であるヒップホップは、相手がいないと成立しない、皆でつくる、シーンがあって成り立つ文化だ。「シーン対ひとりの勝負、勝てるわけがない」と囁かれたのは、ヒップホップの隆盛にひとりで立ち向かっているように見えた90年代のプリンス。天才やスターはいらない、シーン全体で成長していくのがヒップホップ最大の強みだ。そこを理解し説くことなく、半ば強引にでっち上げたスターを持ち上げることしか出来ないオールド・メディアの存在はヒップホップにとって害悪でしかなかった。この文化の魅力を正しく伝えるものではなかった。が、若者たちはちゃんと真実を見つけ、この国でも揺らぎないヒップホップ文化を育んでいる。

ギャング・スターの『Daily Operation』を、狂ったようにリピートしていた時期がある。ヒップホップはかしこまって、ありがたがって聴くようなものじゃない。このアルバムのタイトル通り、日々の日課として触れ、感じて、そうしていつか生活の一部になっていくものだ。今やそうしたリスナーが世界中に何十億人といるわけで、ヒップホップがこれからも世界のユース・カルチャーの中心であり続けることは間違いない。

Contents

90年代よりヒップホップ／R&Bの専門店として知られるManhattan Records
（photo by Yasuhiro Ohara）

ORGANIZED
KONFUSION
BOOGIE DOWN PRODUCTIONS
"BY ALL MEANS NECESSARY"
HOSTFACE KILLAH
MC's Act Like They Don't Know
IRONMA
WU-TANG
KOOL G RAP
UNDERGROUND HIPHOP
RAP LP,12inch
UDG
LEX BOX
BEST BOX
FOR YOUR
12" RECORD
COLLECTIONS

ヒップホップ誕生50周年
50年分のベスト・アルバム100枚

文：アボかど、緊那羅：デジラ、小林雅明、小渕晃、つやちゃん、野田努、長谷川町蔵、二木信、三田格、水谷聡男、渡辺志保

50年分のベスト・アルバム100枚を、リリース年→アーティスト名のアルファベット順に並べている。選盤は、ひとり（ひと組）につき1枚を原則としたが、Dr.ドレーだけは『The Chronic』『2001』のどちらも外せないので2枚とした。オリジナル・アルバム（ミックステープ・アルバム含む）を原則選んでいるが、シングル盤が主メディアだった時代に活躍した、グランドマスター・フラッシュ&ザ・フューリアス・ファイヴ、アフリカ・バンバーター&ソウルソニック・フォースについては実質的にはコンピレーション・アルバムとなる作品を選んでいる。ヒップホップは特に時代性を反映する文化であり、12インチ・シングルに始まり、LPレコードとカセットテープ、CD、ネット・ダウンロード、サブスクリプションと主メディアを変えてきた。記してある収録曲名は、各作品の発表

100 Classics

時における主メディアで聴けるものだ（CDの時代は通常盤を基準とし、デラックス盤だけの収録曲は割愛）。

80年代が18枚、90年代が44枚、00年代が10枚、10年代が24枚、20年代が4枚。というのが年代別の内訳だが、00年代が非常に少ないことには僕自身が驚いた。ただ、空前のフィジカル・セールスを記録していたこの時期は、売れるに任せて毎年リリース、しかも20曲入りはあたりまえ、CD2枚組で40曲なんてアルバムも多かった。言わば捨て曲も多く、名アルバムをつくるという考えがアーティスト側になかったのは明白だ。さらに絶好調なセールスのもとで、売れるスタイルの拡大再生産に甘んじていた者も少なくなかったわけで。世界的なヒップホップ・ブームの中、楽しいパーティ・チューンが溢れた10年間ではあったけれど、10年代における新世代のクリエイティヴィティの爆発を耳にしてきた今では納得の評価だろう。

小渕晃

こだわりのあるセレクションが目を引く、JAZZY SPORT SHIMOKITAZAWA
（photo by Yasuhiro Ohara）

001

Grandmaster Flash & The Furious Five

The Message

Sugar Hill (1982)

①She's Fresh ②It's Nasty ③Scorpio
④It's A Shame (Mt. Airy Groove) ⑤Dreamin'
⑥You Are ⑦The Message

Produce Sylvia Inc., Jiggsaw Productions

後のターンテーブリズムに先駆けてDJプレイをアートの域にまで高めたグランドマスター・フラッシュは、クール・ハーク、アフリカ・バンバーターと並び称される「3大DJ」。彼が率いたフューリアス・ファイヴは、コールド・クラッシュ・ブラザーズと並んで「最強」の呼び声も高かった。前身時代を経て1979年、Younger Generation名義で出した「We Rap More Mellow」が初のレコード。続いて「Superrappin'」で本格デビューすると、「Freedom」「The Birthday Party」「It's Nasty」とヒットを連発。当時の他のシュガー・ヒル・レコーズ作品と同様、ダグ・ウィンビッシュ、スキップ・マクドナルド、キース・ルブラン（Wood Brass & Steel → Brand New Funk → Tackhead, etc.）を中心とするハウス・バンドが、人気ブレイク・パートを「リ・エディット」して生演奏したビートも、この時期3年間ほどの作品でしか聴けないもので、独特なグルーヴがあらためて最高だ。エレクトロ時代が始まった1982年リリースの「The Message」は「初の社会派ラップ」となった古典。

小渕晃

002

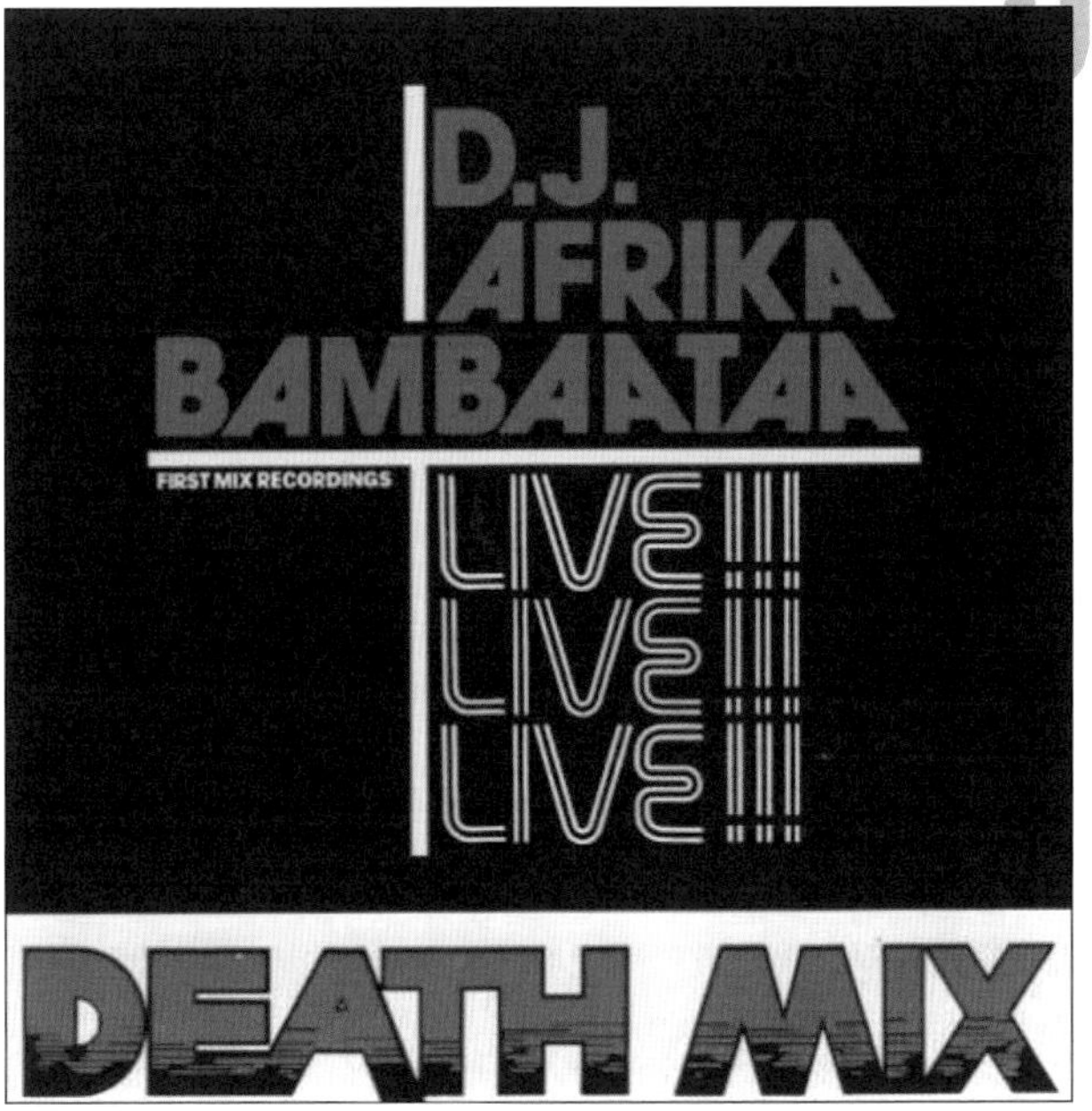

D.J. Afrika Bambaataa

Death Mix - Live

Paul Winley (1983)

①Death Mix 8:29 ②Death Mix 10:30

Produce Afrika Bambaataa

ここにはおおよそすべてが詰まっている。ラップもエレクトロ（つまり後のテクノ）もターンテーブリズムもサンプリングも。1983年のブロンクスの高校でのパーティの模様から、ジャクソン5やYMO、グランドマスター・フラッシュの曲などを使った、その一場面の音質の悪いライヴ・ミックス。歴史的な記録としてヒップホップ・リスナー以外にも広く知られている盤で、この頃のバンバーターとDJ・ジャジー・ジェイがどれほど未来的だったのかが確認できるわけだが、僕はこの、なかば神秘的でさえある籠もった音像を聴いた時、文字通り打ちのめされた。よく言われるように70年代のNYのディスコとヒップホップのシーンの選曲はほとんど共通している。が、両者は枝分かれしていった。ヒップホップの抱えた（やがて巨大化する）〝影〟のような光沢を、僕はこのミックスや僕が大好きな「Vicious Rap」などに感じる。当時本作は超レア盤で、多くの人はジャケ違いのブートで我慢していた。96年に〈Pヴァイン〉からのハーレム・アンダーグラウンド・バンドの数曲（素晴らしい！）を追加したリイシュー盤が出て、近年ではより長尺のミックスを収録した「Death Mix 3」まで出ている。

野田努

003

Mantronix

The Album

Sleeping Bag (1985)

①Bassline ②Needle To The Groove
③Mega-Mix ④Hardcore Hip-Hop ⑤Ladies
⑥Get Stupid "Fresh" Part I ⑦Fresh Is The Word

Produce Kurtis Mantronik, M.C. Tee

ヒップホップにおけるTR-808の教科書であり、その後エレクトロニカやロックからも参照されることになる革命的1枚。ドラムマシンにシンセサイザー、ラップにヴォーコーダーというスタイルをいっきに広めた。もしここに収録された7曲を古く感じるとしたらラップに問題があり、もしこの音楽がいまでも新鮮に聴こえるとしたら未来的なトラックに理由がある。レコード店で働きながらクラブ音楽に傾倒し、ドラムマシンをいじり倒したジャマイカ生まれNY育ちのカーティス・マントロニク、そしてブロンクス生まれのMC・ティーのふたりは、金を出し合って「Fresh Is The Word」を録音した。本作の最後に収録されたその最終ヴァージョンにおけるユニークなドラム・プログラミングを聴いたら、これがオウテカの影響元であることも理解できるだろう。もっともマントロニクスは〝Get Stupid（バカになれ）〟がメッセージで、その影響もまたUKで爆発したのだった。レーベルはハウスに隣接したアーサー・ラッセルの〈Sleeping Bag〉だが、1曲目の「Bassline」は、現代のトラップのルーツ的サウンドでもある。

野田努

004

Schoolly-D

Schoolly-D

Schoolly-D (1985)

①I Don't Like Rock "N" Roll ②Put Your Fila's On
③Free Style Rapping ④P.S.K. "What Does It Mean"?
⑤Gucci Time ⑥Free Style Cutting

Produce Schoolly-D, J.B. Weaver

フィラデルフィアからギャングスタ・ラップの先駆けとされるラッパーの1作目（当時23歳）。「P.S.K.」は初めて「ニガー」という単語を使ったヒップホップとされ、サイモン・レイノルズがスワンズを引き合いに出すほど重いドラムが圧巻。DJ・コード・マネーに対する評価はTR-909の重さがすべてといってよく、セックスや暴力を扱った歌詞と共に「（西海岸に飛び火して）Gファンクの始まりになった」とも。ギターやドラムなど特定の楽器ではなく、トリップ目的で曲全体にリバーヴをかけたため、ジーザス&メリー・チェインがこれに強く反応して「Sidewalking」を発表、イギリスのギター・バンドがダンス・カルチャーと交錯するきっかけのひとつとなった。派手なスクラッチだけを聴かせる「Free Style Cutting」も当時はめちゃ実験的に聴こえた。シングル両面をすべて再録しているため、当初はコンピレーション扱いで、長い間、評価の対象外に置かれていたものが、ある時期から急にもてはやされるようになり、近年では『Rolling Stone』誌が「リアルなラップはここから始まった」と「P.S.K.」をベスト・ヒップホップ・ソングの71位に選出したり。　三田格

005

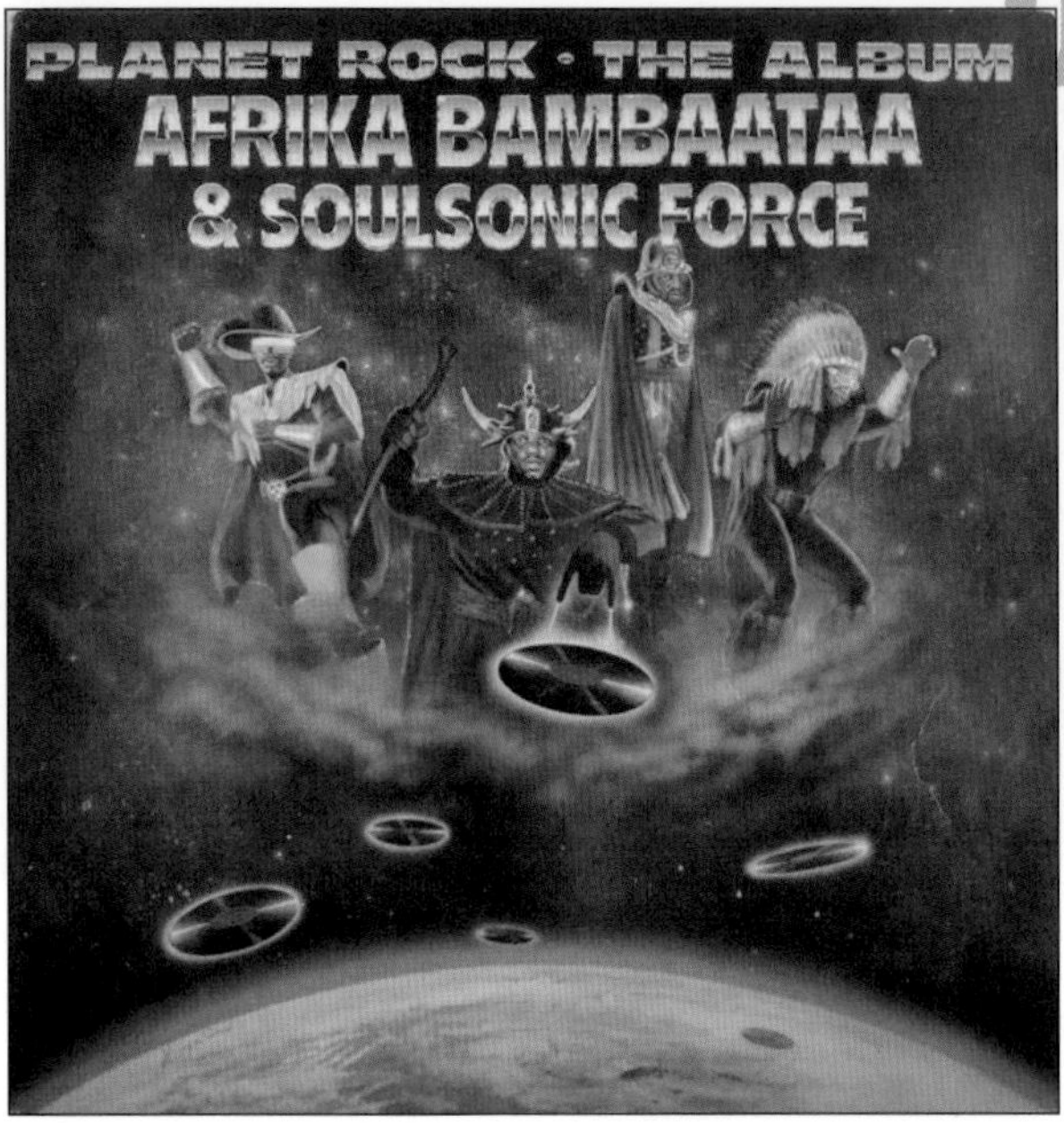

Afrika Bambaataa & Soulsonic Force

Planet Rock – The Album

Tommy Boy (1986)

①Planet Rock ②Looking For The Perfect Beat
③Renegades Of Funk (Remix) ④Frantic Situation (Frantic Mix)
⑤Who You Funkin' With? ⑥Go-Go Pop ⑦They Made A Mistake

Produce Arthur Baker, John Robie, Doug Wimbish, Keith LeBlanc, Skip McDonald, Afrika Bambaataa

自分でも何だと思って聞いていたのか思い出せないけれど、ヒップホップという言葉はまだなかった82～83年にリリースされ、ファンク・サウンドを刷新した3枚のシングルにBサイドを足した（実質的には）コンピレーション・アルバム。クラフトワーク「Numbers」にインスピレーションを受けたプロデューサーのアーサー・ベイカーがTR-808に夢中になり、同時期に手掛けたニュー・オーダー「Confusion」やフリーズ「I.O.U.」のようなフォロワーと同じく電子音で踊ることの楽しさを倍増させ、ヒップホップがロック的な姿勢を打ち出す以前のパーティ・ラップ黄金期を導き出した。3日でできたという「Planet Rock」も「Looking For The Perfect Beat」も社会と対峙するよりもコミュニティ内で楽しむことが優先され、コール&レスポンスの頻出がモノローグ多めの現在とはぜんぜん異なっている。イスラム教への改宗を示唆する「Renegades Of Funk」はネイション・オブ・イスラムだけでなく、多くの歴史的人物に言及し、曲調も微妙にシリアスに。黒人たちが楽しそうにしていたら文句を言うやつが出てきたということか。

三田格

006

Run DMC

Raising Hell

Profile (1986)

①Peter Piper ②It's Tricky ③My Adidas ④Walk This Way
⑤Is It Live ⑥Perfection ⑦Hit It Run ⑧Raising Hell ⑨You Be Illin'
⑩Dumb Girl ⑪Son Of Byford ⑫Proud To Be Black

Produce Rick Rubin, Russell Simmons, Jason Mizell, Joseph Simmons

ラン・DMCの3rdは、憧れの先輩たちを研究し、ヒップホップの何がかっこいいのか、を最初から意識して演じた第2世代の旗手たちによる金字塔。生まれついてのMC（司祭）であるランに、彼との相性が最高なDMC、ブレイクビート・ライヴDJの頂点であるジャム・マスター・ジェイ。かけがえのない3人本来の、オールドスクール・ヒップホップの核心だけで魅せる姿は次作『Tougher Than Leather』のA面でより味わえる。それでも本作を最重要とするのは、これ以前、一般的にはダンス・ミュージックの新種としか思われていなかったヒップホップを「時代のロック」として一躍、音楽シーンの最前線に立たせたのがこのアルバムだから。本作をきっかけに、世界中で何百万人がヒップホップを聴き始めたことか。デフ・ジャム創設者のひとりであるリック・ルービンのバランス感覚は突出したもので、セルアウトの一歩手前でヒップホップとロックを混ぜ合わせた手腕は今振り返れば神業。至上の名曲「Peter Piper」が、最強の「Hit It Run」があるから、エアロスミスとの「Walk This Way」も楽しく聴ける。永遠に「ヒップホップの代名詞」であり続ける世界文化遺産。

小渕晃

007

The 2 Live Crew

2 Live Is What We Are

Luke Skyywalker (1986)

①2 Live Is What We Are (Word) ②We Want Some Pussy
③Check It Out Yall (Freestyle Rappin') ④Get It Girl ⑤Throw The D
⑥Cut It Up ⑦Beat Box (Remix) ⑧Mr. Mixx On The Mix!!

Produce 2 Live Crew

そのレコードを未成年に売ったら店員がわいせつ罪の嫌疑をかけられるレヴェルのわいせつ物としてのラップを完成させたのが、彼らである。ルーク・スカイウォーカーを中心に、DJのミスター・ミックス、MCの故フレッシュ・キッド・アイスとブラザー・マーキスによるマイアミを拠点とした……というかマイアミ・ベースを広めたのは本作収録の「Throw The 'D'」だった。マントロニクス経由のTR-808と重低音、そしてカットアップ。そして女性が耳にしたら決して気持ち良くはないであろう男性中心の性的言葉の数々。本作はデビュー盤で、89年の3枚目のアルバムにおいて商業的な大成功を収めるとその非難はNWA以上に高まった。それでもこのハイピッチなエレクトロ・ダンス・ミュージックが廃れることはなく、たとえば初期の電気グルーヴ（本作収録の「We Want Some Pussy」とくだんの「Throw The 'D'」を参照）からデトロイトのゲットー・ベースへと受け継がれていった。つまり、いまなら余裕でキャンセルされるであろうリリックを差し引いて、そのサウンドのみに限って言えば、彼らは間違っていなかったと言えるのだ。

野田努

008

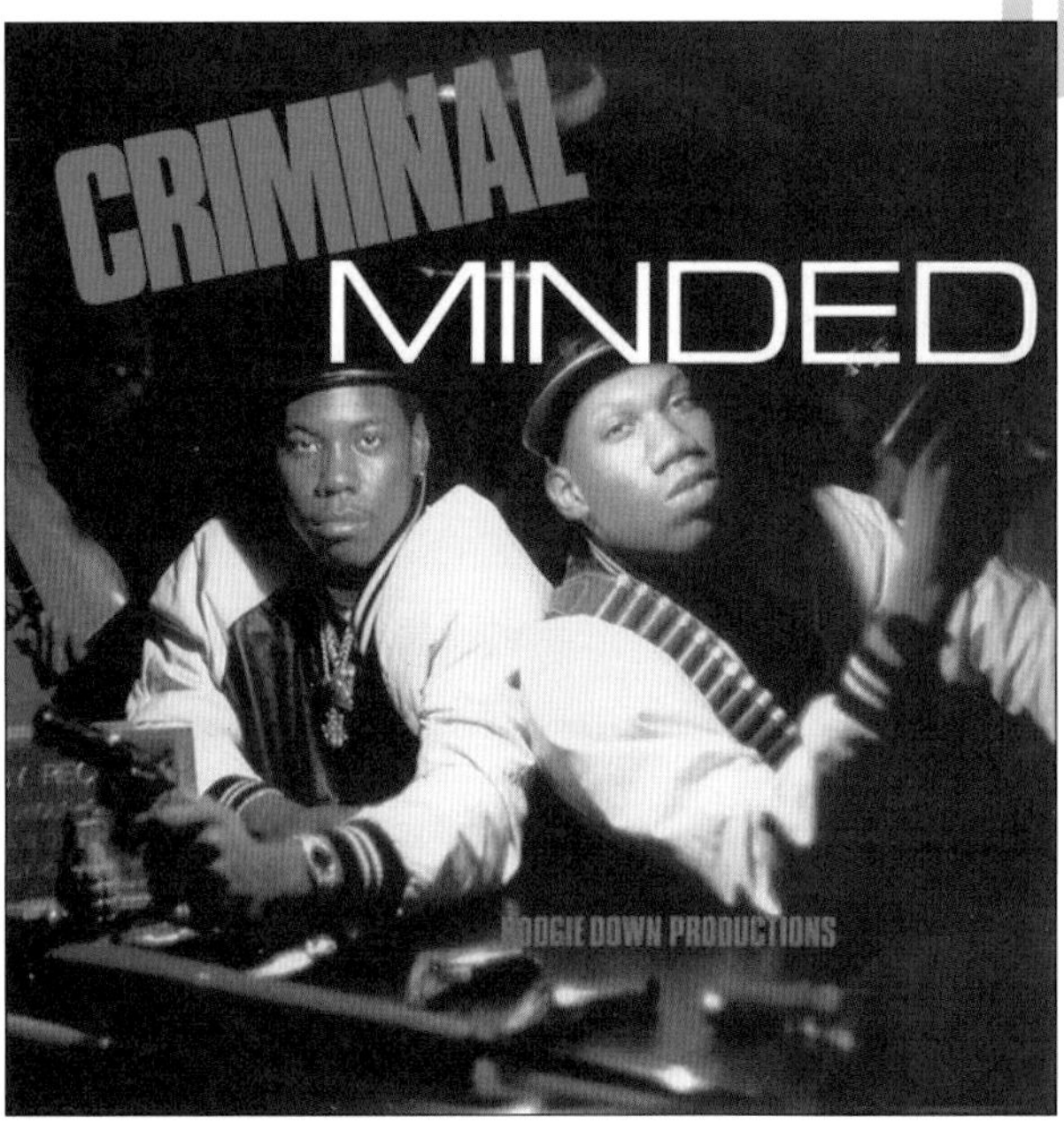

Boogie Down Productions

Criminal Minded

B-Boy (1987)

①Poetry ②South Bronx ③9mm Goes Bang ④Word From Our Sponsor ⑤Elementary ⑥Dope Beat ⑦Remix For P Is Free ⑧The Bridge Is Over ⑨Super-Hoe ⑩Criminal Minded

Produce Scott La Rock, KRS One, Ced Gee, Lee Smith

16歳で自らホームレスとなり様々なものを見聞きして、ストリートの哲学者となったKRS・ワン。エアロゾル・アート＝グラフィティに先にハマっていたが、ラップ人気の高まりを見てMCを志し、保護施設などでバトルを重ねスキルを磨く。その施設のひとつで、係官にしてDJで、恩師となるスコット・ラ・ロックと邂逅。「サウスブロンクス制作会社」を立ち上げ、ジュース・クルーとの「ブリッジ・バトル」で名を売った後、満を持してリリースした1stアルバム。スコットが用意したネタとなるレコードを、当時ブロンクスで唯一SP12（1200の前モデル）を持っていたウルトラマグネティック・MCズのセッド・ジーがチョップし、ビートを制作。メジャーになったラン・DMCらに飽き足らないストリートのサグたちにまずは注目してもらうため、「9mm Goes Bang」などでは銃や暴力についての描写も入れた。それで本作を「ニューヨークにおける最初期のギャングスタ・ラップ」とする見方もある。計画通り次作からは「ティーチャー」となり、90年前後のコンシャス・ラップ・ブームの顔役となったKRS。ただ時が経つと、剥き出しの初期衝動が他を圧倒するこの1stこそが古典に。

小渕晃

009

Eric B. & Rakim

Paid In Full

4th & Broadway (1987)

①I Ain't No Joke ②Eric B. Is On The Cut ③My Melody ④I Know You Got Soul
⑤Move The Crowd ⑥Paid In Full ⑦As The Rhyme Goes On
⑧Chinese Arithmetic ⑨Eric B. Is President ⑩Extended Beat

Produce Eric B. & Rakim

これ以降、今に至るまで「ラップ・アルバム」の雛形となっている古典中の古典。ラキムがブロック・パーティで用いていたブレイクビートねたを、マーリー・マールやNYディスコの大御所パトリック・アダムズがプログラミング。ラップをしっかりと聴かせる収録曲のBPM=テンポの遅さが革命的だったわけで、ここからヒップホップのレコードはダンス・ミュージックにとどまらずリスニング・ミュージックとしての性格を強めていく。音楽一家育ちで、サックスを始め楽器演奏にも長けたラキム。オンビートからオフビート（後ノリ）へとトレンドを変えてみせたフロウの魅力は、彼がラップばかというよりもミュージシャンだからこそのもの。グランドマスター・カズやクール・モー・ディーに学んだライミングを発展させ、語尾だけでなくあらゆる箇所で韻を踏むマルチシラブル・ライムを定着させた功績も大。そして本作は、USのブレイクビート文化とUKのレアグルーヴ文化を結びつけたことでも特筆すべき1枚。コールドカットやワイルド・バンチらUK勢によるリミックスを集めた『The Mixpak Elpee』がUK初回盤には付いていたが、これでヒップホップに目覚めた音楽好きも少なくない。

小渕晃

010

Big Daddy Kane

Long Live The Kane

Cold Chillin' (1988)

①Long Live The Kane ②Raw (Remix) ③Set It Off ④The Day You're Mine ⑤On The Bugged Tip ⑥Ain't No Half Steppin' ⑦I'll Take You There ⑧Just Rhymin' With Biz ⑨Mister Cee's Master Plan ⑩Word To The Mother (Land)

Produce Marley Marl

LL・クール・Jと並ぶ80年代のラップ・スターにして、最後のソウル・スターでもあったビッグ・ダディ・ケインの1st。ロクサーヌ・シャンテ、MC・シャン、ビズ・マーキー、クール・G・ラップ。マスタ・エースらを擁したニューヨークはクイーンズの伝説ジュース・クルー。チームの音楽監督で、マシン・サンプリングのパイオニアのひとりであるマーリー・マールが、自身最初の頂点を聴かせたドープなビートがずらり並ぶ名盤だ。華のありすぎる主役のファスト・フロウも震えるほどかっこいい。奇しくも『Wild Style』中の「Down By Law」ビートを用いた「On The Bugged Tip」なるポッセ・カットもあるが、ここまでの10数年のオールドスクール・ラップ最良の完成形と言いたくなる、ラップの根源的な魅力に溢れるヴォーカルにシビれる。一方で、バラードの「The Day You're Mine」では艶のありすぎるソウルマンぶり。女性人気もすごかったケインはステージではダンスも軽くキメて、ブラック・エンタテインメントの継承者としても突出した存在だった。兎にも角にもニュースクール以前のヒップホップを代表するアルバムのひとつだ。

小渕晃

011

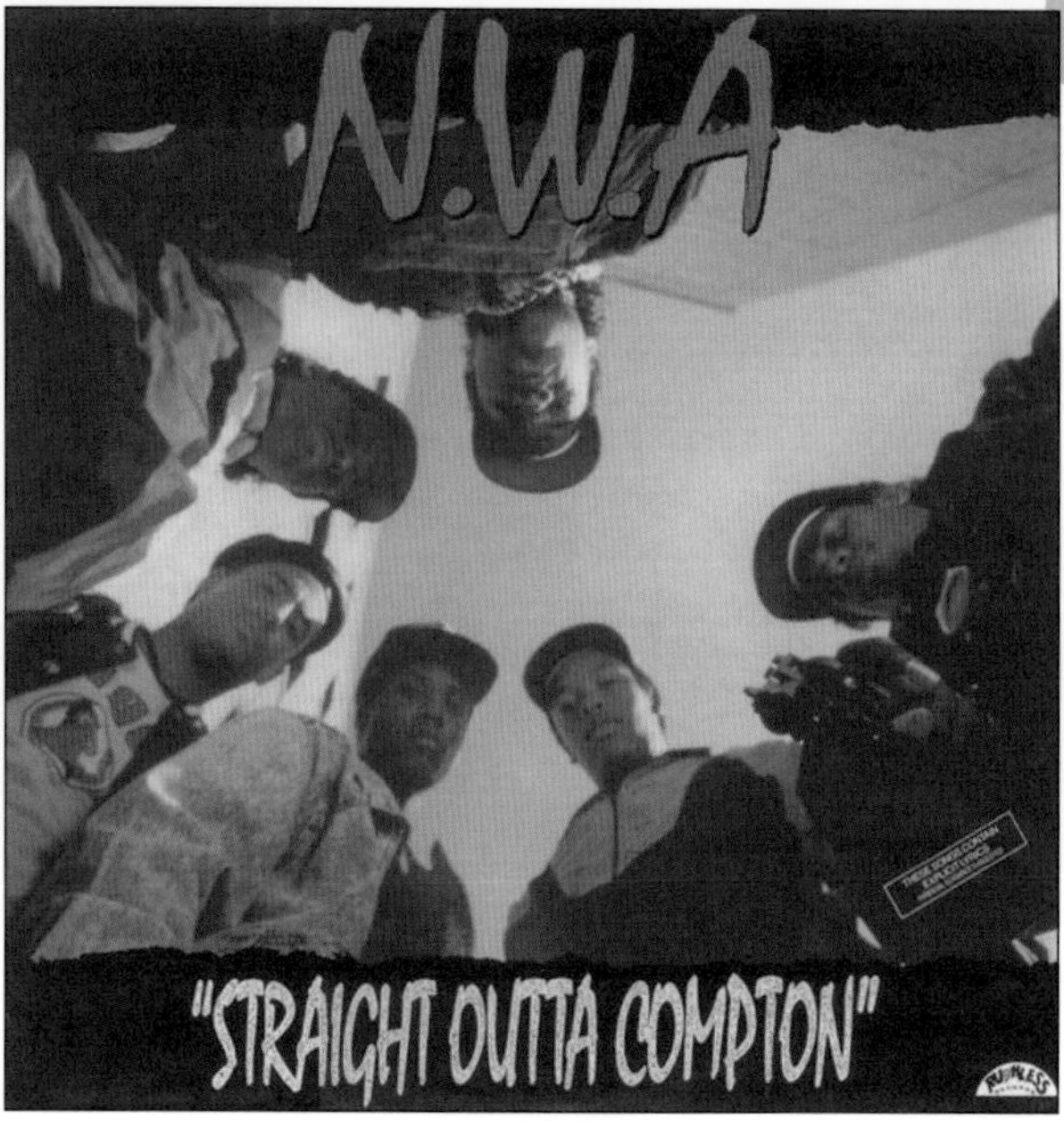

N.W.A

Straight Outta Compton

Ruthless (1988)

①Straight Outta Compton ②_ _ _ _ Tha Police ③Gangsta Gangsta ④If It Ain't Ruff ⑤Parental Discretion Iz Advised ⑥8 Ball (Remix) ⑦Something Like That ⑧Express Yourself ⑨Compton's N The House (Remix) ⑩I Ain't Tha 1 ⑪Dopeman (Remix) ⑫Quiet On Tha Set ⑬Something 2 Dance 2

Produce Dr. Dre, Yella

ヒップホップ50年の歴史で最も重要なアルバムは?と訊かれたら、僕は本作を挙げる。ヒップホップ史上最高のサウンド・デザイナーであるDr.ドレー、ヒップホップ史上最高の映画的センスを持つリリシスト、アイス・キューブ、そして、ヒップホップ史上最高のキャラ立ちを誇るカリスマ、イージー・E。という3人が中心となったヒップホップ史上最高のスーパー・グループ、NWAの1stだ。仲間内のアソビであり、抽象的なアートだったニューヨークのヒップホップ。対して、映画の都ハリウッドを擁するロスアンジェルスで彼らは、ストーリー性の強いドラマティックなラップを、ファンクをベースにしたメロディアスなビートに乗せて、誰にでもわかりやすいエンタテインメントとして確立してみせた。セールス面で伸び悩んでいたヒップホップは、ローカルな文化で終わっていた可能性もある。しかし本作が広めたギャングスタ・ラップが世界中の若者に聴かれ、商業的にも大成功し、演じ手も聞き手も激増させたからこそ、ヒップホップは50年経っても成長し続ける過去に例のない巨大なカルチャーとなった。音楽的なおもしろさでも、果たした役割の大きさでも、本作は圧倒的だ。

小渕晃

012

Public Enemy

It Takes A Nation Of Millions To Hold Us Back

Def Jam (1988)

①Countdown To Armageddon ②Bring The Noise ③Don't Believe The Hype ④Cold Lampin With Flavor ⑤Terminator X To The Edge Of Panic ⑥Mind Terrorist ⑦Louder Than A Bomb ⑧Caught, Can We Get A Witness? ⑨Show 'Em Whatcha Got ⑩She Watch Channel Zero?! ⑪Night Of The Living Baseheads ⑫Black Steel In The Hour Of Chaos ⑬Security Of The First World ⑭Rebel Without A Pause ⑮Prophets Of Rage ⑯Party For Your Right To Fight

Produce Carl Ryder, Hank Shocklee, Eric'Vietnam' Sadler

ラップは基本的には仲間ウケから生まれた「言葉遊び」だ。ゆえにシーンの外にはそのおもしろさが伝わりにくい。だから、ヒップホップが世界的な注目を得る中で最初にメディアが飛びついたのは、テーマが明確で、誰にでもわかりやすいコンシャス/メッセージ・ラップだった。その代表選手として、音楽好きであれば誰もが知るほどの突出した知名度を誇ったのがパブリック・エネミーであり、彼らの代表作となったのがこの2ndだ。当時28歳、シーンの最前線ではほぼ最年長者で大学出のインテリであるチャック・Dは確信犯。社会的・政治的なラップを広めることを第一義とする、ブラック・パンサー党の意志を継ぐパリスやクープのブーツ・ライリーと同様の、特別中の特別な存在だ。アメリカのあらゆる欺瞞・問題を、道化役のフレイヴァー・フレイヴとともに聴かせるが、彼らのメッセージこそが世界中に届いたのはビートが極上だったから。チャック自身も一員であるボム・スクワッドのつくる、サンプリング・コラージュ・アートと呼びたいビートは血湧き肉躍るものでロック・ファンにも大ウケ。独自過ぎてフォロワーも生まれなかった、後にも先にも本作でしか聴けないヒップホップのひとつの究極形だ。

小渕晃

013

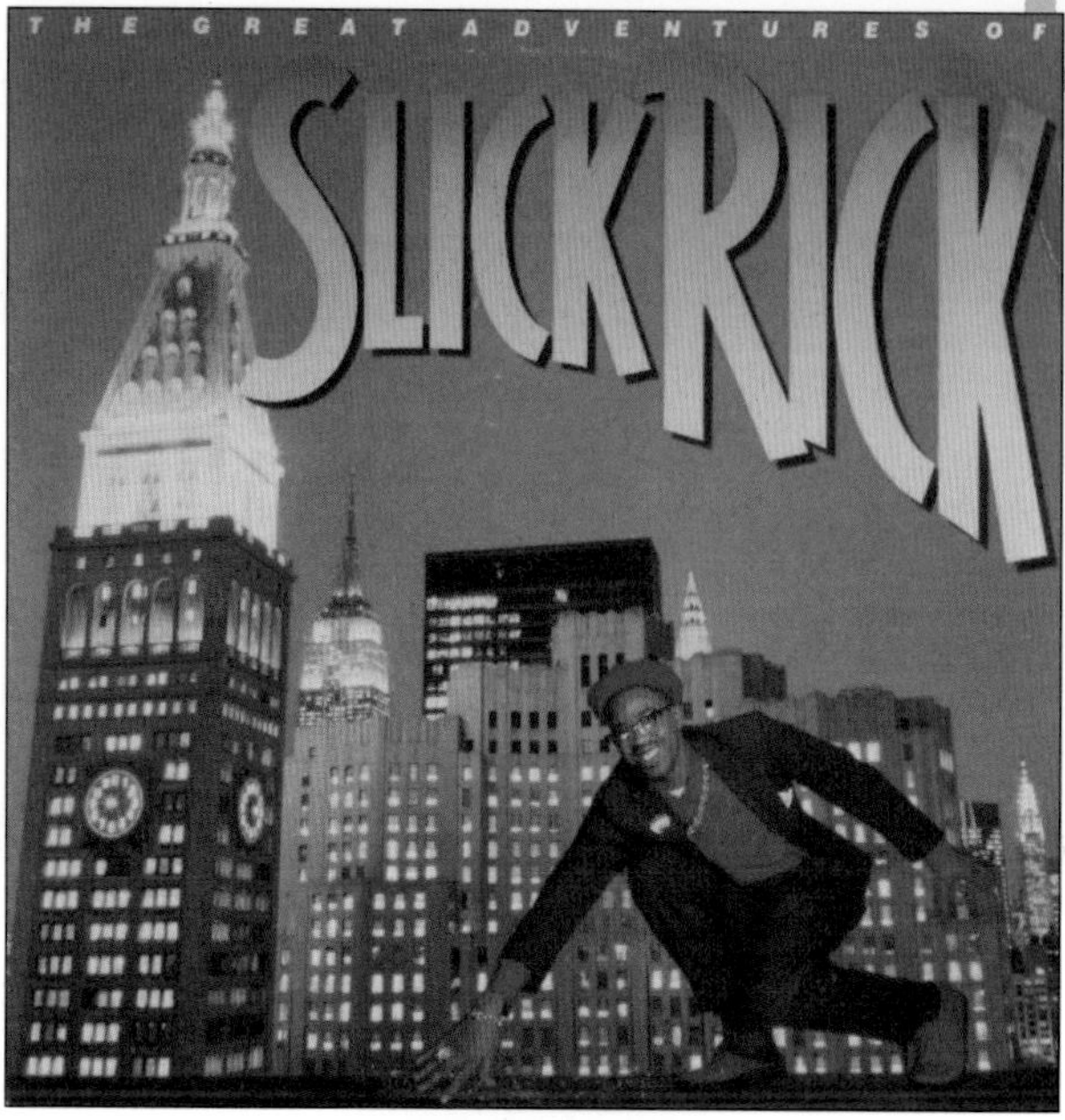

Slick Rick

The Great Adventures Of Slick Rick

Def Jam (1988)

①Treat Her Like A Prostitute ②The Ruler's Back ③Children's Story ④The Moment I Feared
⑤Let's Get Crazy ⑥Indian Girl (An Adult Story) ⑦Teenage Love ⑧Mona Lisa
⑨KIT (What's The Scoop) ⑩Hey Young World ⑪Teacher, Teacher ⑫Lick The Balls

Produce Slick Rick, Hank Shocklee, Eric Sadler, Jason Mizell

ジャマイカ系英国人で、ダグ・E・フレッシュとの活動を経てソロに転じたスリック・リックのデビュー作。ラッパーには不向きとされていた柔らかい声質を逆手に取り、語りかけるようなフロウを確立したリックだが、ストーリーテリングのセンスも芸術級。「Children's Story」はフッドで犯罪に関わり命を落とす少年を描いた、ギャングスタ・ラップによくあるリリックなのだが、これをリックは子どもに語り聞かせる御伽話の形式でラップする。「Mona Lisa」はプレイボーイの男に片想いをしている女子の視点で語られる曲だが、そのプレイボーイは明らかにリック本人なのだ。プロデューサーにはボム・スクワッドやジャム・マスター・ジェイも参加しているが、後年サンプリングされまくった主役のラップが何よりも輝いている。なおリックは90年に自身を脅迫する従兄弟を撃って逮捕。殺人未遂扱いになり収監されてしまう。このため他の3作はそれぞれ収監直前、収監中、シーンが完全に変わってしまった後に制作したもの。つまり万全の状態で制作できたアルバムはこの1作しかないのだ。だがそれでもなおリックはゴールデン・エイジを代表するMCとして語り継がれている。

長谷川町蔵

014

Too Short

Life Is… Too Short

Dangerous Music (1988)

①Life Is...Too Short ②Rhymes ③I Ain't Trippin'
④Nobody Does It Better ⑤Oakland ⑥Don't Fight The Feelin'
⑦CussWords ⑧City Of Dope ⑨Pimp The Ho ⑩Untitled

Produce Todd Shaw

80年代半ばから活動するベイエリアのパイオニアによるメジャーでの1作目。『Rolling Stone』誌が選ぶ「史上最も偉大なヒップホップ・アルバム200選」にも選ばれた本作で聴かせるのは、生演奏も導入したファンキーなビートとゆるいラップの組み合わせによる、後に西海岸ヒップホップの王道となるスタイルだ。本作は200万枚を売り上げる、ショートの最大のヒット作となり、シーンにギャングスタやコンシャスなどとは異なる「ピンプ」というキャラクターを提示した。近年も客演やスーパー・グループのマウント・ウェストモアなどで精力的に活動するトゥー・ショートだが、そのリラックスしたフロウはこの時点で既に完成している。それはマウント・ウェストモアで共に活動するスヌープ・ドッグや、後に本作の表題曲を共にリメイクするUGKのピンプ・Cらとの繋がりがはっきりと感じられるものだ。サウンド面でもその影響力は大きく、例えば「Don't Fight The Feelin'」で聴かせるミニマルなベースと808の使い方には2010年代に盛り上がったラチェット・ミュージックとの共通点を発見できる。「人生は…短すぎる」が、本作はリリースから30年以上が経った現在でも輝いている。

アボかど

015

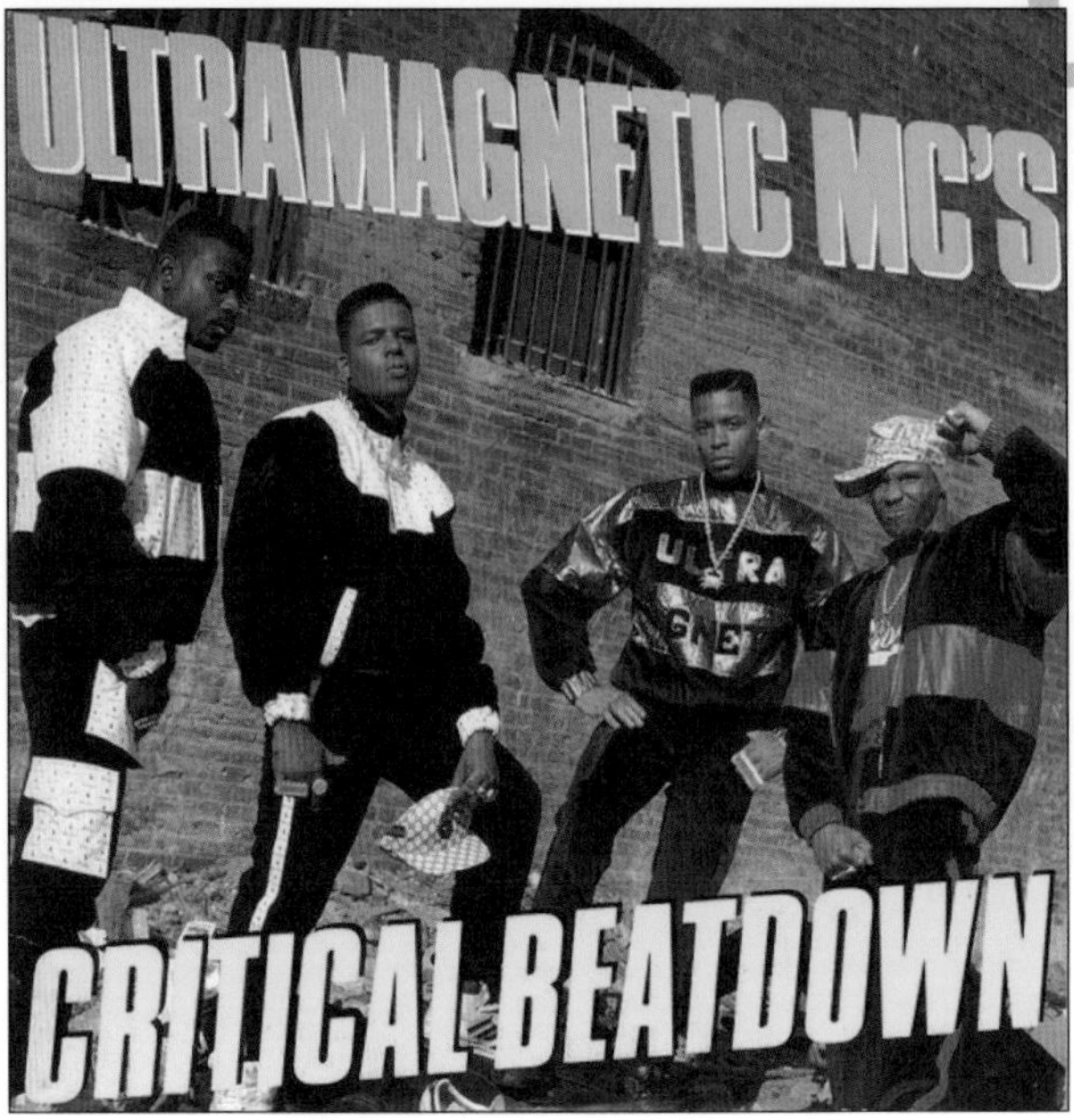

Ultramagnetic MC's

Critical Beatdown

Next Plateau (1988)

①Watch Me Now ②Ease Back ③Ego Trippin' (MC's Ultra Remix) ④Moe Luv's Theme ⑤Kool Keith Housing Things ⑥Traveling At The Speed Of Thought (Remix) ⑦Feelin' It ⑧One Minute Less ⑨Ain't It Good To You ⑩Funky (Remix) ⑪Give The Drummer Some ⑫Break North ⑬Critical Beatdown ⑭When I Burn ⑮Ced-Gee (Delta Force One)

Produce Ultramagnetic MC's, Ced-Gee, Paul C

独自にして奇怪なライミングがウケて世界中でカルト人気を誇るクール・キースが、DJ／ビート・メイカーでラップもするセッド・ジー、TR・ラヴ、モー・ラヴと組んだウルトラマグネティック・MCズ。80年代半ばのブロンクスで最強と謳われたのは、先鋭的なレアグルーヴ使い（本作で使われた後に定番化したネタも多い）と、自信たっぷりなボースト・ライムの圧倒的な強度ゆえ。86年のシングル「Ego Tripping」を、87年の「Funky」（2パック「California Love」に8年先駆ける「Woman To Woman」使い）を聴いた当時の人たちは、絶妙な先進性、かっこよさにブッとんだ（その中には故DEV LARGE氏もいた）。スタジオ1212で録音された収録曲の数々は、ポール・C直伝のSP1200使いを発揮したセッド・ジーらによるビート・メイクも相まって、この時代特有のラフ&タフな音像が際立つもので素晴らしい。これもまたオールドスクール・ヒップホップ最良の完成形と言いたくなる1枚だ。翌89年の「A Chorus Line」は、西海岸Gラップ勢とのビーフを巻き起こした、この時代のバトル・ライムの最高峰が聴ける名曲。

小渕晃

016

Beastie Boys

Paul's Boutique

Capitol (1989)

①To All The Girls ②Shake Your Rump ③Johnny Ryall ④Egg Man ⑤High Plains Drifter ⑥The Sounds Of Science ⑦3-Minute Rule ⑧Hey Ladies ⑨5-Piece Chicken Dinner ⑩Looking Down The Barrel Of A Gun ⑪Car Thief ⑫What Comes Around ⑬Shadrach ⑭Ask For Janice ⑮B-Boy Bouillabaisse

Produce Beastie Boys, The Dust Brothers

初期ビースティはロック系メディアでは『Licensed To Ill』がレヴューされるが、ヒップホップ視点ではこちらのセカンドだろう。作品によってカラーが大きく変わり言及されるポイントも全く異なってくるのが面白い点であり、真にクロスオーヴァーな存在である証だ。元々ハードコア・バンドを組んでいたビースティはパンク畑とヒップホップ畑の双方で交流を広げた結果、ラップ・ロックのようなスタイルから始まり、本作ではサンプリングを多用した形式へと変化を遂げた。ファーストと比較するとセールスは伸び悩んだとのことだが、評価は時が経つほどに高まり「ヒップホップ界のサージェント・ペパーズ」とも称されるように。それもそのはず、サンプリング元は多岐に渡っており、抜群のセンスで躍らせる。「Johnny Ryall」はポール・マッカートニーを、「Egg Man」はパブリック・エネミーを、「High Plains Drifter」はイーグルスとラモーンズを、「3-Minute Rule」はスライをサンプリングし、ロックとヒップホップの懸け橋に。ちなみに2023年、ジャケ写で有名なNYの交差点が正式にBeastie Boys Squareという名称に認定された。祝！

つやちゃん

この夏、ニューヨークで感じた、女性とヒップホップの50年

渡辺志保

歴史を作った女性ラップ・グループ、ソルト・ン・ペパ。

ヒップホップ生誕50周年を迎える夏、私はニューヨークにいた。ヒップホップの誕生日とされている8月11日はヤンキース・スタジアムで大掛かりなセレブレーション・コンサートが催されたが、あいにく、その日までには日本に帰国せねばならず、歴史的コンサートを目撃することはできなかったのだが、それでも私が滞在していたブルックリンは街の広告にも「HIP HOP 50」のロゴが踊っていたし、街で会う音楽関係者とは「50周年のコンサート行くの？」と会話が弾んだ。今回のニューヨーク滞在は、2020年の春先、世界中がパンデミック生活に突入するのとほぼ同時に人生初の出産を経た私にとって、念願の海外旅行だった。コロナの期間中、海外ラッパーの来日公演はほぼ皆無だったが、反比例するように日本のヒップホップ・マーケットは驚くほど拡大していった。武道館、幕張メッセ、さいたまスーパーアリーナ。日本のラッパー／MCたちを観に、数万人の観客が押し寄せる。出産後、初めて渋谷のクラブに遊びに行った時（2020年後半くらい）には、DJがプレイする日本語ラップの新譜に合わせて若いオーディエンスが合唱している様子に心底たまげた。10年前じゃ考えられなかった光景だ。「ラップというものは……」といちいち注釈や説明がいらないほどに、文字通りお茶の間まで浸透していった。しかしながら、そうした場で存在感を放っているのは日本の、日本語のラップであり、若い日本人ラッパーが大きなライヴ会場を沸かせることができるからと言って、アメリカのヒップホップ・ミュージックも同じように日本での存在感を増しているとはあまり思えなかった。むしろ、海外のラップ作品と日本のオーディエンスの間には距離感が生じているようにも感じた。そうした隔たりというかジレンマというか、少しモヤモヤした気持ちを抱えながら、2023年の夏、ヒップホップ生誕の場所であるニューヨークの、中でもブルックリンやクイーンズで行われたブロック・パーティに足を運び、改めてそのオーセンティシティに触れることができたことは、私にとって非常に意義深い出来事であった。ブロック・パーティで踊る人々の笑顔や、街角のミューラル。地元ラッパーのクラシック楽曲を合唱する人々。そこで、ヒップホップは一過性のブームやトレンドではなく、愛情と尊敬の念と共に保全・保護されている歴史的文化である、ということを肌で感じることができたのだった。5年ぶりに訪れたニューヨークで、「そうそう、これこれ。この感じだよね」と、自分の記憶や思想と答え合わせをするような感覚で貴重な10日間を過ごしたのだった。

ニューヨーク滞在中、ソルトン・ペパ、レミー・マ、そしてフロー・ミリという世代の異なる3名の女性MCが登壇したトーク・ショウに出向いた。ただ、私は3歳半になる息子を伴っての観覧となり、前半30分程度しか参加できなかったことが本当に悔やまれる。このトーク・ショウも、ヒップホップ生誕50周年を記念した企画の一環で、その前日には別の会場でラプソディーらが登壇し、それぞれ「Women In Hiphop」をテーマにディスカッションを行っていたのだった。先述したヤンキース・スタジアムのライヴでも、リル・キムやトリーナら女性MCのみが登場するセクションがあったし、Netflixでは『Ladies First』と題されたドキュメンタリー作品も公開された。というわけで、今、改めて〝女性とヒップホップ〟に焦点が当てられている。そもそも、ヒップホップ史上初のヒット曲と言われるシュガーヒル・ギャング「Rapper's Delight」（1979）をリリースしたレーベル、シュガー・ヒル・レコーズのオーナーはシルヴィア・ロビンソンという女性だったし、テレビが報じた史上初のラップ・パフォーマンスとして話題になったファンキー4＋1のメンバーには、MCシャー・ロックという女性メンバーがいた。さらに、史上初のビーフを巻き起こしたとされるディス曲「Roxanne's Revenge」（1984）を発表したロクサーヌ・シャンテは、当時まだ14歳の女の子だったし…というわけで、ヒップホップ黎明期から、常に女性はそのカルチャーの傍ら、いや、真ん中にいた。この辺りの文脈は押野素子さんが訳された『シスタ・ラップ・バイブル：ヒップホップを作った100人の女性』（クローバー・ホープ著・河出書房新社刊）に詳しいので、ぜひ触れていただきたい。「先述したトーク・ショウで、ソルト・ン・ペパがこう明かしていた。「1990年前半は、ギャングスタ・ラップが流行っていた時期。アルバム『Very Necessary』の制作に取り掛かるとき、レーベルは私たちにもギャングスタ路線の曲を作らせようとして、プロデューサーたちを揃えてきた。でも、私たちのスタイルはそうじゃない。もっと、〝近所にいる女の子〟のイメージを崩したくなくて、自分たちが一緒に曲を作りたいと思うプロデューサーに声を掛けていった」と。また、「レーベルやファンたちが押し付けるイメージとどう戦っていくか、ということも命題のひとつだった。ひとりの女性として成長していく一方で、〝あの頃のソルト・ン・ペパ〟を求め続ける人たちもいるわけで」とも語っている様子が印象的だった。2023年の今、複数の女性ラッパーたちがチャートに名を連ねることは決して珍しくない。その状況は、こうしてソルト・ン・ペパのような先人たちが闘ってきたからこそ実現しているのだ、と強く感じたひと言でもあった。

ニューヨークではヒップホップが歩んできた50年間を振り返る時に、「女性」にも焦点を当てている、という事実そのものも、私にとっては大きな糧になった。今やアメリカの大学では、「ヒップホップ・フェミニズム」がひとつの学問として成立しており、女性ラッパーたちの言葉やアティテュードからさまざまな論考が生まれ、それが多くの女性たちに新たな気づきをもたらしている。これからも彼女たちはマイクを握り続けるし、私のように、そこから生きるパワーをもらうリスナーも増え続けるだろう。ジェンダーギャップ世界最下位レヴェルの日本でも、ぜひそうあって欲しい。その声が大きくても小さくても、女性たちが声を上げる手段としてのヒップホップが広まれば、これほどポジティヴなことはないのでは、とも思う。

これからも、ヒップホップという私が愛してやまないカルチャーがどのように変容していくかが楽しみだし、同時に、何年経っても変わらぬマスターピースたちを愛聴していきたい。50年が経った今、次の50年も楽しみだ。50年後、日本でのヒップホップ・シーンはどうなっているだろうか。今の熱気がそのまま、さらには拡大した形で今以上に人々に愛されていればと思う。私自身の目下の夢は、ヒップホップが100周年を迎えるその時も、ニューヨークで夢のような時間を過ごすこと。89歳になっているはずだけど、その時まで貪欲に今と変わらず新譜をディグってクラブで踊っていたいものである。

017

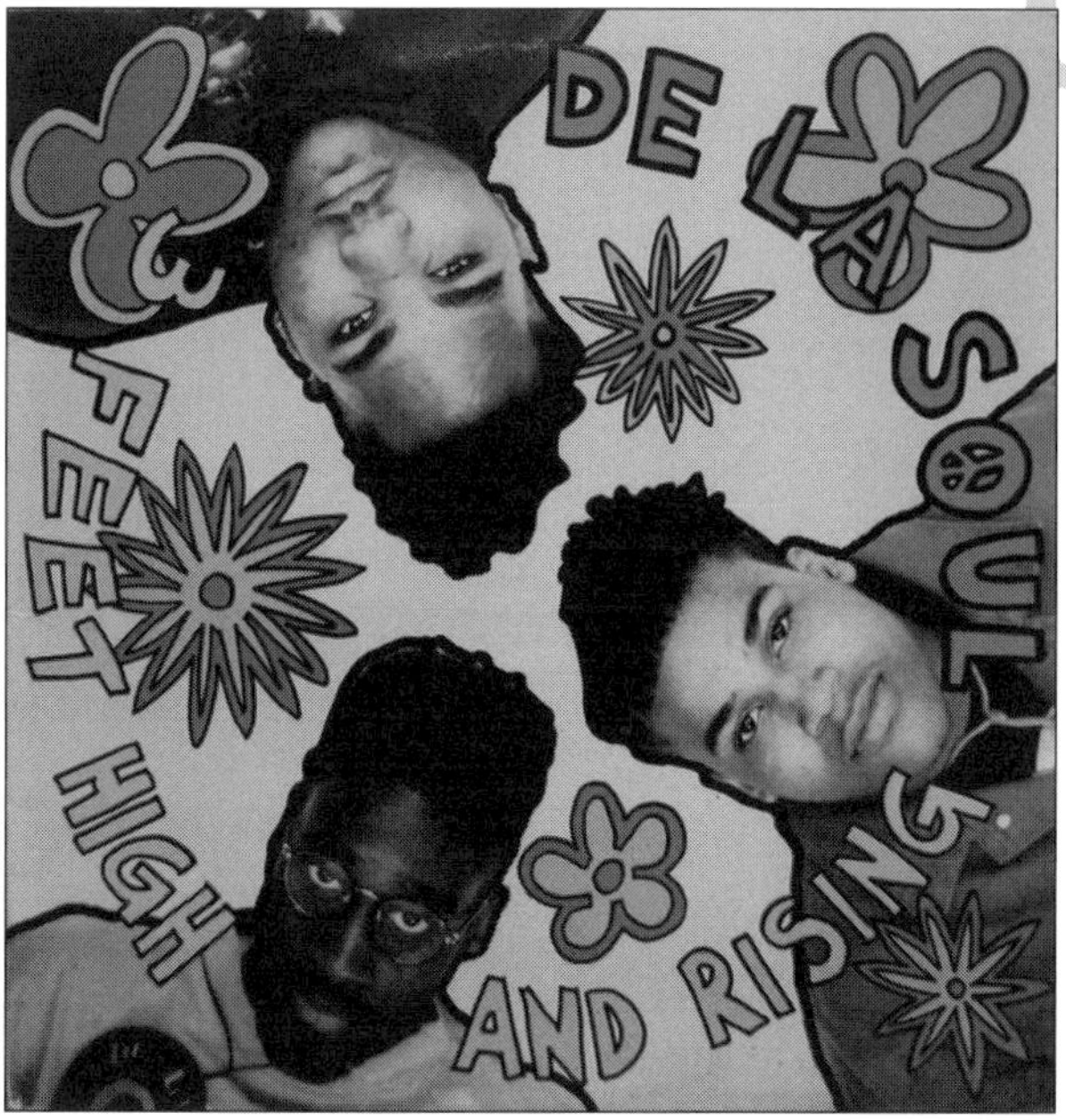

De La Soul
3 Feet High And Rising

Tommy Boy (1989)

①Intro ②The Magic Number ③Change In Speak ④Cool Breeze On The Rocks ⑤Can U Keep A Secret ⑥Jenifa Taught Me (Derwin's Revenge) ⑦Ghetto Thang ⑧Transmitting Live From Mars ⑨Eye Know ⑩Take It Off ⑪A Little Bit Of Soap ⑫Tread Water ⑬Potholes In My Lawn ⑭Say No Go ⑮Do As De La Does ⑯Plug Tunin' (Last Chance To Comprehend) ⑰De La Orgee ⑱Buddy ⑲Description ⑳Me Myself And I ㉑This Is A Recording 4 Living In A Full Time Era (L.I.F.E.) ㉒I Can Do Anything (Delacratic) ㉓D.A.I.S.Y. Age

Produce Prince Paul

ニューヨーク州ロングアイランド出身のトリオが、ステッツァソニックのプリンス・ポールのプロデュースのもとで制作したこのデビュー作は、それまでのヒップホップとは全く異なるテイストを持ったアルバムだった。何しろ明るくてカラフル。オープニング曲「The Magic Number」でサンプリングされていたのは、ジャズ歌手ボブ・ドローが歌った子ども向けソングだし、「Say No Go」ではホール&オーツ、「Eye Know」ではスティーリー・ダンが引用されていた。いずれも過去に誰もサンプリングしなかった（というか、しようとしなかった）レコードである。リリックからはセルフ・ボーストや犯罪といった定番テーマは排除され、ナンセンスでピースフルな笑いに満ちていた。そんな彼らおよびジャングル・ブラザーズやア・トライブ・コールド・クエストからなるクルー、ネイティヴ・タンは、当時ニュースクールと呼ばれたものだが、実際は子どもたちが無心に遊んでいたブロック・パーティへの回帰だったのかもしれない。その魅力は今も色褪せていない。なお膨大な数のサンプリングが著作権上の問題となって長年配信では聴けなかった本作だが、23年に遂に聴けるようになった。

長谷川町蔵

018

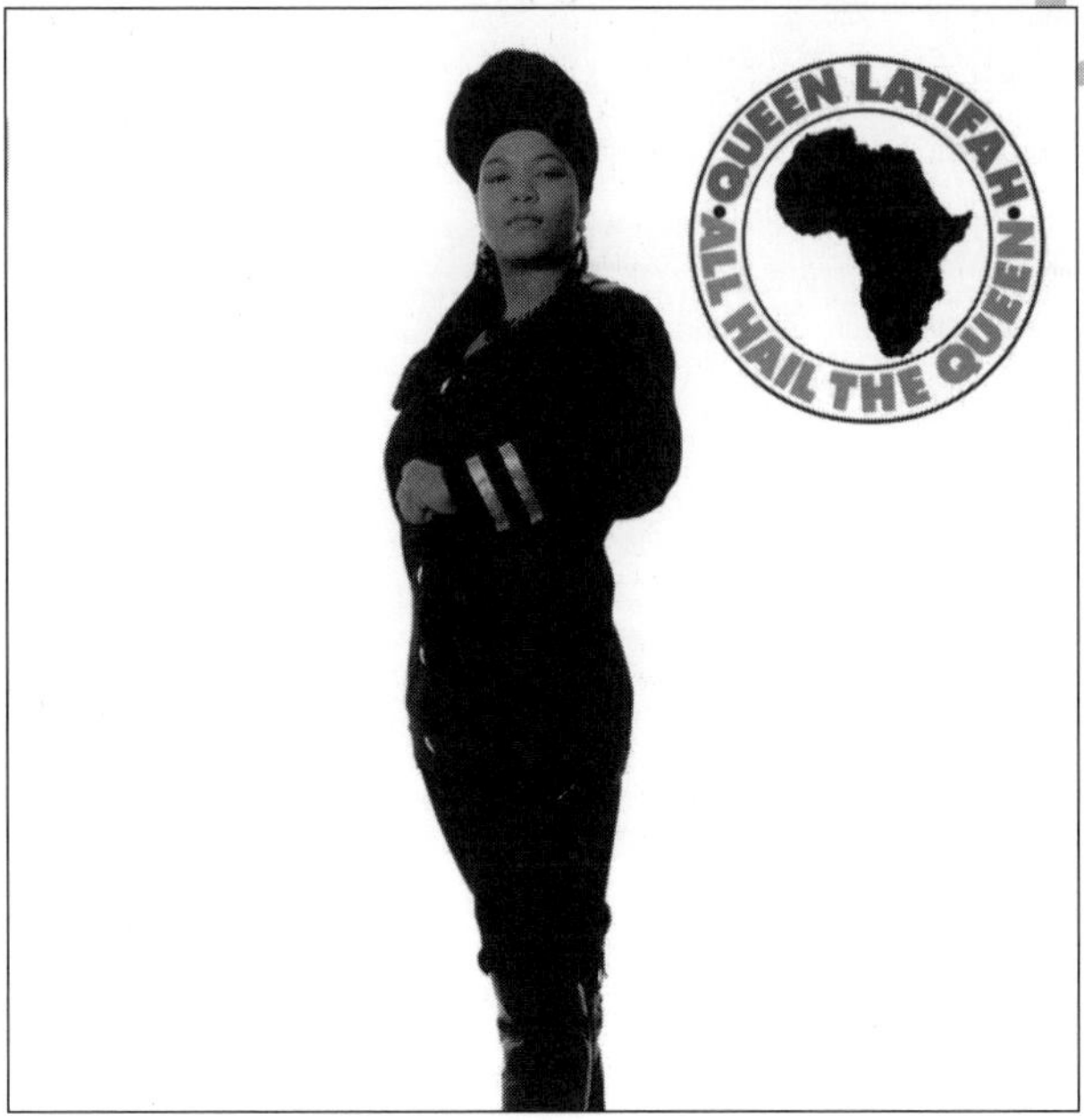

Queen Latifah

All Hail The Queen

Tommy Boy (1989)

①Dance For Me ②Mama Gave Birth To The Soul Children ③Come Into My House ④Latifah's Law ⑤Wrath Of My Madness ⑥The Pros ⑦Ladies First ⑧A King And Queen Creation ⑨Queen Of Royal Badness ⑩Evil That Men Do ⑪Princess Of The Posse ⑫Inside Out

Produce **Queen Latifah, DJ Mark the 45 King, Prince Paul, Daddy-O, Louis"Louie Louie"Vega, KRS-One**

ニュージャージー出身、その後映画俳優としても活躍することになるラティファは、ヒップホップ・フェミニズムを考える上で最も重要なラッパーのひとりである。ギャングスタ・ラップの台頭もあり女性を客体化するような態度がシーンに蔓延りはじめた中で、彼女はセックスアピールもビッチなイメージも受け入れない新たなスタイルを打ち出した。「他の人たちはセックスを身に纏っていたけれど、私は自分のハートを身に纏いたかった」とは本人の弁だが、同じネイティヴ・タン一派のモニー・ラヴと組んだ「Ladies First」はまさに女性の権利を叫ぶフェミニズム賛歌として多くの人を鼓舞した。ヒップ・ハウスで攻める「Come Into My House」に加え、「The Pros」ではレゲエとの折衷にも挑み、音楽性ともにニュースクールの代表作として新たな価値観を提示。けれども、実は彼女は当時フェミニストを自認していなかったというのが興味深い。研究家のトリーシャ・ローズ曰く、当時のフェミニズムは主に白人女性の問題を中心に扱っていたため、黒人女性ラッパーはフェミニズムに共感しなかった可能性が高いとのことだ。本作のメッセージは、ラティファ自身からの自然な発露だったのである。

つやちゃん

019

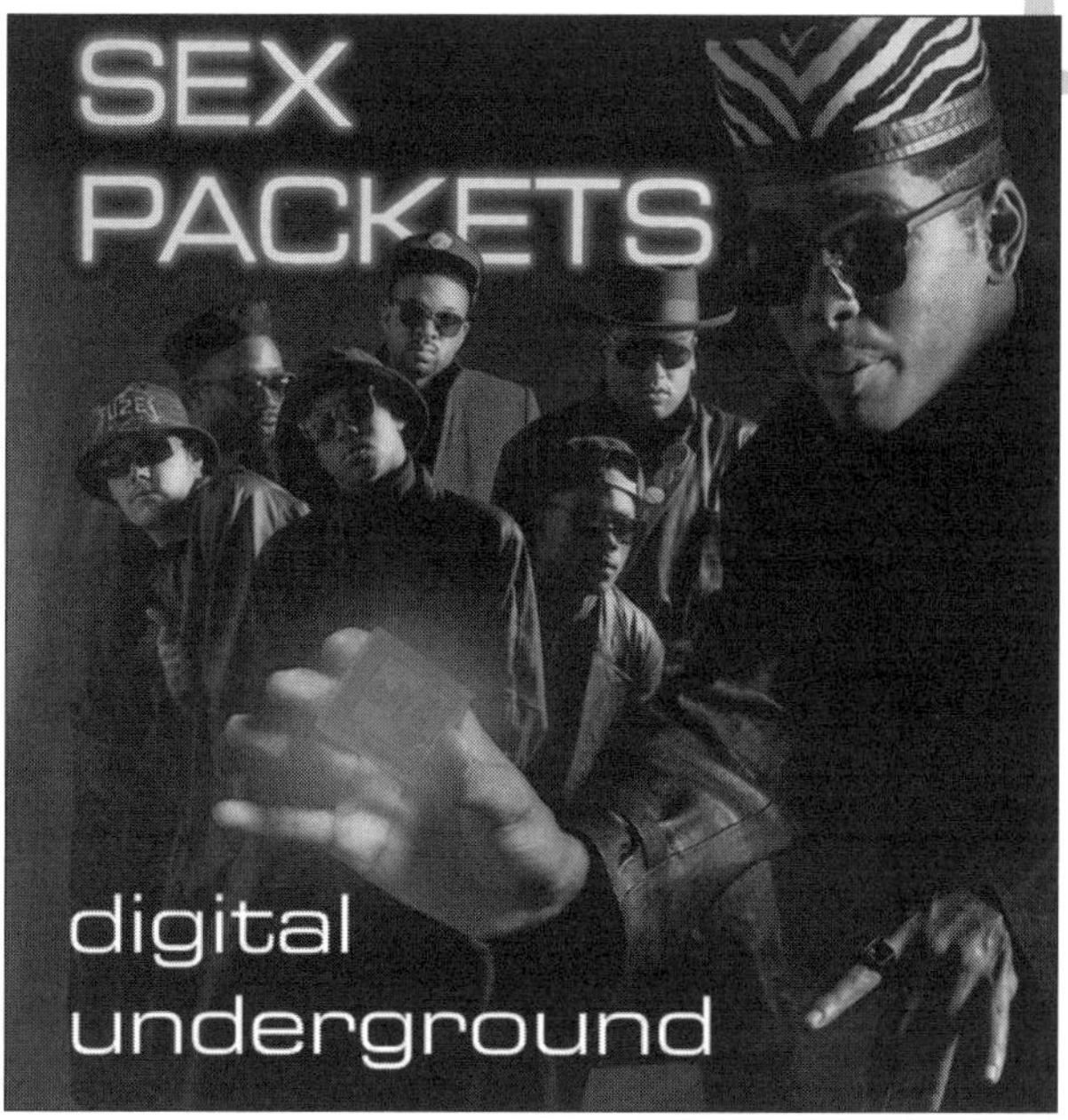

Digital Underground

Sex Packets

Tommy Boy (1990)

①The Humpty Dance ②The Way We Swing ③Packet Prelude ④Sex Packets ⑤Street Scene ⑥Packet Man ⑦Sex Side ⑧Freaks Of The Industry ⑨Underwater Rimes (Remix) ⑩The New Jazz ⑪Rhymin' On The Funk ⑫The Danger Zone ⑬Packet Reprise ⑭Doowutchyalike

Produce The Underground, Raw Fusion

デ・ラ・ソウルによる控えめなPファンクのサンプリングを全面展開しただけでなく、ファッションもPファンクのオマージュ(メガネだけグルーチョ・マルクス)だというショック・G(当時27歳・21年に死亡)らによる1作目。東海岸にはなかったルーズで雑な感じがよく、デビュー・シングル「Doowutchyalike」も最初は「ふざけ過ぎ」という一点で耳を引いた。冗談がきついファーサイドというか、宇宙飛行士が性欲を満たすために飲むドラッグ=セックス・パケッツ(ショック・Gがジャケットで手にしている箱)がサンフランシスコのストリートにあふれていたことを題材としたコンセプト・アルバム。コンシャスでもなければギャングスタでもないナンセンスぶりはあまり例を見ず、アイロニカルなアプローチはそこそこの知性を感じさせる。全体に横揺れもばっちりで、スライにPファンクを掛け合わせたセカンド・シングル「The Humpty Dance」が空前の大ヒット。パブリック・エネミーからTLCまで200を超える曲にサンプリングされ、キャラにちなんでハンプティ・ダンプ賞が設けられたほど。まさか2パックが一時期在籍していたとは。

三田格

020

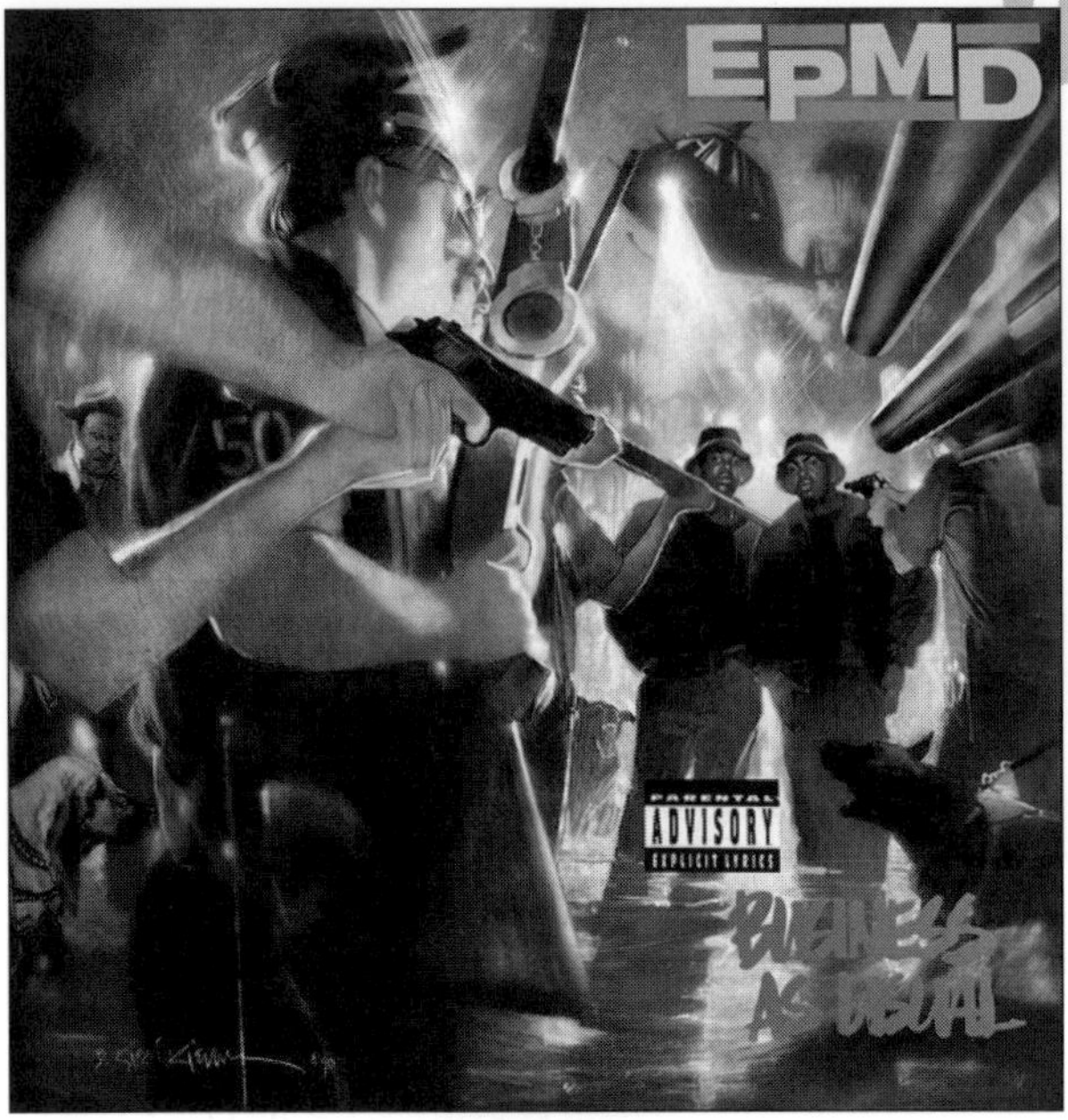

EPMD

Business As Usual

Def Jam (1990)

①I'm Mad ②Hardcore ③Rampage ④Manslaughter ⑤Jane 3 ⑥For My People ⑦Mr. Bozack ⑧Gold Digger ⑨Give The People ⑩Rap Is Outta Control ⑪Brothers On My Jock ⑫Underground ⑬Hit Squad Heist ⑭Funky Piano

Produce Erick Sermon, Parrish Smith

ロングアイランド出身のエリック・サーモンとパリッシュ・スミスによるデュオ、EPMDはコンシャス・ネタ全盛期の88年にデビューしながら、もっぱら金を稼ぐことについてラップ。ザップをはじめとするファンク・バンドのサンプリングを多用し、クリアなサウンドを志向したこともあって、西海岸での人気も高い異端の存在だった。しかし所属していたフレッシュがデフ・ジャムに買収され、同レーベルに移籍した本作あたりから西海岸勢に対抗できるニューヨーク・ハードコア・ラップの旗手とみなされるようになった。先行シングル「Rampage」ではデフ・ジャムへの引越し祝いとして若大将LL・クール・Jが客演。またソロ・デビュー前のレッドマンが「Hardcore」と「Brothers On My Jock」の2曲でフィーチャーされて弾けまくっている。これまでにない〝熱さ〟を伴った本作は、ビルボードR&Bチャートで首位を獲得したほか、総合でも初のトップ40入りを果たした。なお翌年『Business Never Personal』(これも傑作)を発表後、一旦デュオは解消されるものの95年に再結成。以降も断続的でありながらレコーディングやライヴ活動を続けている。

長谷川町蔵

021

LL Cool J

Mama Said Knock You Out

Def Jam (1990)

①The Boomin' System ②Around The Way Girl ③Eat Em Up L Chill ④Mr. Good Bar ⑤Murdergram (Live At Rapmania) ⑥Cheesy Rat Blues ⑦Farmers Blvd. (Our Anthem) ⑧Mama Said Knock You Out ⑨Milky Cereal ⑩Jingling Baby (Remixed But Still Jingling) ⑪To Da Break Of Dawn) ⑫6 Minutes Of Pleasure ⑬Illegal Search ⑭The Power Of God

Produce Marley Marl, LL Cool J

「カムバックなんて言うなよ、俺はずっとシーンにいた」。ニューヨークのクイーンズに育ち、弱冠16歳でデフ・ジャムと契約して瞬く間にスターになったLL・クール・Jはこの4作目を発表した時、タイトルソングでこんなことをラップしなければならないほど追いつめられていた。前作は不評、大先輩クール・モー・ディーからは実力不足のアイドル・ラッパーと叩かれ、後輩のニュースクール・ラッパーたちからは時代遅れ扱いされ始めていたからだ。しかし最愛の祖母から「奴らをやっつけちまいな」とハッパをかけられたLLは、サンプリングによるビート・メイキングを確立した俊英プロデューサー、マーリー・マールとタッグを組んで本作をレコーディングしたのだった。全編にわたってLL本来のアグレッシヴなラップが満喫できるアルバムだが、スムーズなR&Bトラックに乗せて「俺は街角にいる普通の子が好きなのさ」とレディーズに花束を贈る「Around The Way Girl」にもLL（Ladies Love）を名乗る男の本領が発揮されている。本作のヒットで復活を遂げた彼は以降、安定したキャリアを重ね、近年は刑事ドラマやヴァラエティ番組の司会としても活躍している。

長谷川町蔵

022

Compton's Most Wanted

Straight Checkn 'Em

Orpheus (1991)

①Intro ②They Still Gafflin ③Growin' Up In The Hood ④Wanted ⑤Straight Checkn 'Em ⑥I Don't Dance ⑦Raised In Compton ⑧Driveby Miss Daisy ⑨Def Wish ⑩Compton's Lynchin ⑪Mike T's Funky Scratch ⑫Can I Kill It? ⑬Gangsta Shot Out

Produce DJ Slip, Unknown DJ

ケンドリック・ラマー「m.A.A.d city」に客演、コンプトンを代表するOGとしてあらためて男を上げたMC・エイト。苦み走った声とシブいフロウでの、決め台詞「ジィーヤ」で始まるストリート語りで、劇画的ギャングスタ・ラップの第一人者に。フッド・ムーヴィの代表作のひとつ『Menace II Society』(93年)にも出演し一世を風靡した。大物DJのアンノウン、LA最大のDJ機材店のオウナーでもあるスリップの助力を得て、1st『It's A Compton Thang』に続いて出したメジャー第一弾が本作だ。Gファンク以前のLAヒップホップの最高傑作のひとつ、思わずそう言いたくなるほどスリップとアンノウンが手がけた、サンプリング・マジックを堪能できるビートがとにかく素晴らしい。まるで『Ultimate Breaks & Beats』を駆使したような定番ドラム・ブレイクの連打に心躍り、西海岸ならではのカー・ステレオ映えを考慮した横ノリ~レイドバックしたビート・メイクはDr.ドレーにも先駆けていた。「Driveby Miss Daisy」や「Def Wish」を始め名曲ばかり。過小評価も甚だしい大名盤だ。

小渕晃

023

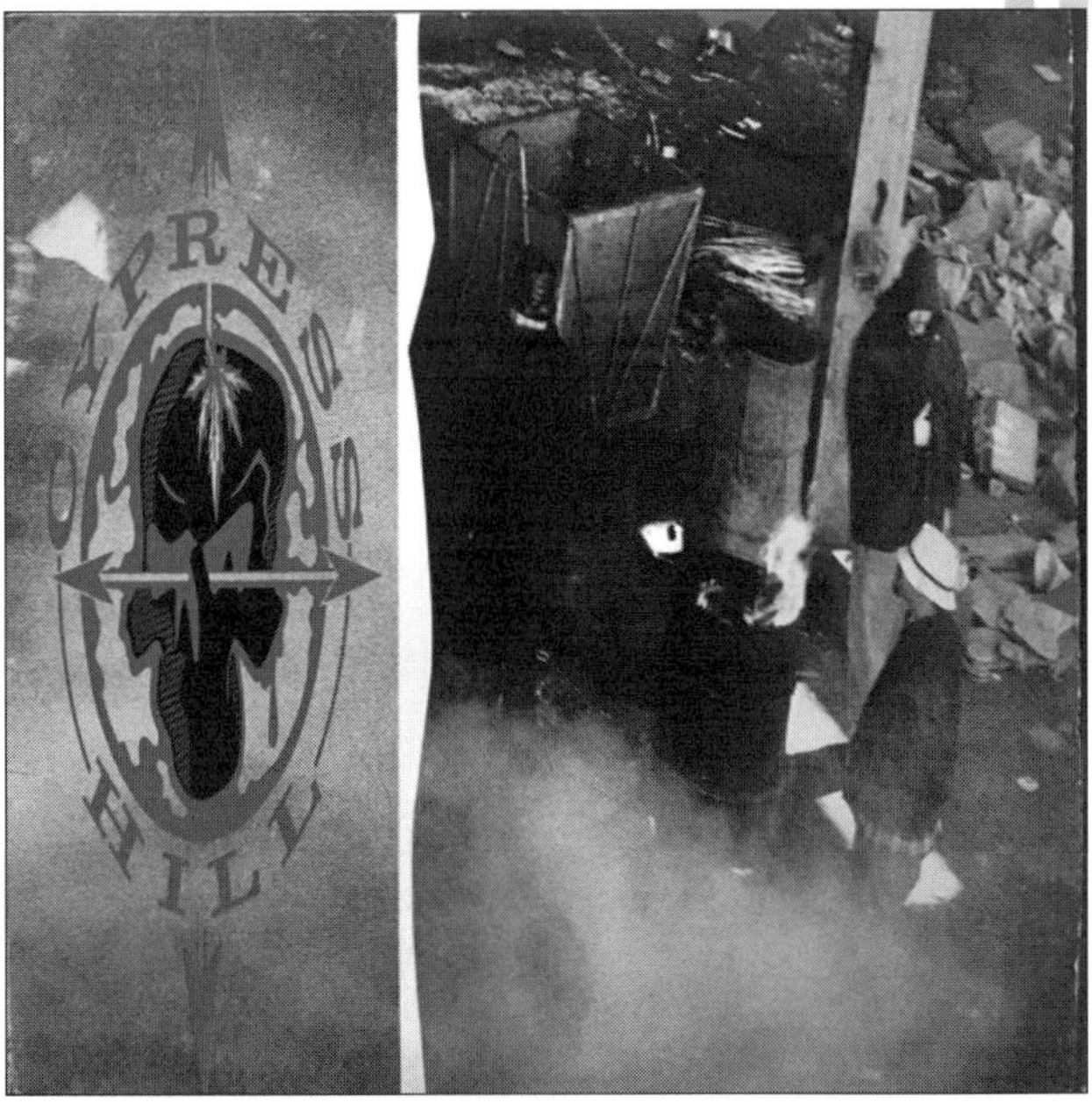

Cypress Hill

Cypress Hill

Ruffhouse (1991)

①Pigs ②How I Could Just Kill A Man ③Hand On The Pump ④Hole In The Head ⑤Ultraviolet Dreams ⑥Light Another ⑦The Phuncky Feel One ⑧Break It Up ⑨Real Estate ⑩Stoned Is The Way Of The Walk ⑪Psycobetabuckdown ⑫Something For The Blunted ⑬Latin Lingo ⑭The Funky Cypress Hill Shit ⑮Tres Equis ⑯Born To Get Busy

Produce DJ Muggs

忘れもしない。デビュー前のハウス・オブ・ペインにインタヴューした直後、NYの路上で前から歩いてきた人にいきなり「Hand On The Pump」のカセットを手渡された。それがサイプレス・ヒルとの出会い。不気味なドゥワップで始まる愉快な曲だった（歌詞を変えて次作にも再録）。コンプトンよりも治安が悪いとされるLAのサイプレス・ストリートからチカーノのB・リアル、キューバ出身のセン・ドッグ、イタリア系のDJ・マグズによる1作目（平均23歳）。西海岸なのにGファンクではなく、粘っこいビートで、ラテン気質を最大限に発揮した酒ノリのサウンドは「The Phuncky Feel One」で早くもピークに達している。1年後にスモーカーズ・ゴシックの決定打となった『Black Sunday』がリリースされてもチャートから落ちず、ヒップホップ50周年を祝うタイニー・デスク・コンサートで演奏した5曲のうち3曲がこのアルバムから（ちなみに現在のキーボードはマニー・マーク）。ロック・ファンが多く、一時期はほぼメタル・バンドになってしまう。ビッグ・パンやノリエガなどレゲトン以前はラテン系で大成功したラッパーが少なかった。

三田格

024

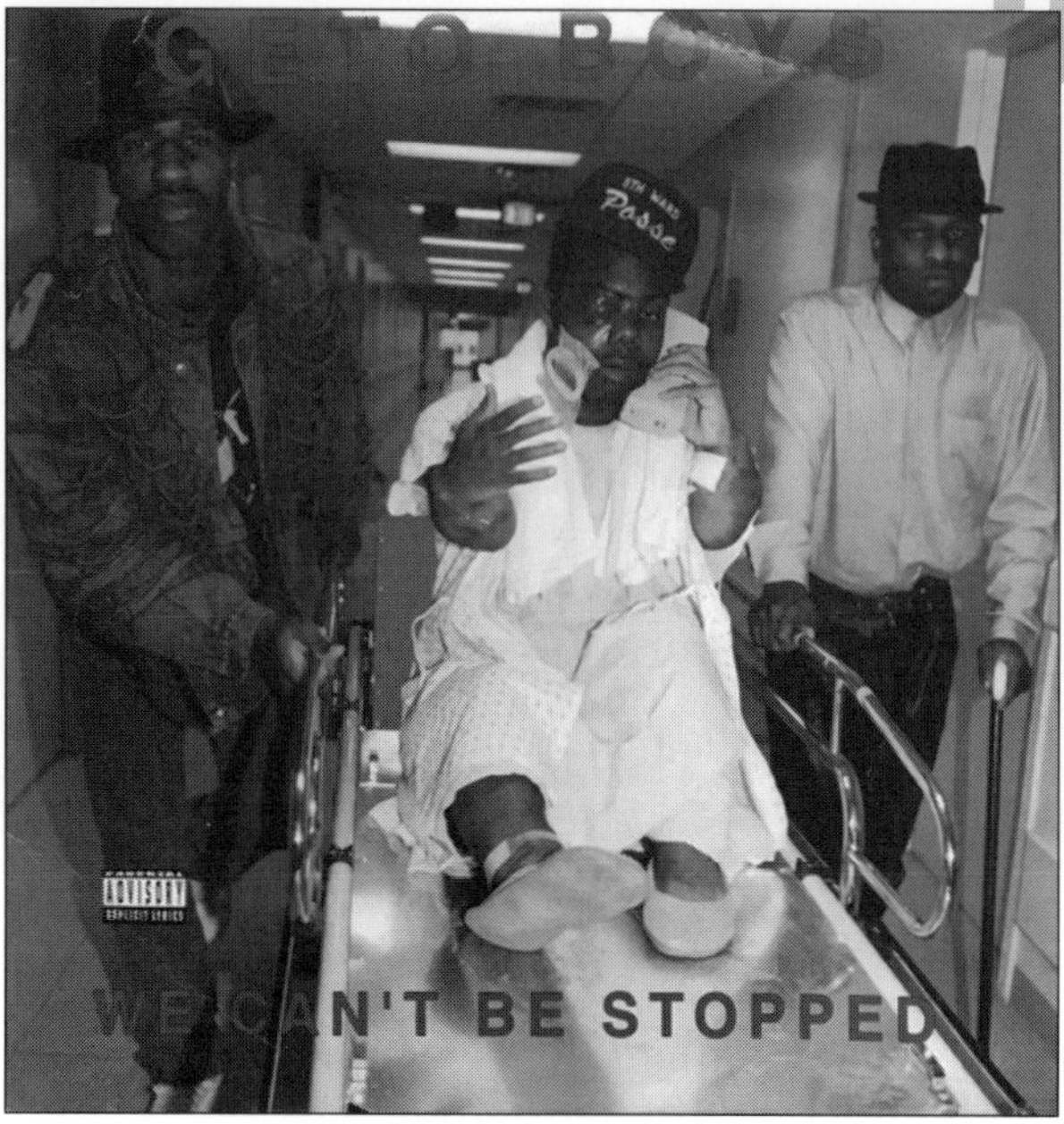

Geto Boys

We Can't Be Stopped

Rap-A-Lot (1991)

①Rebel Rap Family (Intro) ②We Can't Be Stopped ③Homie Don't Play That ④Another Nigger In The Morgue ⑤Chuckie ⑥Mind Playing Tricks On Me ⑦I'm Not A Gentleman ⑧Gota Let Your Nuts Hang ⑨F___A War ⑩Ain't With Being Broke ⑪Quickie ⑫Punk-B____ Game ⑬The Other Level ⑭Trophy

Produce Scarface, Bushwick, Willie D, James Smith, John Bido, Johnny C, Roland, Simon

メンバー交代をしながら、80年代半ばから活動してきたテキサス州ヒューストンのラップ・グループ、ゲトー・ボーイズ。1、2作目のアルバムから選んだ曲を録音し直し、リック・ルービンがリミックスを施した前作『The Geto Boys』により全米規模でその存在が知られる。それは、無差別殺人犯／強姦殺人犯／PTSDから希死念慮にもがく殺人犯らの主観を並べた「Mind Of A Lunatic」など収録曲のリリックが物議を醸し、予定されていたCD製造や配給が拒絶され、流通が危ぶまれる騒ぎになったからだ。一方、ほぼ3人組となった彼らは本作の先行カットとして「Mind Playing Tricks On Me」を発表。そこでは、「Mind Of A Lunatic」と同じ文句でヴァースを始めるスカーフェイスは、子供の頃から鬱に悩まされていた彼自身が体験したパラノイアを、ブッシュウィック・ビルはPCPと超高濃度のアルコールの酩酊下での女友達との諍いで発砲し、銃弾で失明した体験（本作のジャケットはその直後の様子）を告白し、独自のスタイルを確立、ヒットも記録。常に死と隣り合わせのストリート・ライフそのものをホラーと捉え、後の「ホラー・コア」の先駆けとなった。

小林雅明

025

Main Source

Breaking Atoms

Wild Pitch (1991)

①Snake Eyes ②Just Hangin' Out ③Looking At The Front Door ④Large Professor ⑤Just A Friendly Game Of Baseball ⑥Scratch & Kut ⑦Peace Is Not The Word To Play ⑧Vamos A Rapiar ⑨He Got So Much Soul (He Don't Need No Music ⑩Live At The Barbeque ⑪Watch Roger Do His Thing ⑫Just A Friendly Game Of Baseball (Bonus Version)

Produce Main Source

金字塔『Illmatic』への道はここから始まった。91年の『The Source』マガジン年間ベストにおいて6位。これは、デ・ラ・ソウル、ATCQ、ギャング・スターそしてNWAといった東西の雄が満を持してセカンドをリリースした年であり、ここから90年代ヒップホップの絶頂期が始まったことを考えればデビュー・アルバムにして大健闘である。そして時を経て、判明していくネタ使いやサンプリング技術の進化と共にその評価は更に高まっていく。まだワンループ全盛の時代にK・カットとサー・スクラッチのレコード・コレクションによる、ソウル、ファンクのみならずレゲエといったヴァラエティに富んだ異なるネタ（その中には近年ようやく発掘されたものもある）をラージ・プロフェッサーはワンループの中で巧みにつむいだ。唯一の共作者として名を連ねるピート・ロックはSP1200の可能性を享受し、ナズが本作への客演でデビューしたことは今さら言う必要もあるまい。本作で示された「かたち」を起点に腕を磨いた東の才が3年後に「教授」と集結し、制作されたナズの『Illmatic』は『The Source』誌上にてマイク5本の評価を得、ここでヒップホップ芸術のひとつの完成を見た。

水谷聡男

026

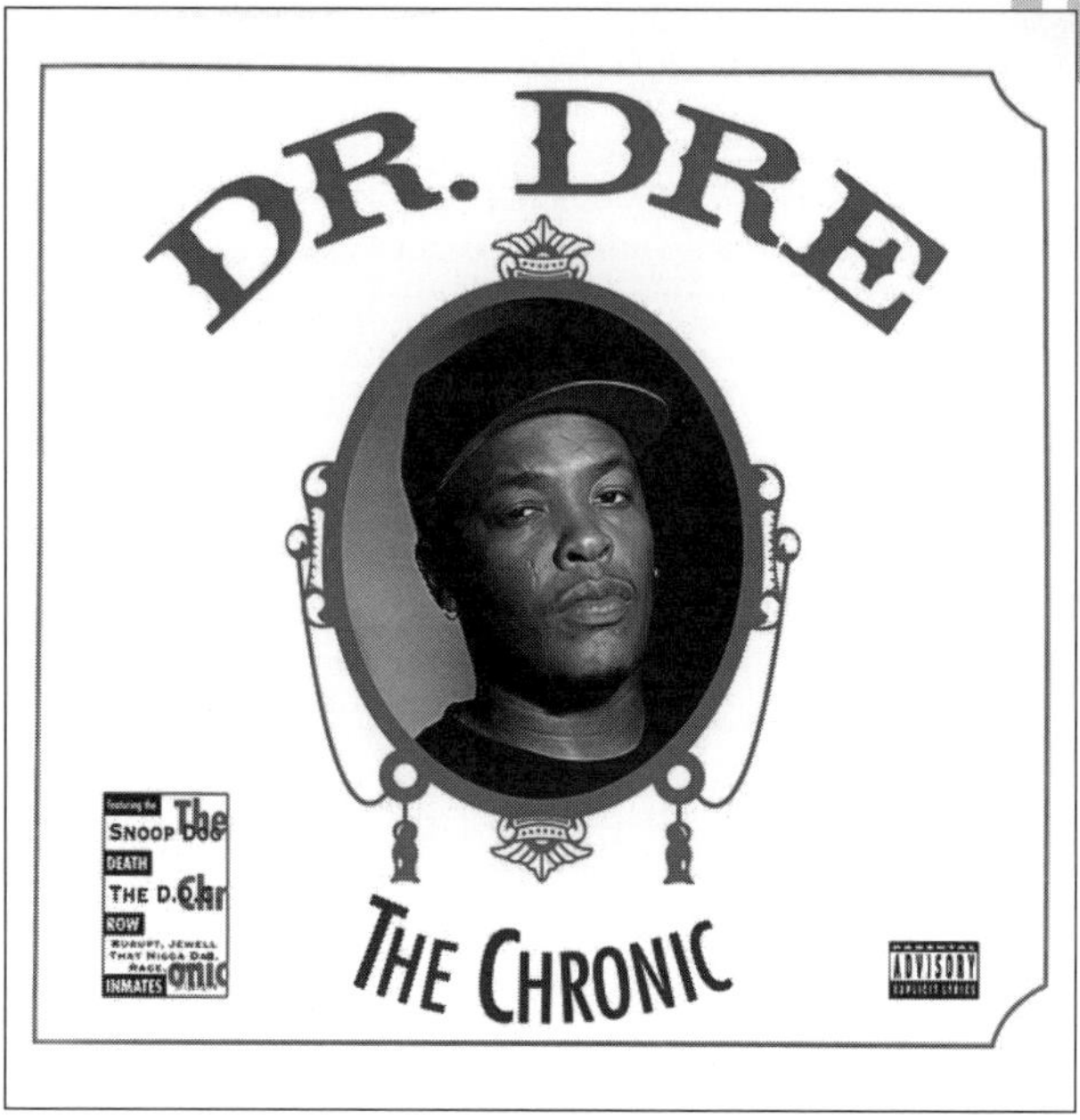

Dr. Dre

The Chronic

Death Row (1992)

①The Chronic (Intro) ②____ Wit Dre Day (And Everybody's Celebratin') ③Let Me Ride ④The Day The Niggaz Took Over ⑤Nuthin' But A "G" Thang ⑥Deeez Nuuuts ⑦Lil' Ghetto Boy ⑧A Nigga Witta Gun ⑨Rat-Tat-Tat-Tat ⑩The $20 Sack Pyramid ⑪Lyrical Gangbang ⑫High Powered ⑬The Doctor's Office ⑭Stranded On Death Row ⑮The Roach (The Chronic Outro) ⑯Bitches Ain't Shit

Produce Dr.Dre

ドレー最高の仕事は、個人的にはＮＷＡ『Efil4zaggin』のＡ面だ。アイス・キューブを失った正念場で、残ったメンツを最大限に活かす見事なプロデュースを実現。まさに極上のギャング映画を見るかのような息つく間もない30分間の、多彩な各曲の粒よりな様、完成度の高さは他に比較対象がないほど。ここですでにギター、ベース奏者のマイク・シムズ、コリン・ウルフを起用し、サンプルと生楽器を合わせGファンクを創造していたドレー。この『The Chronic』はサウンド的には『Efil4zaggin』の発展形だ。ただし、過激路線を嫌い、マリファナ・ハイな享楽路線に舵を切った本作は、ぐっとレイドバ〜ック。クルマで聴いて気持ちいい後ノリを前面に出したのが革命的だった。その後ノリを引き出したのは、新たにクルーとなったスヌープ〜ドッグ・パウンドの面々が持つ新世代のクールなノリであり、台頭著しかった西海岸チカーノ・ラップのローライダー文化だったのだが、それらを作品としてまとめ上げたドレーの手腕はやはり突出していた。ＮＹ以外は全てクルマ社会というアメリカで新たなマーケットを掘り起こし、商業的には完全に西高東低として、ヒップホップを永遠に変えたエポック作。

小渕晃

027

Gang Starr

Daily Operation

Chrysalis (1992)

①Daily Operation (Intro) ②The Place Where We Dwell ③Flip The Script ④Ex Girl To Next Girl ⑤Soliloquy Of Chaos ⑥I'm The Man ⑦92 Interlude ⑧Take It Personal ⑨2 Deep ⑩24-7/365 ⑪No Shame In My Game ⑫Conspiracy ⑬The Illest Brother ⑭Hardcore Composer ⑮B.Y.S. ⑯Much Too Much (Mack A Mil) ⑰Take Two And Pass ⑱Stay Tuned

Produce DJ Premier, Guru

MCのグールーとトラック・メイカーのDJ・プレミアのデュオによる、ニューヨーク・ラップの代表的なグループ、ギャング・スター（実際はそれぞれボストンとヒューストン出身なのだが）。スパイク・リー監督作『モ・ベター・ブルース』で「Jazz Thing」が使用されたことから、ジャズ・ラップの旗手とみなされていた彼らだが、このサード作ではキャノンボール・アダレイやアーマッド・ジャマルといったジャズ・ネタを多用しながら、サンプリング・タイムが極端に短かったりと、後期のミニマル～アブストラクト路線の芽がすでに顔をのぞかせている。本作から本格化した、低音が極端にブーストされたローファイな音像は、プレミアを、他のラッパーたちからビート・メイキングの依頼が押し寄せるトップ・プロデューサーの座へと押し上げることになった。チャールズ・ミンガスのベースをサンプリングしたポッセ・カット「I'm The Man」には、後にプレミアの後押しでデビューするリル・ダップ（グループ・ホーム）とジェルー・ザ・ダメジャが参加している。ストイックな仕上がりながら、ビルボード・アルバム・チャートではR&B14位、総合でも65位と健闘した。

長谷川町蔵

028

Ice Cube

The Predator

Priority (1992)

①The First Day Of School (Intro) ②When Will They Shoot? ③I'm Scared (Insert) ④Wicked ⑤Now I Gotta Wet 'Cha ⑥The Predator ⑦It Was A Good Day ⑧We Had To Tear This Mothafucka Up ⑨Fuck 'Em (Insert) ⑩Dirty Mack ⑪Don't Trust 'Em ⑫Gangsta's Fairytale 2 ⑬Check Yo Self ⑭Who Got The Camera? ⑮Integration (Insert) ⑯Say Hi To The Bad Guy

Produce Ice Cube, DJ Pooh, Sir Jinx, DJ Muggs, Rashad, Torcha Chamba, Bobcat, Mr. Woody, etc.

サウスセントラル出身でNWAのメンバーとして知られたアイス・キューブは、金銭問題でグループを脱退するとソロに転向。パブリック・エネミーと共闘したコンシャスな『AmeriKKKa's Most Wanted』で世間をあっと驚かせると、続く『Death Certificate』では西海岸ギャングスタ・ラップに回帰。Pファンクやザップをサンプリングしたファンク路線で個性を確立した。旧知のサー・ジンクス、DJ・プーに加え、DJ・マグスらをプロデューサーに迎えたこのサード作では、ハードな「Wicked」や、デ・ラ・ソウルやカニエ・ウエストのサンプリングには文句を言っていたスティーリー・ダンのメンバーもお気に入りだという「Green Earrings」ネタの「Don't Trust 'Em」など、キューブ流へヴィ・ファンクが満載。一方で、アイズリー・ブラザーズ「Footsteps In The Dark」のループに乗せてフッドの束の間の平和を噛み締めるように語る「It Was A Good Day」で聴き手をぐっとさせてくれる。この後キューブは映画俳優としての仕事が忙しくなり、MCとしての表現力は演技へと向けられていってしまう。そういう意味で本作は彼にとって最後の傑作といえる。

長谷川町蔵

029

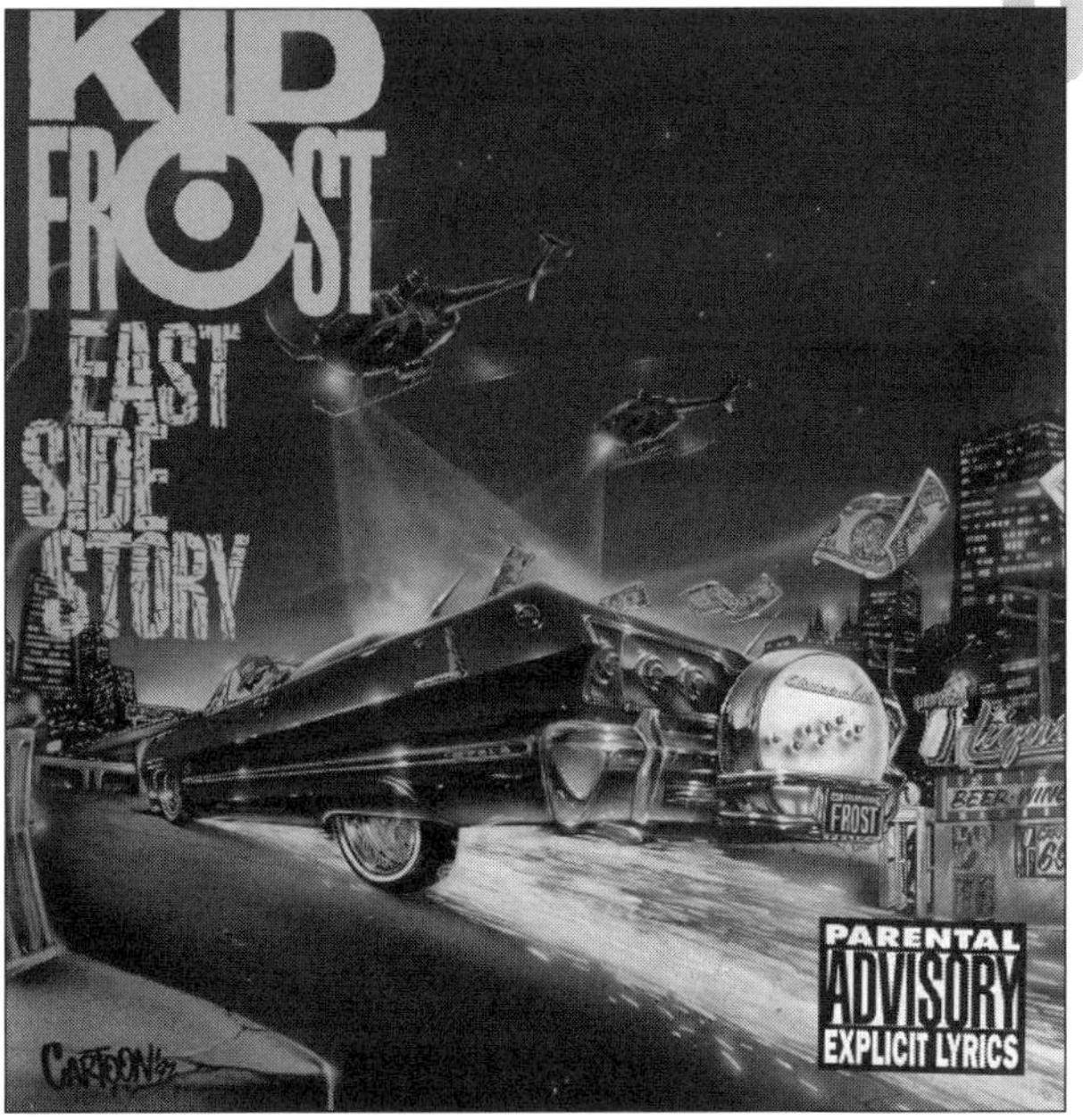

Kid Frost

East Side Story

Virgin (1992)

①The Man ②East Side Story ③The Volo ④I Got Pulled Over ⑤Penitentiary ⑥No Sunshine ⑦Thin Line ⑧Spaced Out ⑨These Stories Have To Be Told ⑩Home Boyz ⑪Chaos On The Streets Of East L.A. ⑫No More Wars ⑬Raza Unite ⑭Smiling Faces ⑮Another Firme Rola (Bad Cause I'm Brown) ⑯Throwing Q-Vo's ⑰Mi Vida Loca

Produce Frost, Geoff Rios, Mike Green, Mr. Mixx, Tony G, Will Rock

チカーノ・ラップのゴッドファーザー、フロストの2nd。エレクトロ時代のLAにて、1984年にはレコード・デビューしていたOG。1990年のメジャー第2弾「La Raza」（メキシコ系アメリカ人とその文化を誇る言葉）で、エル・チカーノ曲ネタのラテン味メロウ・ビートに、スパングリッシュを合わせ、今に続くチカーノ・ラップのスタイルを確立。本作では、バンド演奏も用いたローライダー・ファンクにまずはシビれる。ジャケットのイラストを体現するようなスリリングかつ、後ノリが心地いいビートの数々は、この8ヵ月後に出たドレー『The Chronic』でも大いに参照されたはず。さらに特筆すべきは、70年代のソウル・ヒットをそれぞれ下敷きにした「No Sunshine」「Smiling Faces」「Thin Line」の3曲。哀愁だったり、甘かったり、コテコテな味わいのリメイクはUKのソウル・マニアにもウケたようだ。チカーノにとっての「オールディーズ」をベタにねた使いする手法はこうして、本作で早くも定着。チカーノ・ラップの、そしてGファンクの雛形となった、ヒップホップ史を語る上で実は外せない超重要作に違いない。

小渕晃

030

Pete Rock & C.L. Smooth

Mecca And The Soul Brother

Elektra (1992)

①Return Of The Mecca ②For Pete's Sake ③Ghettos Of The Mind ④Lots Of Lovin ⑤Act Like You Know ⑥Straighten It Out ⑦Soul Brother #1 ⑧Wig Out ⑨Anger In The Nation ⑩They Reminisce Over You (T.R.OY.) ⑪On And On ⑫It's Like That ⑬Can't Front On Me ⑭The Basement ⑮If It Ain't Rough, It Ain't Right ⑯Skinz

Produce DJ Pete Rock

BPM90前後のドンシャリなサウンドのドラムスに、モコモコのベース、そして最大の特徴となるホーンのトバし。この時期のサウンド・トレンドを誰よりも明快にフォーマット化、以降4年ほどのニューヨーク・ヒップホップの型を決定づけた重要な1枚だ。いとこのヘヴィ・Dを介してマーリー・マール、テディ・ライリー、エディ・F、そしてラージ・プロフェッサー～ポール・Cらにビート・メイクを学んだピート・ロックは超サラブレッド。ブロンクスの北に位置する郊外の街マウントヴァーノン出身で、同郷のショーン・ディディ・コムズと同様に輪郭のはっきりとした、キャッチーなビートづくりに長けた彼は、やはり同郷のMC、CL・スムーズと組んだこの1stアルバムで一気にトップに立った。ムズリム色の打ち出しもあくまでスタイリッシュで、画一的でスムーズ過ぎるとディスするオールド・ファンもいたほど。新旧サウンドの間に明確な一線を印し、本作以前・以降でリスナー間の断絶を生みもした。それほどに新世代感覚に溢れていた本作、フォーマット化されたサウンドはマネしやすく、大量のフォロワーを生んだ。ということも含めて、聴けば一瞬で1992年のニューヨークのシーンを思い出させてくれる1枚だ。

小渕晃

031

The Pharcyde

Bizarre Ride II The Pharcyde

Delicious Vinyl (1992)

①4 Better Or 4 Worse (Interlude) ②Oh Shit ③It's Jiggaboo Time (Skit) ④4 Better Or 4 Worse ⑤I'm That Type Of Nigga ⑥If I Were President (Skit) ⑦Soul Flower (Remix) ⑧On The DL ⑨Pack The Pipe (Interlude) ⑩Officer ⑪Ya Mama ⑫Passing Me By ⑬Otha Fish ⑭Quinton's On The Way (Skit) ⑮Pack The Pipe ⑯Return Of The B-Boy

Produce J-Sw!ft, L.A.Jay, Slim Kid 3

1990年前後、LAの、ギャングスタじゃない第3世代の間で盛り上がったオールドスクール回帰。フューリアス・ファイヴに代表されるかけ合いラップ再評価の動きだが、そこから生まれた最高のレコードが本作だった。もともとはダンサーだった3人が、華のあるMCと出会い、ラップ・グループとして再出発した4人組。なのでリズム感の特に秀でた、軽やかかつクールでユーモアも感じるかけ合いラップが最大の魅力。日本のポップなラップ・グループへの影響も多大だった。加えて、ほぼ全曲を手がけたJ・スウィフトの仕事も特筆もの。運もなく本作しか代表作がない男だが、まさに一世一代のビート・メイクを成した。最高に楽しい「Soul Flower (Remix)」などパーティ曲から、彼ら最大のヒットとなった「Passing Me By」などメロウ曲も、本作でしか聞けない独特な明るさ、ユルさが絶品だ。奔放なネタ使いにも特別感を感じるのは、彼がアフロ・キューバンの血を引くスペイン生まれの移住者だからかも。J・ディラも関与した次作もいいが、本作に感じるようなマジックはない。いろいろな奇跡が重なり生まれた、発売から何年経っても聴く者全てを笑顔にしてしまう1枚だ。

小渕晃

ヒップホップ生誕50周年に思う「最高の一曲」

高橋芳朗

ライムスターの宇多丸さんがパーソナリティを務めるＴＢＳラジオのワイド番組『アフター６ジャンクション』。その２０２３年8月10日の放送、まさにヒップホップが50回目の誕生日を迎える前夜の特集が素晴らしかった。

題して「ヒップホップ生誕50周年前夜祭～日本ヒップホップ界の重鎮たちが選ぶ〈マイナンバーワンヒップホップソング〉」。アーティストやジャーナリストを中心とする15名の識者が厳選した「最高の一曲」をコメントと共に発表していくシンプルな構成ながら、長年ヒップホップに携わってきた熟練たちによる絞りに絞り込んだ上でのベスト・ソングということもあって、各々が育んできた確固たる美意識が曲と共に鮮明に浮かび上がってくる。聴いている側も否応なくヒップホップと向き合うことになる、楽しくも刺激に満ちた3時間だった。

そしておそらく、この特集を聴いた大半のリスナー

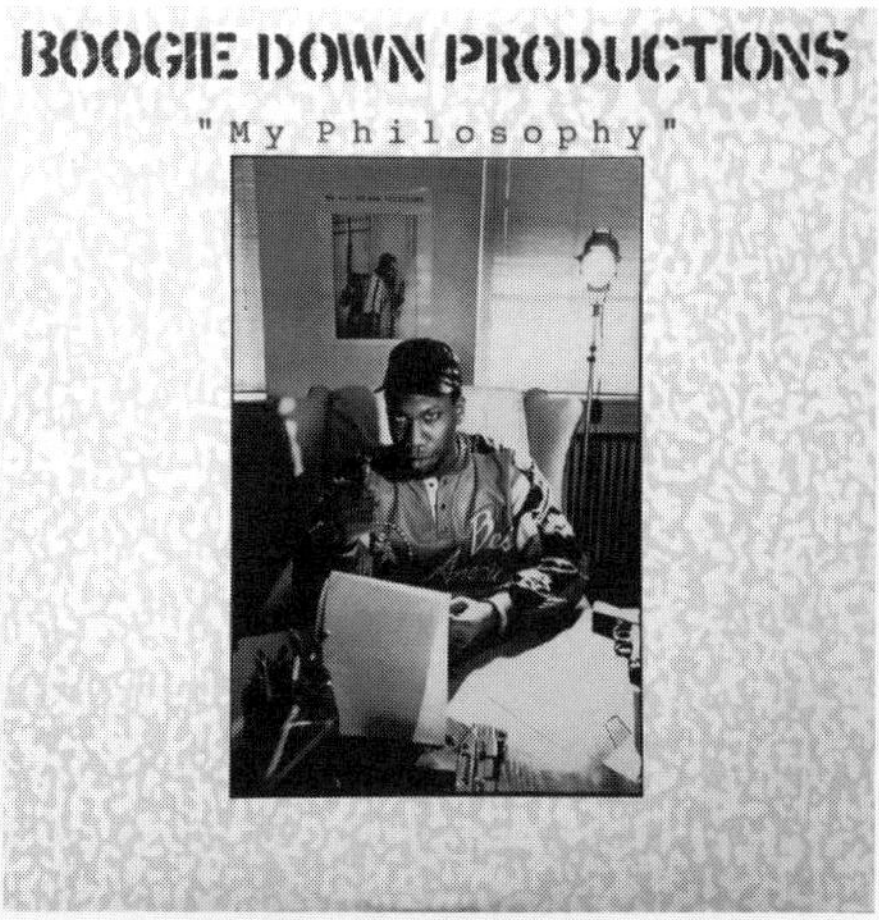

Boogie Down Productions
「My Philosophy」

は自ずとパーソナルな「マイナンバーワンヒップホップソング」に思いをめぐらせることになるのだろう。かく言う自分も放送が始まる前からすでにぼんやりと考え始めていたのだが、驚いたことに候補として挙げていた数十曲のうち、2曲が「日本ヒップホップ界の重鎮たち」の選曲とかぶっていた。

選者はあえて伏せておくが、まずひとつはブギ・ダウン・プロダクションズの「My Philosophy」（１９８８年）。これは自分にとってヒップホップに強く惹かれるきっかけになった曲であると共に、なぜヒップホップに強く惹かれるのか、その理由になっているような曲でもある。

「私の哲学」なる不敵なタイトル、冒頭から執拗に繰り返される「I think very deeply」のフレーズ。ヒップホップが単なる「ストリートミュージック」に留まらない、聴く者に思考を促す「シンキングミュージック」であることを突きつけてきた「My Philosophy」との出会いは、まだヒップホップを真剣に聴き始めて間もなかった自分の音楽観を大きく揺るがす衝撃があった。宇多丸さんが番組中で指摘していたファブ5フレディのディレクションによるミュージック・ヴィデオのエポック性も含め、「My Philosophy」の登場はまちがいなくヒップホップ50年史におけるベストモーメントのひとつだろう。

そして「My Philosophy」に続くもう一曲は、ノトーリアス・ＢＩＧ（ビギー・スモールズ）の「One More Chance / Stay with Me」（１９９５年）。１９９０年代半ば、ヒップホップの商業化を推し進めることになるショーン〝パフィ〟コムズ主宰のバッド・ボーイ・エンタテインメントの台頭は、良くも悪くもヒップホップの歴史の大きな分水嶺になっているが、ちょうど同時期にヒップホップ専門誌『FRONT』（1994年10月創刊。1999年1月号より『blast』に改名）の編集部で働き始めた自分にとって、ビギーのヒット曲をはじめとするバッド・ボーイ作品は当時の生活のサウンドトラックであり、いまにして思えば青春そのものだった。

バッド・ボーイが猛威を振るい始めたころはニューヨークを訪れる機会も多く、時には自腹で取材に赴くこともあったが、JFK国際空港に到着するなりチューニングを合わせていた「HOT97」でヘヴィローテーションされていたのは、いつだってビギーの曲だった。

特にうだるような暑さの夏のマンハッタンを駆け回る中、どこに行っても流れていた「One More Chance / Stay with Me」はすっかり脳裏にこびり付いて帰国後もしばらく頭から離れることがなかった。案外自分が死の床につくときに頭の中で鳴り出すのは、灼熱のニューヨークで陽炎のようにゆらめいていた「One More Chance / Stay with Me」のあのメランコリックなループなのでは、なんて気もしている。

こんな具合に『アフター6ジャンクション』の特集を経てすっ

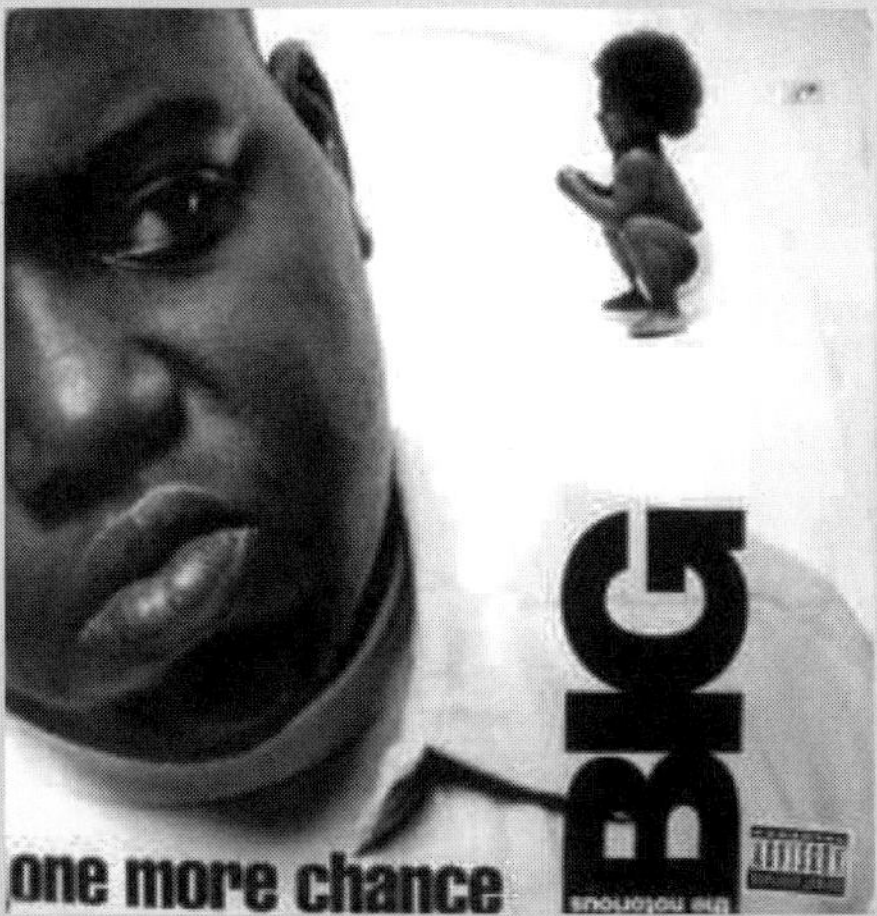

The Notorious B.I.G.
「One More Chance / Stay With Me」

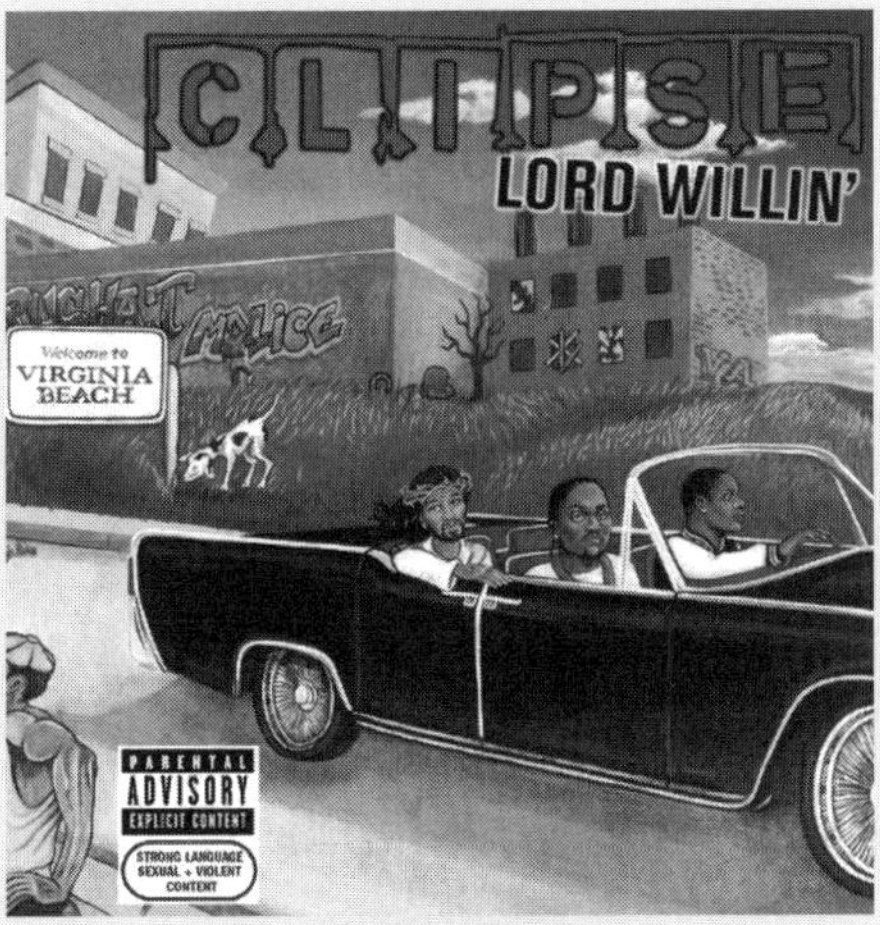

Clipse
『Lord Willin'』

かり「最高の一曲」の探求に愉しみを見出してしまった自分は、コラムニストのジェーン・スーさんとのコンビで配信しているアマゾン・ミュージック独占のポッドキャスト『高橋芳朗 & ジェーン・スー 生活が踊る歌』でも同様の企画を試みることにした。ただし、こちらではプレイリストの作成がマストであることから「ベストヒップホップソング5選」として敢行。当日までお互いの手の内を明かすことなく収録に臨んだ。

8月28日に配信したこのエピソード、なかなか興味深い結果になったので詳細は実際に確認していただきたいのだが、先の「My Philosophy」や「One More Chance / Stay with Me」とはまた違った観点から選んだ自分のセレクションを少しだけ明かすと、5曲のうち筆頭に挙げたのはネプチューンズが興したスター・トラックの事実上の第一弾リリース、クリプスの「Grindin'」(2002年)だ。「Grindin'」は『ラップ・イヤー・ブック』(シェイ・セラーノ著)で2002年の最重要曲に選出されているネプチューンズのマスターピースだが、実質ビートとラップだけで聴かせるヒップホップ・ソングとしてはオーディオ・トゥー「Top Billin'」（１９８７年）と双璧を成す名作と言っていい。最近ではローラ・ブルックが4月にリリースした「Blind Em」でリメイクしていたことに示唆的だが、この究極のミニマリズムが標榜するビートメイキングの価値観はヒップホップ史のどの時代でも有効だろう。

　なんでも「Grindin'」のビートはジェイ・Zの手に渡る寸前でクリプスが待ったをかけたそうだが、「ベストヒップホップソング5選」では当時のネプチューンズの最大のクライアントだったジェイの（一時的）引退アルバム『The Black Album』（２００３年）より「Public Service Announcement (Interlude)」も選んでいる。

　これはリトル・ボーイ・ブルースの「Seed Of Love」（１９６８年）をサンプリングした、ジャスト・ブレイズが手がけた数あるクラシックの中でも最高の部類に入る仕事だ。「Interlude」との位置付けからは計り知れない存在感は『REVOLT』のYouTubeチャンネルにジャスト本人の解説によるメイキング動画があることからもわかると思うが、この曲の聴き方は２００３年11月15日にマディソン・スクエア・ガーデンで行われたジェイの引退コンサー

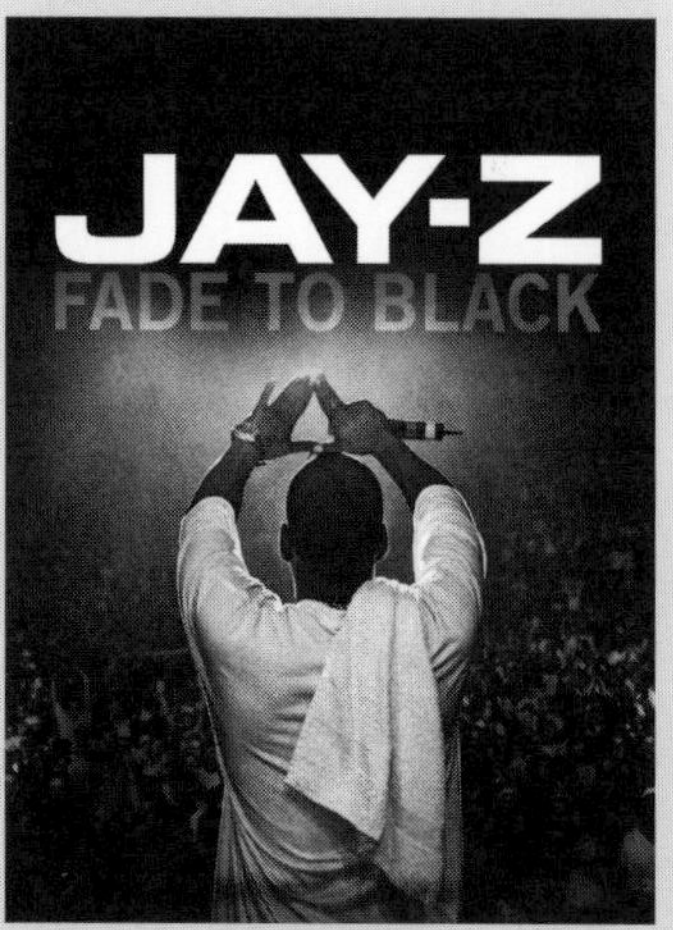

Jay-Z
『Fade To Black』

Hustle & Flow

トのドキュメンタリー『フェイド・トゥ・ブラック』（２００４年）の登場によって大きく変わった印象がある。

実際、「Public Service Announcement (Interlude)」はヒップホップにおけるハスラー的美学の集大成といえる大傑作『フェイド・トゥ・ブラック』とセットで選出したようなところがあるのだが、そんな流れで『フェイド・トゥ・ブラック』について考えていたら同じ２０００年代を代表するヒップホップ映画、クレイグ・ブリュワー監督の『ハッスル&フロウ』（２００５年）のことを思い出した。

『ハッスル&フロウ』といえばアカデミー賞歌曲賞を受賞したスリー6マフィアによる主題歌「It's Hard Out Here For A Pimp」が名高いが、劇中の挿入歌でより思い入れが強いのはテレンス・ハワード演じる主人公ディージェイの「Whoop That Trick」だ。サブスクで配信されていれば「ベストヒップホップソング5選」に入れていたかもしれないが、これに関してはドラマの中でこそ威力を持つ曲であることは強調しておかなくてはならない。

しがないストリート稼業で生計を立てていたディージェイが人生の大逆転をかける「Whoop That Trick」のレコーディング・シーンは、曲がかたちになっていくまでの工程も含めて「持たざる者たちの音楽」ヒップホップの本質を見事に活写している。「強烈にヒップホップを感じさせる」ということではこれまで挙げてきた名曲にも引けをとら

Beastie Boys
『Ill Communication』

ないと信じているが、唯一引っかかるのは『ハッスル&フロウ』がミソジニーの観点から問題を抱えた映画であることだ（この映画を手放しで称賛してきたことには個人的に反省すべき点が多い）。

こういうときにいつも思い出すのは、ビースティ・ボーイズ『Ill Communication』（1994年）のオープニングを飾る「Sure Shot」だ。ここでMCAことアダム・ヤウクはデビュー当時の女性差別的な言動について謝罪をしつつ、「女性たちに悪態をつくような真似はもうやめにしよう」と、ヒップホップの悪弊であるミソジニーからの脱却を真摯な言葉で訴えかけている。いまから30年も前の話だ。

アダムは同じ『Ill Communication』収録のソロ曲、その名も「The Update」において、無軌道なキッズから責任感のある大人へと意識を更新していくことについてもラップしている。もう自分は2012年に癌で他界したアダムの年齢を追い越してしまったが、ヒップホップの原体験になったヒーローが現在もなお指針としてあり続けているのは本当に幸せなことだ。「最高の一曲」をめぐる思考の旅はまだまだ終わりそうにないが、ひとまずはジョン・クレマー「Children Of The Earth Flames」（1969年年）に乗せてラップするアダムの「The Update」を暫定ベストとしておくとする。

032

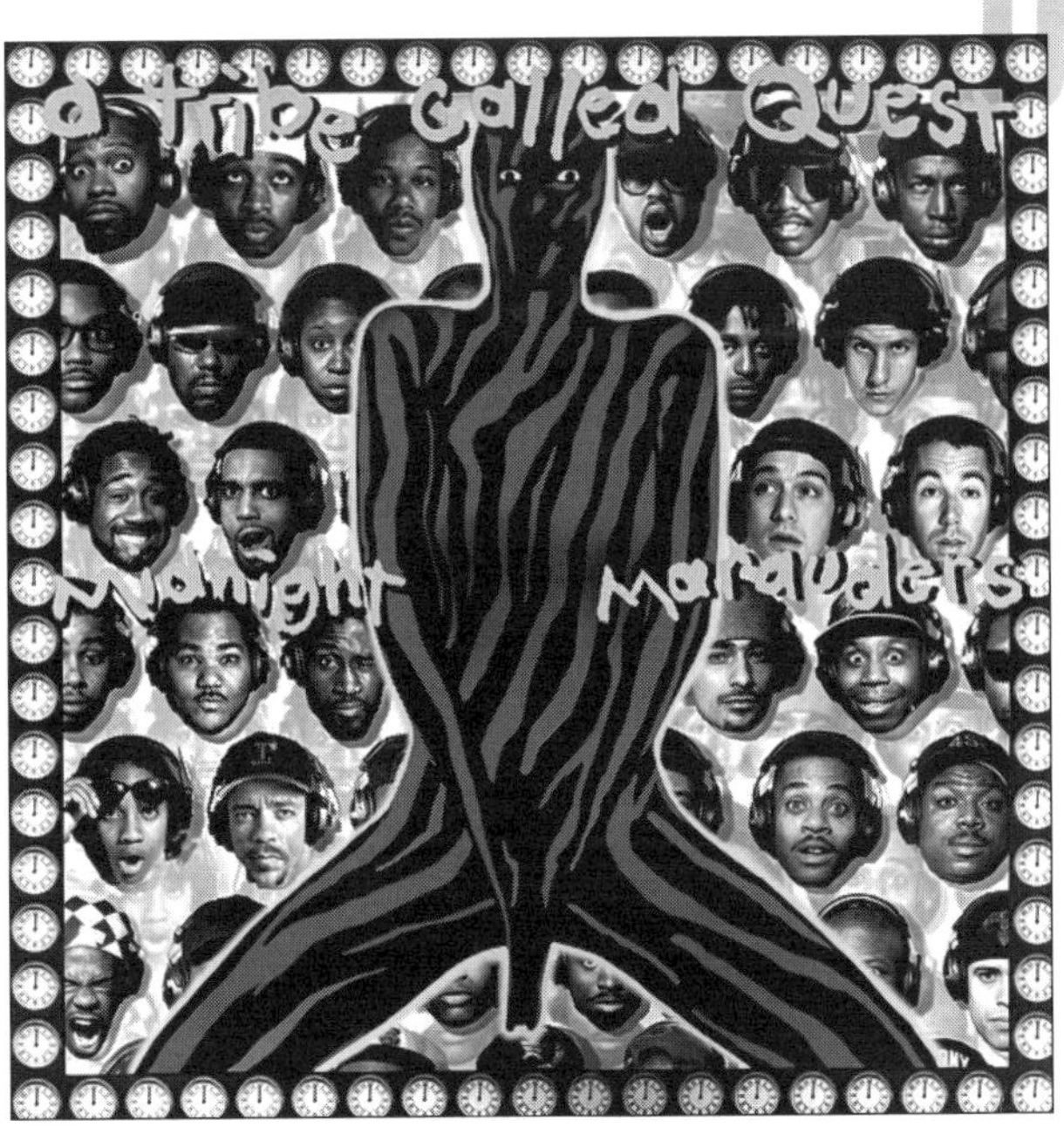

A Tribe Called Quest

Midnight Marauders

Jive (1993)

①Midnight Marauders Tour Guide ②Steve Biko (Stir It Up) ③Award Tour ④8 Million Stories ⑤Sucka Nigga ⑥Midnight ⑦We Can Get Down ⑧Electric Relaxation ⑨Clap Your Hands ⑩Oh My God ⑪Keep It Rollin' ⑫The Chase, Part II ⑬Lyrics To Go ⑭God Lives Through

Produce A Tribe Called Quest, Large Professor

ネタとなるレコードを見つけビートを組み、その上で人を惹きつける、気の利いた言葉遊びを聴かせる。というオールドスクールの流儀を、極めてしまったようにも感じる究極の1枚。前作『The Low End Theory』も、ジャズと重低音を手に入れはしゃぐ、まだまだ若かったメンバー3人の勢い、初期衝動的な快感に溢れる傑作だった。対してこの3rdは、その後2年で一気に成熟した姿を見せつけた、オトナなつくりの、職人技が光る名盤。前作での新時代の音像に、1stで光っていたメロディアスなワンループ使いをあらためて合わせたところもあり、まさにこの時点での集大成だ。飽きない、何度でも繰り返し聴けることを念頭に制作したに違いなく、パーティ・シングルの「Oh My God」以外はあえてピークをつくらず、全編をスルッと聴かせてしまう技は超一流のDJのそれと同じだ。特にミニー・リパートン「Inside My Love」を絶妙にチョップした「Lyrics To Go」はまさに感動的なサンプリング・アート。次作からはJ・ディラと組み、作風を変えざるを得なかったほど、サンプリング・ヒップホップを極めてしまった1枚だ。

小渕晃

033

Digable Planets

Reachin' (A New Refutation Of Time And Space)

Pendulum (1993)

①It's Good To Be Here ②Pacifics ③Where I'm From ④What Cool Breezes Do
⑤Time & Space (A New Refutation Of) ⑥Rebirth Of Slick (Cool Like That)
⑦Last Of The Spiddyocks ⑧Jimmi Diggin' Cats ⑨La Femme Fétal ⑩Escapsim (Gettin' Free)
⑪Appointment At The Fat Clinic ⑫Nickel Bags ⑬Swoon Units ⑭Examination Of What

Produce Butterfly

名門ハワード大学に通い、メジャーでは初のキュートな声、フロウで知的なラップを聴かせたレイディバグ・メッカ。そのラップを初めて聴いた時はあまりの新しさに心底ぶっ飛ばされた。という彼女の存在も画期的だったディガブル・プラネッツ。シアトル出身のバタフライを中心に、ドゥードルバグも加えた3人はニューヨークで始動。ア・トライブ・コールド・クエスト『The Low End Theory』をさらにジャズ寄り、文化系寄りにしたような本作は1stで、全米チャート15位となるヒット。ウッド・ベースが印象的な1stシングル「Rebirth Of Slick (Cool Like Dat)"」はいきなりグラミー賞を獲った。主にバタフライ自身が手がけた本作の、あえてグルーヴィにし過ぎないビートは独自のノリを持つ。ファンクの影響が薄いビート、知的であることを隠さないラップは、ヒップホップのアナザー・シーンの誕生を期待させたが、いよいよギャングスタ/サグ・ラップ一色にシーンが染まり始めた翌1994年リリースの2ndでは本作以上の反響は得られなかった。「ニュースクール」への期待がピークに達していた1993年にしか生まれ得なかった、ユニークすぎる名盤だ。

小渕晃

034

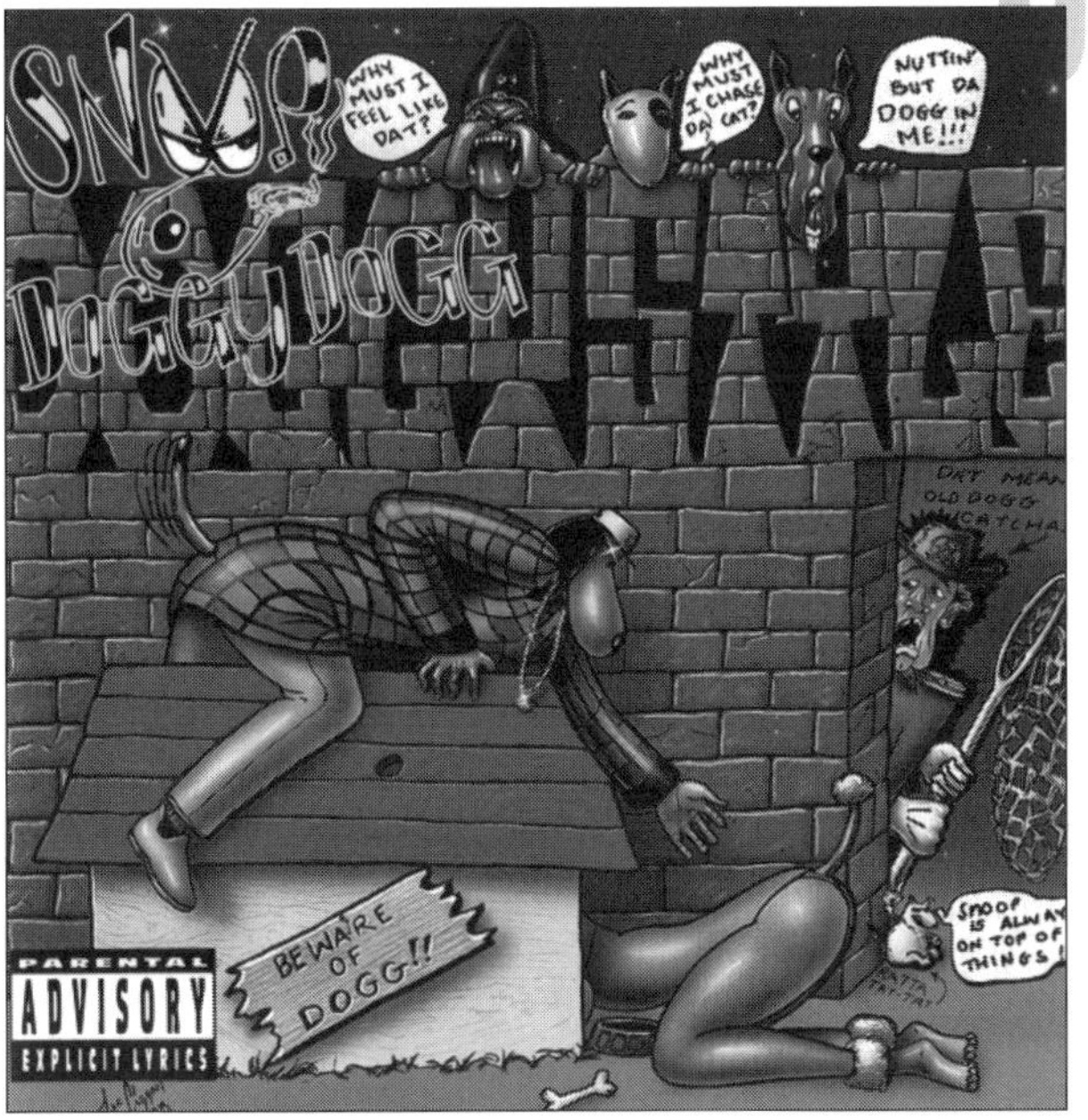

Snoop Doggy Dogg

Doggystyle

Death Row (1993)

①Bathtub ②G Funk Intro ③Gin And Juice ④W Balls ⑤Tha Shiznit ⑥Untitled ⑦Lodi Dodi ⑧Murder Was The Case ⑨Serial Killa ⑩Who Am I (What's My Name)? ⑪Tha Dogg Pound / For All My Niggaz & Bitches ⑫Aint No Fun (If The Homies Cant Have None) ⑬Untitled ⑭Doggy Dogg World ⑮Untitled ⑯Gz And Hustlas ⑰Untitled ⑱Gz Up, Hoes Down ⑲Pump Pump

Produce Dr. Dre

ウォーレン・G、ネイト・ドッグとともに213で活動したのち、ドレー『The Chronic』に参加。飄々としたラップで個性を発揮したスヌープは、本作で満を持してソロ・デビューする。図太いベース音に、ピーヒャラ鳴り響くシンセに乗せられるのは物騒で情景描写豊かなギャングスタ・ライフ。まさに映画館でハスラー映画を観ているかのような没入感を生み出し、椅子にそのままずぶずぶと沈んでいくような快楽を生むレイドバック・サウンドの数々、これにてGファンクの理想形が出来上がった。スヌープのラップはスムーズながらも凄味があり、時にユーモアすらも感じさせる多面的なもの。かくして、本作によって当代随一の個性派ラッパーが誕生することに。有名曲が並ぶ前半〜中盤の出来はさすがに異次元だが、ソウル・ミュージックの多幸感が投影されたドラマティックス参加の「Doggy Dogg World」などを含む後半も良い。20世紀の文化遺産と言ってよいレヴェルに素晴らしい「G Funk Intro」や「Who Am I?」の気持ちよさは格別で、ジャンルや自身への賛歌によってヒップホップ・カルチャーを俯瞰しながらメタ言及するという芸当は、この文化特有の自律性を感じさせる。

つやちゃん

035

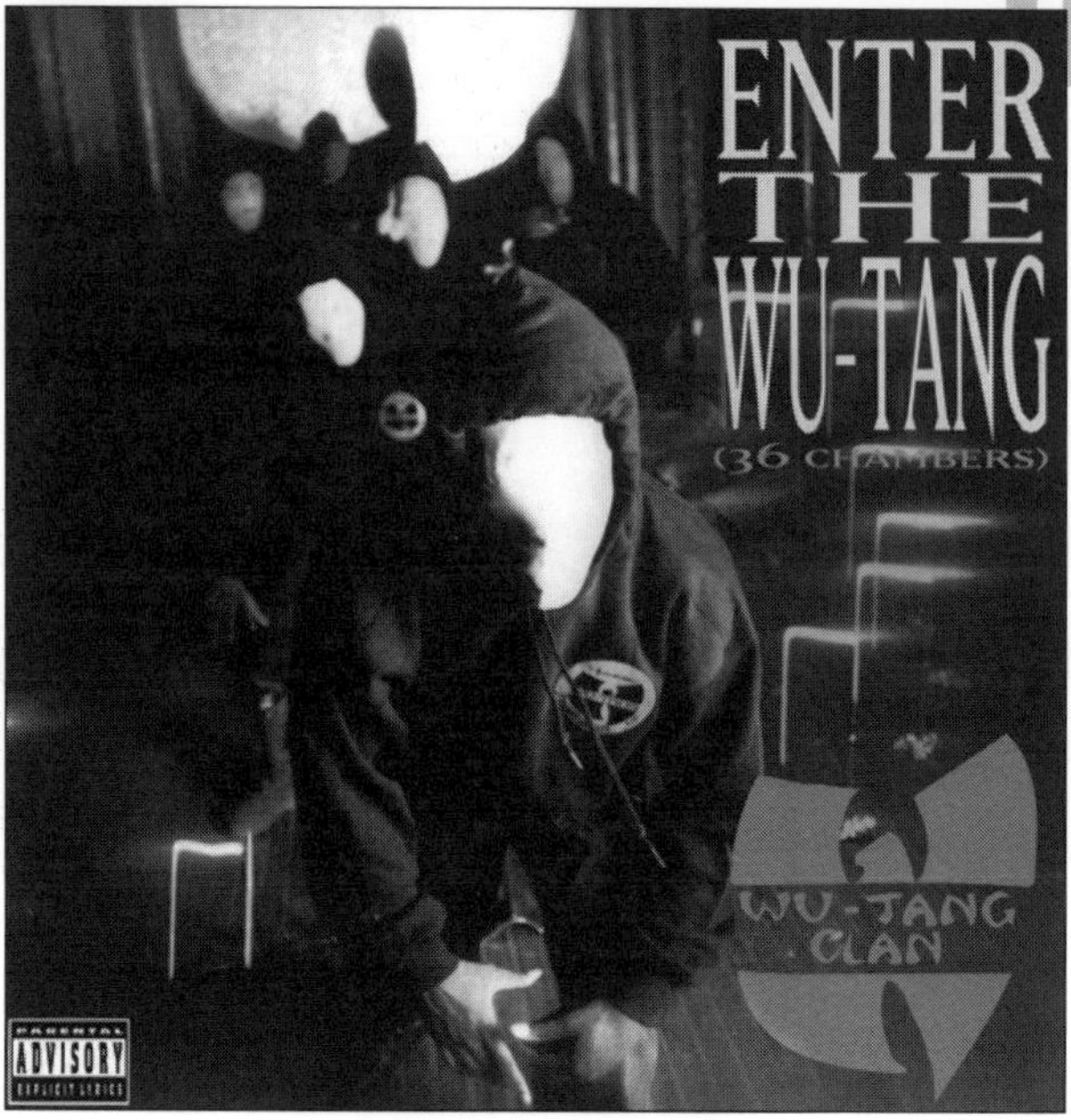

Wu-Tang Clan

Enter The Wu-Tang (36 Chambers)

Loud (1993)

①Bring Da Ruckus ②Shame On A Nigga ③Clan In Da Front ④Wu-Tang: 7th Chamber ⑤a Can It Be All So Simple ⑤b Intermission ⑥Da Mystery Of Chessboxin' ⑦Wu-Tang Clan Ain't Nuthing Ta F' Wit ⑧C.R.E.A.M. ⑨Method Man ⑩Protect Ya Neck ⑪Tearz ⑫a Wu-Tang: 7th Chamber - Part II ⑫b Conclusion

Produce The RZA

ソロ・ラッパーばかりの今聴くと、より一層おもしろさ、かけがえのなさが浮き彫りになり、近年ますます人気・評価ともに上がっている感もあるウータン・クランの1st。多くがソロでもやっていけるほどキャラの立ちまくったラッパーが次々に登場して、かけ合いまでキメてくれればそれ以上におもしろいラップ作品などないわけで。メソッド・マン、オール・ダーティ・バスタード、レイクォン、ゴーストフェイス・キラー、GZA、インスペクター・デック・・・これだけの異才をまとめ、プロデュースしたRZAの苦労は、ドラマ『ウータン・クラン：アメリカン・サーガ』を見れば一目瞭然で、気の毒になるほど。二度とこのような一体感のあるアルバムがつくれなかったのも納得だ。ヒップホップがビッグ・ビジネスになるに従って、制作に時間のかかるグループ／ユニット作品はどんどんと減り、比較的早くつくれるソロ・ラッパーの作品ばかりになっていったわけで。本当に、完成したのが奇跡でしかないアルバム。何においても「意味」がないと評価できない人たちには響かなくなっていくのかも知れないけど、オールド・スタイルなヒップホップ好きには永遠に宝物そのものだ。

小渕晃

036

Nas

Illmatic

Columbia (1994)

①The Genesis ②N.Y. State Of Mind ③Life's A Bitch ④The World Is Yours ⑤Halftime ⑥Memory Lane (Sittin' In Da Park) ⑦One Love ⑧One Time 4 Your Mind ⑨Represent ⑩It Ain't Hard To Tell

Produce DJ Premier, L.E.S., Pete Rock, Q-Tip, Large Professor

ニューヨークのクイーンズブリッジ団地で育ったナズは、メイン・ソース「Live At The Barbeque」への参加で注目され、本作でソロ・デビューを果たした。プロデューサーは元メイン・ソースのラージ・プロフェッサーをはじめDJ・プレミア、ピート・ロック、Q・ティップら。この時点のニューヨークのトップ・オブ・トップといえるメンツである。なぜ当時20歳の若者にこれほどの期待が寄せられたのか。それは西海岸ギャングスタ・ラップに対するセールス面での劣勢を挽回するために、ニューヨーク産ハードコア・ラップの伝統を継承する若きスター・ラッパーの誕生が切望されていたから。ラキムやビッグ・ダディ・ケインといった先輩から影響を受けつつ、リリカルなセンスを深化させていたナズは、ジャンルそのものの救世主と目されたのだ。その期待に彼は見事に応えた。ほぼ全曲がクラシック認定されているアルバムが他にあるだろうか。商業的には決して成功作とは言えなかったものの、現在では90年代のニューヨーク産ヒップホップの最高傑作と見なされている。そしてナズは現代に至るまでハードコア・ラップの守護神として、第一線で戦い続けているのだ。

長谷川町蔵

037

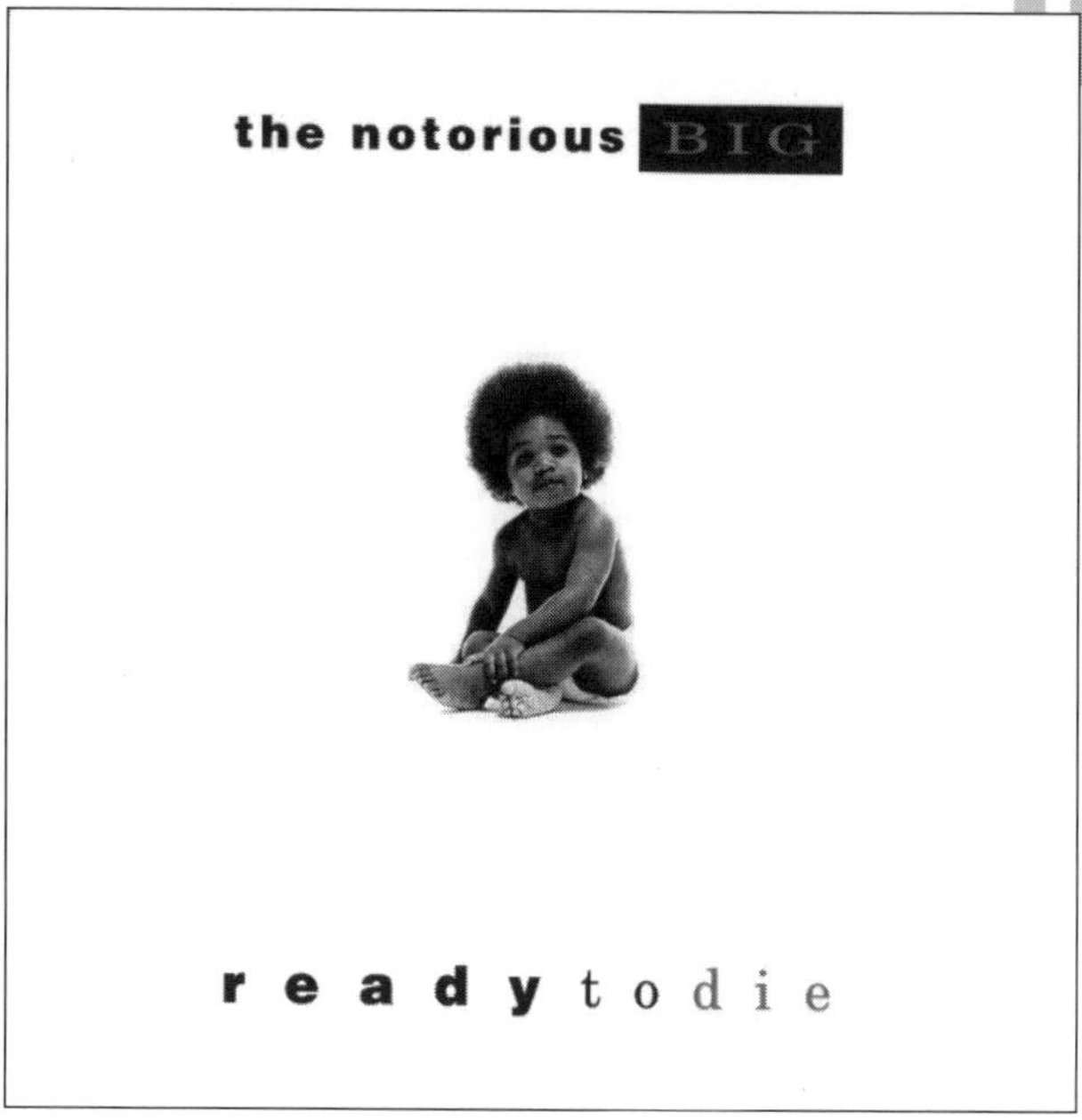

The Notorious B.I.G.

Ready To Die

Bad Boy (1994)

①Intro ②Things Done Changed ③Gimme The Loot ④Machine Gun Funk ⑤Warning ⑥Ready To Die ⑦One More Chance ⑧Fuck Me (Interlude) ⑨The What ⑩Juicy ⑪Everyday Struggle ⑫Me & My Bitch ⑬Big Poppa ⑭Respect ⑮Friend Of Mine ⑯Unbelievable ⑰Suicidal Thoughts

Produce Sean "Puffy" Combs, Easy Mo Bee, Chucky Thompson, The Bluez Brothers, Poke, DJ Premier, Lord Finesse

NYはブルックリン出身のノトーリアス・BIGことビギー・スモールズ。その誕生から、悪行を重ね大金を掴み、早すぎる死に至るまでの物語が、映画的に展開されるデビュー・アルバム。彼は、ラストの「Suicidal Thoughts」で、過去に犯してきた罪への激しい罪悪感から自ら命を絶つのだが、表題のReady To Dieには、ポジティヴな意味が込められている。それは、今までの自分の生き方（ここではギャングスタ・ライフ）に見切りをつけ、新しい自分として生まれ変われる覚悟はあるのか、との問いかけだ。本作に続くビギーのアルバムは『Life After Death』、本作でラッパーとして成功し、生まれ変わるのだ。その成功は、バッド・ボーイ・エンタテインメントから彼を売り出したショーン・パフィ・コムズのプロデュース力に負うところが大きい。彼は、誰もが親しみを持てるようなフレーズのサンプル&ループ（例えば「Big Poppa」でのアイズリー・ブラザーズ「Between The Sheets」）を積極的にトラックに組み込むことで、リリカルなビギーのラップを一層際立たせ、ハードコア・ヒップホップをポップ・ヒットへと導いたのだ。

小林雅明

038

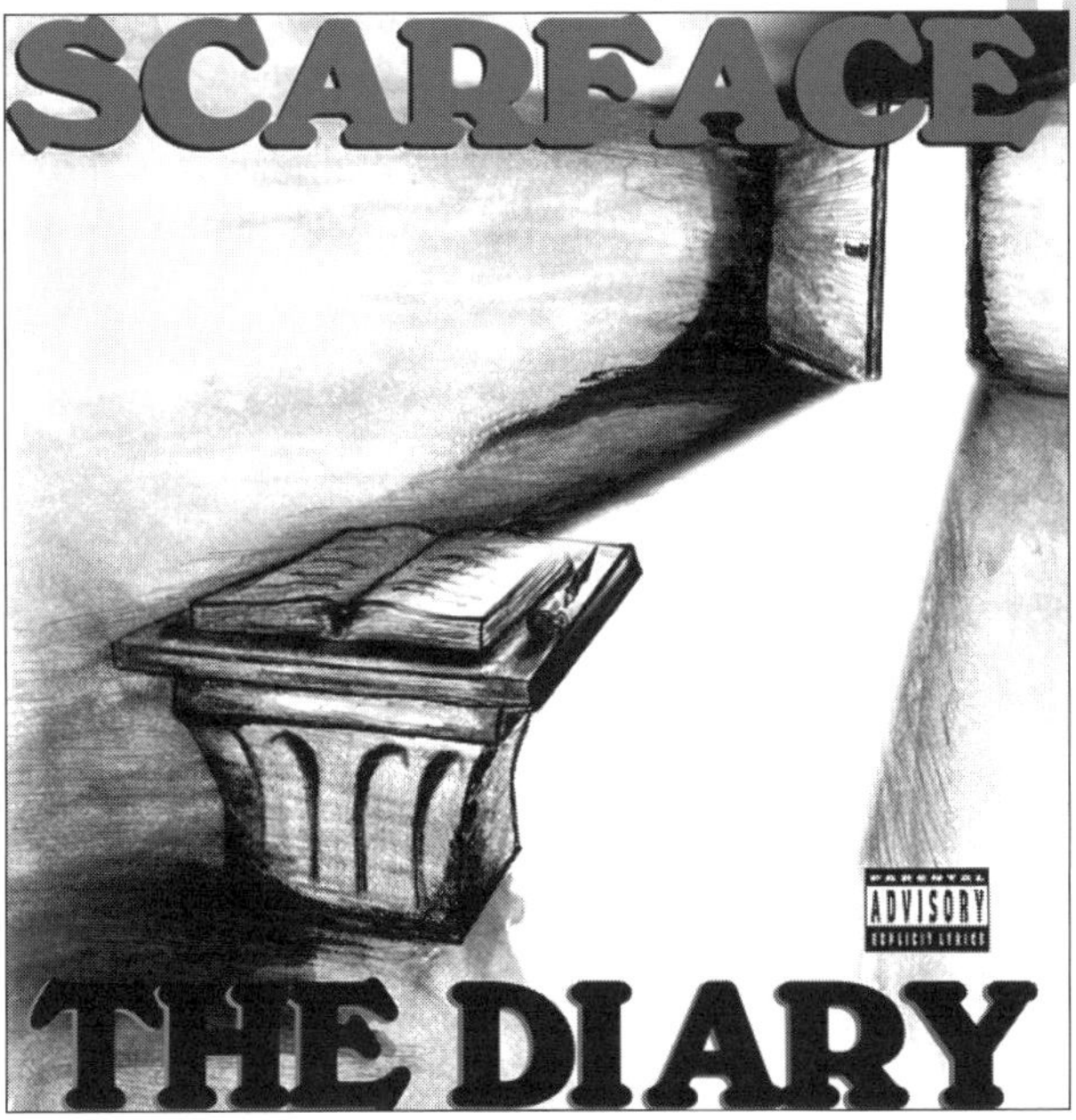

Scarface

The Diary

Rap-A-Lot (1994)

①Intro ②The White Sheet ③No Tears ④Jesse James ⑤G's
⑥I Seen A Man Die ⑦One ⑧Goin' Down ⑨One Time
⑩Hand Of The Dead Body ⑪Mind Playin' Tricks 94 ⑫The Diary ⑬Outro

Produce Scarface, Mike Dean, N.O.Joe

米国の代表的な専門誌『The Source』『XXL』両誌で5点満点を付けられた数少ない1枚である本作。ヒップホップ研究が進めば進むほど評価が高まり続け、今では史上最高のリリシスト、MCのひとりとして誰もが敬う存在となったスカーフェイス。この3rdソロ・アルバムは、同年のナズ『Illmatic』、ビギー『Ready To Die』とともにリリシストが輝いた年、1994年をヒップホップ・ファンには特別な年として記憶させる。10代で自殺を図り、長年ウツに悩まされるなど、ハードすぎるヒューストンのゲットーで独自の死生観、哲学を育んだ彼は、ゲトー・ボーイズの一員として、そしてソロで、生と死についての深い考察をラップ。さらに、ハード・ロックも愛する音楽全般のマニアで、ギターやドラムも操るマルチ・プレイヤーでもある彼の作品は、リリックスと同様に音楽面でも味わい深い。N・O・ジョー、今やシーン随一の大物となったマイク・ディーンと3人でつくり上げた本作は、ソウルフルかつブルージーなサウンドも、ヴォーカルに込められた情感も、まさにサザン・ソウル、ブルースの傑作の域に到達。サウスの枠を超えて世界中で今もファンを増やし続けている。

小渕晃

039

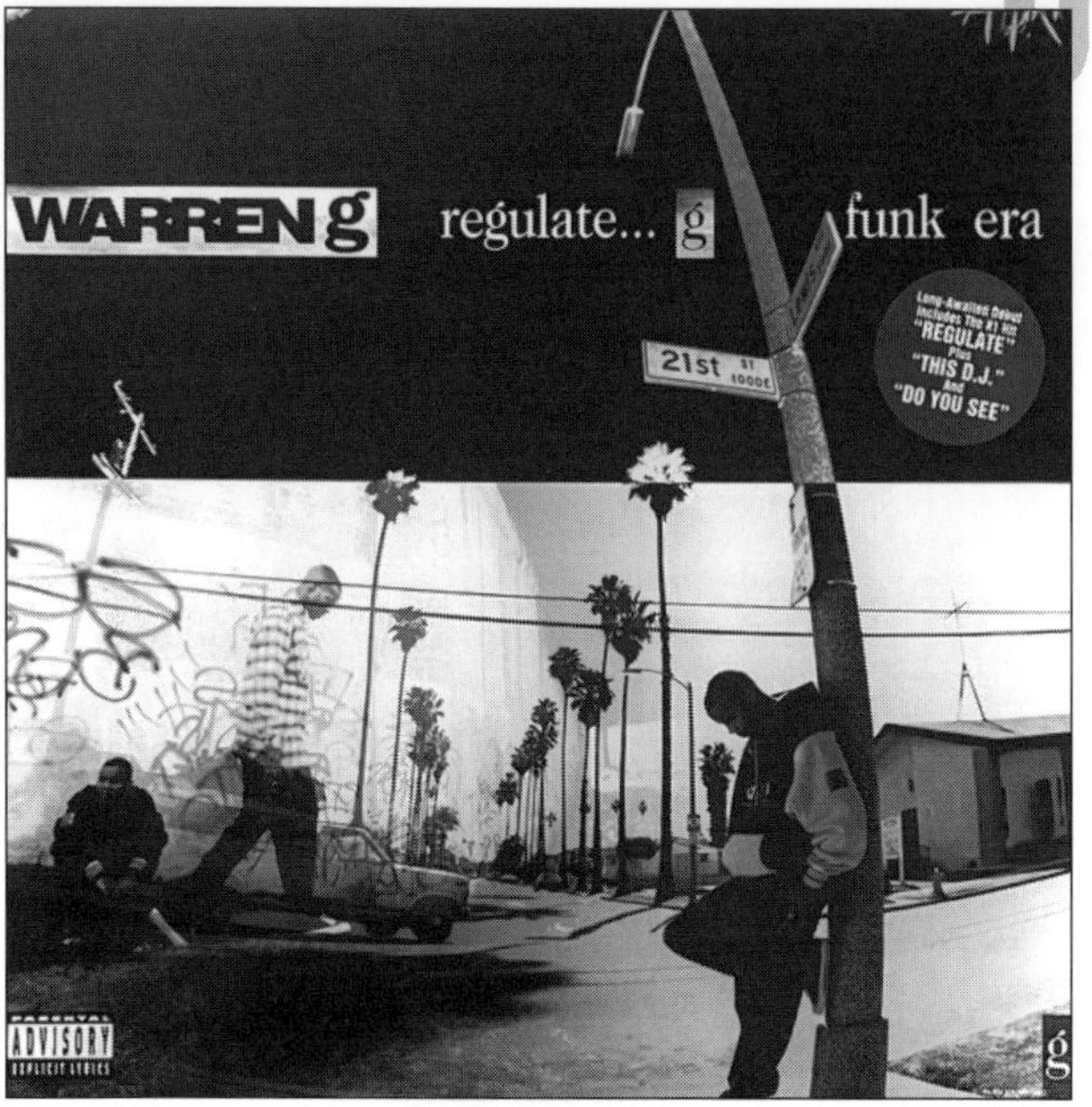

Warren G

Regulate... G Funk Era

Violator (1994)

①Regulate ②Do You See ③Gangsta Sermon ④Recognize ⑤Super Soul Sis
⑥'94 Ho Draft ⑦So Many Ways ⑧This D.J. ⑨This Is The Shack
⑩What's Next ⑪And Ya Don't Stop ⑫Runnin' Wit No Breaks

Produce Warren G

Q「オートチューンが流行る前ってみんなどうしていたの?」→A「ネイト・ドッグがいたんだ」。そんなやり取りをインターネット上で見たことがある。数々の名曲でフックを担当してきたネイトの歌声は、ヒップホップに欠かせないものだった。そんなネイトのベスト客演仕事のひとつに数えられるのが、本作収録のGファンク・クラシック「Regulate」だ。ロスアンジェルスのラッパー/プロデューサー/DJのウォーレン・Gは、リラックスしたラップ・スタイルとGファンク系の作風で広く知られる人物。義兄のドクター・ドレーは緊張感や威厳を備えた作風だが、ウォーレン・Gの音楽はよりメロウでレイドバック、ソフトな側面も目立つものだ。本作は1994年にリリースされたデビュー・アルバムで、商業的にも300万枚を売り上げるヒット作となった。本作で聴かせるのは「Regulate」と同様の清涼感のあるメロウなGファンク。「Do You See」やグラミー賞にもノミネートされた「This D.J.」などスムーズな名曲が次々と飛び出し、猛暑でも体感気温を下げてくれるクールなサウンドが堪能できる。「Gファンクの時代」を代表する名盤だ。

アボかど

040

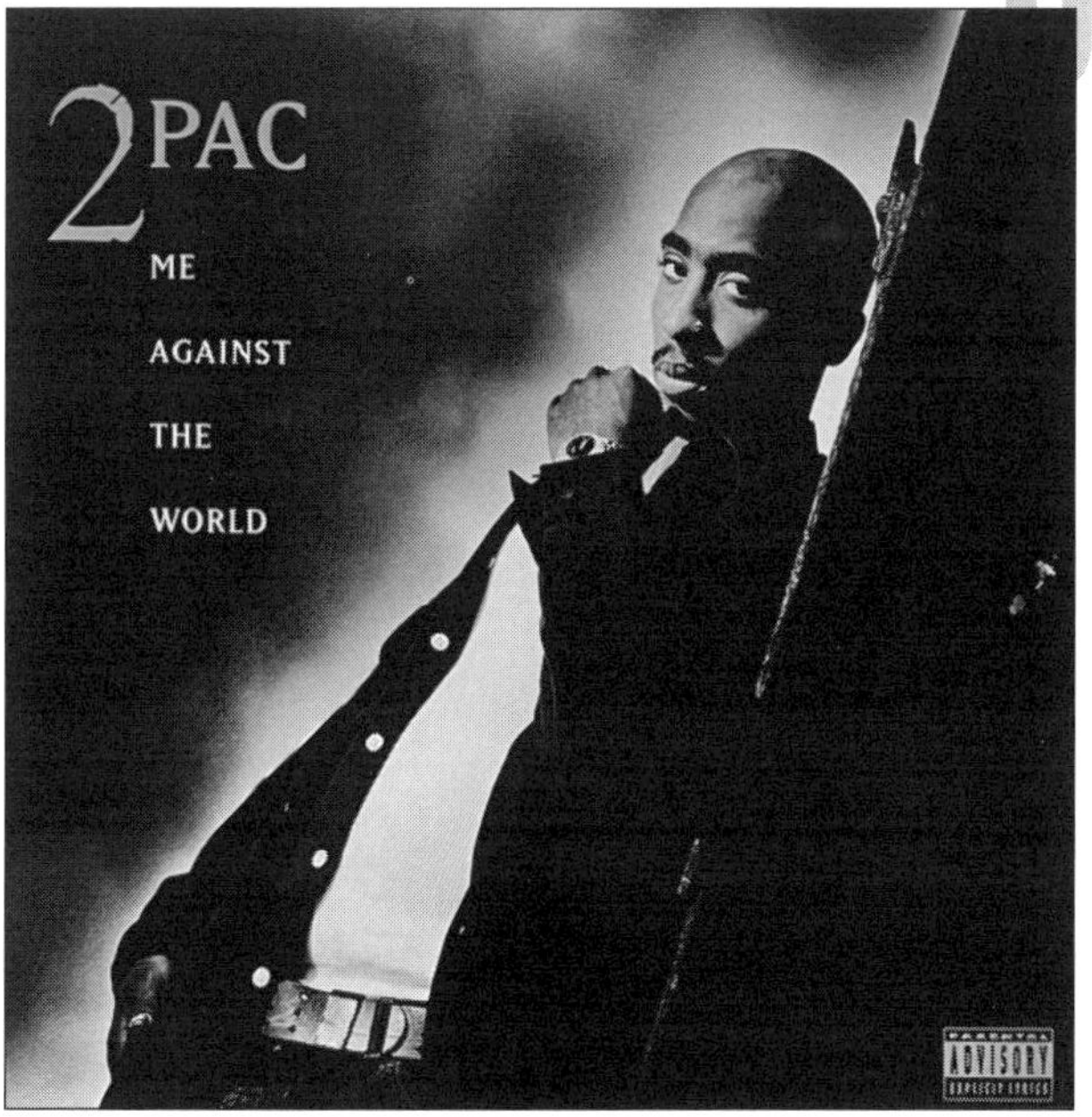

2Pac

Me Against The World

Interscope (1995)

①Intro ②If I Die 2Nite ③Me Against The World ④So Many Tears ⑤Temptations ⑥Young Niggaz ⑦Heavy In The Game ⑧Lord Knows ⑨Dear Mama ⑩It Ain't Easy ⑪Can U Get Away ⑫Old School ⑬Fuck The World ⑭Death Around The Corner ⑮Outlaw

Produce Tony Pizarro, Easy Mo Bee, Soulshock & Karlin, D-Flizno Production Squad, Mike Mosley, Sam Bostic, Brian G, Shock G, Mike Mosley, Sam Bostic, etc.

2パックにとって3作目となる本作のレコーディングは、93年の性的暴行事件の発覚以降から94年夏にかけて行われた。そのため、「Temptation」と「If I Die 2nite」を手がけたイージー・モー・ビーによれば、2パックの日課は昼は裁判所、夜はスタジオだったという。彼としては「Me Against The World」、「Fuck The World」とストレートにブチまけたい半面、あらためて自分自身を、そして自らの生い立ちを素直に見つめ直した、かけがいのない時期でもあったに違いない。そんななか生まれたのが、極度の鬱で「クラック中毒」となった母アフェニとは、超極貧生活を送っていた「自分が若い頃にはビーフがあった」が、「女手ひとつで子供を育てるのは生半可なことではないとようやくわかった」今は「感謝の気持ち」でいっぱいだと打ち明ける「Dear Mama」。スティーヴィ・ワンダーのハーモニカと聖書を絶妙に引用し、亡くした友と犯してきた罪を悔やむ「So Many Tears」といった名曲だった。なお本作が全米1位を記録した95年4月には、暴行事件で有罪となった2パックの刑期は既に始まっていた。

小林雅明

041

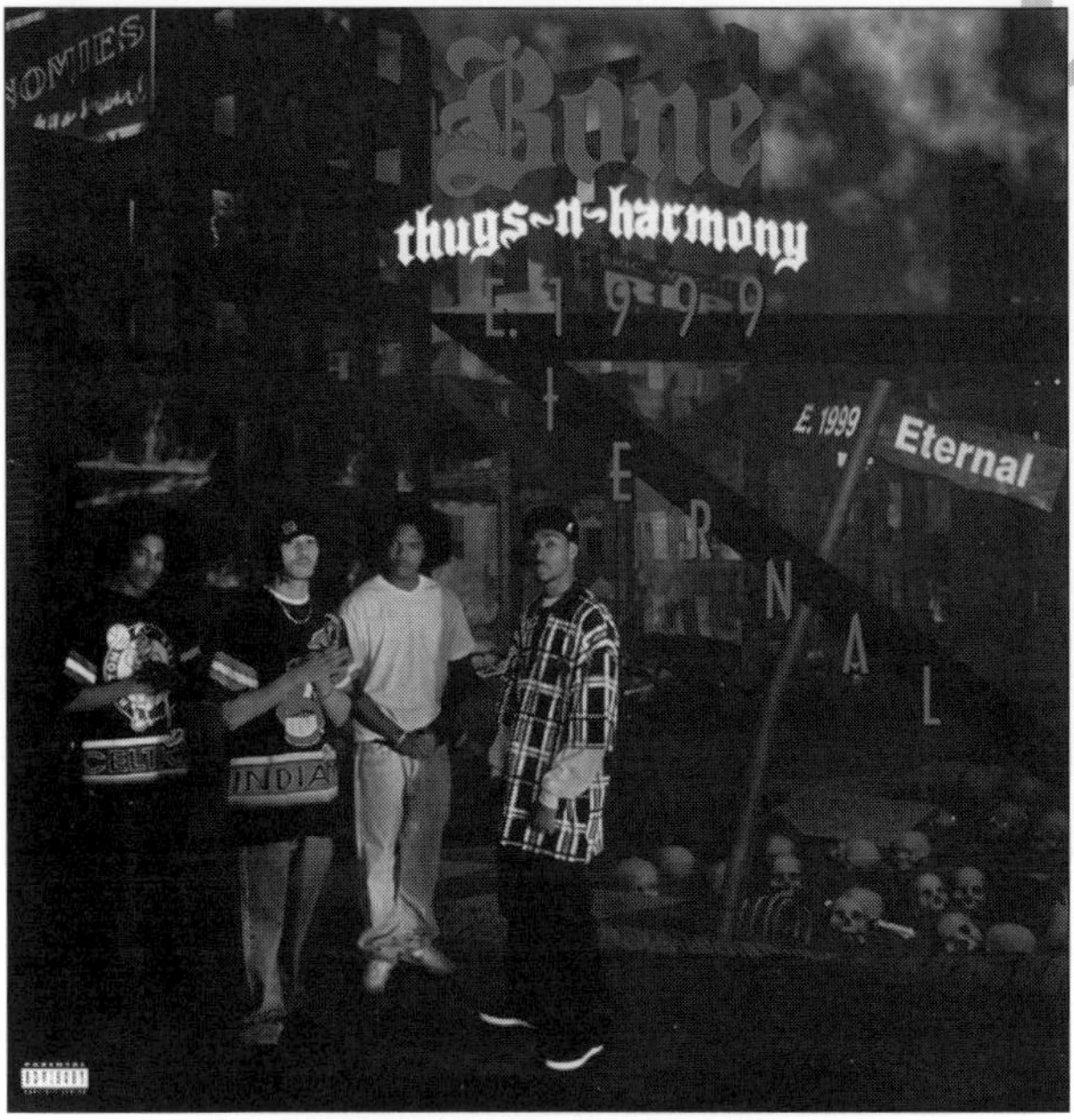

Bone Thugs-N-Harmony

E. 1999 Eternal

Ruthless (1995)

①Da Introduction ②East 1999 ③Eternal ④Crept And We Came ⑤Down '71 (The Getaway) ⑥Mr. Bill Collector ⑦Budsmokers Only ⑧Crossroad ⑨Me Killa ⑩Land Of Tha Heartless ⑪No Shorts, No Losses ⑫1st Of Tha Month ⑬Buddah Lovaz ⑭Die Die Die ⑮Mr. Ouija 2 ⑯Mo' Murda ⑰Shotz To Tha Double Glock

Produce DJ U-Neek, Bone Thugs-N-Harmony, Kenny McCloud, Tony C

長年ブラック・ミュージックのメッカであり続けてきたシカゴやデトロイトと同じく、5大湖畔に位置するクリーヴランド。そこに住む従兄弟どうしと、その友人たちで結成されたボーン・サグズン・ハーモニー。「歌うラップ」で初めて全米1位に輝いた彼らは、とにかく売れて、多くに聴かれまくった。そうして今に至るヒップホップの、さらにはポップ・ミュージックのヴォーカル・スタイルに計り知れないほどの影響を与えた超重要なチームだ。高音~低音でパート分けし、要所ではハモりも聴かせる彼ら。ソウル／R&Bグループのように、緻密に組み立てられたそのヴォーカル・ワークは、ラップ以降のヴォーカル表現に新時代をもたらした。NWAのイージー・Eが惚れ込み、前年のEPでメジャー・デビュー。そのEPとこの2ndアルバムには決定的なヒット、名曲がいくつもあるが、最大のヒットは「Tha Crossroads」だ。本作発表時には逝去していたイージー・Eに捧げるため、本作初期盤収録の「Crossroad」をリメイクしたもので、世界中で大ヒット。ウォーレン・G「Regulate」と並んでこの時期、文字通り世界中で最も聴かれたラップ・ソングとなった。

小渕晃

042

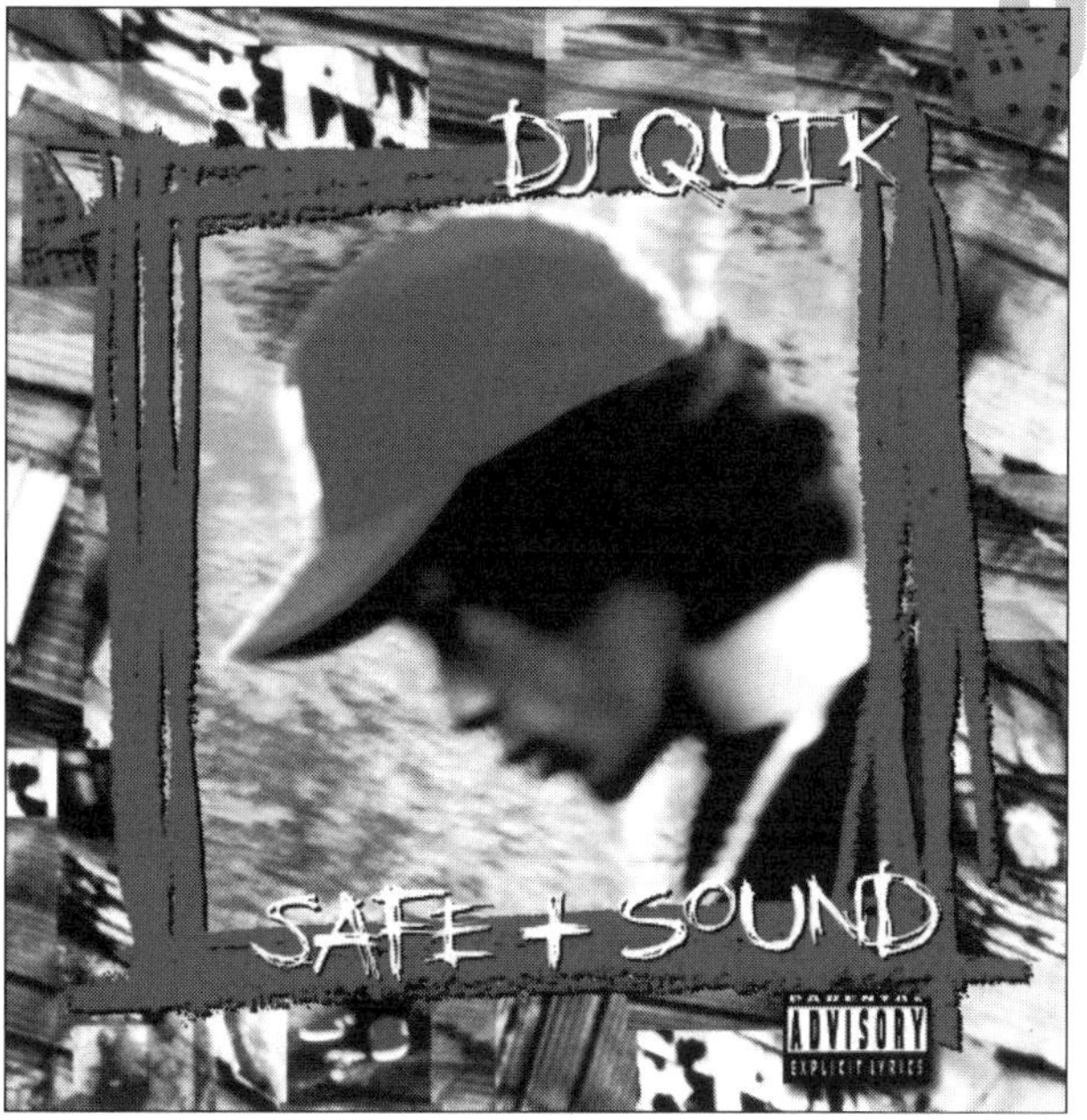

DJ Quik

Safe + Sound

Profile (1995)

①Street Level Entrance ②Get At Me ③Diggin' U Out ④Safe + Sound
⑤Somethin' 4 Tha Mood ⑥Don't You Eat It! ⑦Can I Eat It? ⑧Itz Your Fantasy
⑨Tha Ho In You ⑩Dollaz + Sense ⑪Let You Havit ⑫Summer Breeze ⑬Quik's Groove III
⑭Sucka Free ⑮Keep Tha "P" In It ⑯Hoorah 4 Tha Funk (Reprise) ⑰Tanqueray

Produce DJ Quik, G-One

「ウェッサイ」と言われてヒップホップ・ヘッズが思わず脳裏に思い浮かべる、スムーズでメロウなサウンド。それをドクター・ドレー以上に体現していたのがコンプトン出身のギャングスタ・ラッパー、DJ・クイックである。当初はサンプリング中心だったが、徐々に弾き直し路線へと移行。ブラッズ時代のギャング仲間で、当時デス・ロウで栄華を極めていたシュグ・ナイトを製作総指揮に迎えたこのサード作では、自ら操るキーボード類を中心に（そう、彼はラッパー以前にミュージシャンなのだ）、生演奏のギターやベースを導入。ゲイリー・シャイダーやバーニー・ウォーレルといったPファンク勢もゲストに招き、海岸通りのドライヴに最適な音楽をクリエイトしている。ジャーメイン・ジャクソン「You Like Me Don't You」をネタにした「Summer Breeze」や、フュージョン風インスト曲「Quik's Groove III」の異様なまでの気持ちよさときたら。一方でラップはイージー・E直系のチンピラ・テイスト丸出しで、その落差にクラクラする。西海岸ギャングスタ・ラップの全盛期にリリースされた本作は、R&Bチャートで首位を獲得。クイックにとって最大の成功作になった。

長谷川町蔵

043

DJ Screw

3 'N Tha Mornin Part Two

Bigtyme (1995)

①E.S.G. / Watch Yo Screw ②E.S.G. / Sailin Da South ③Botany Boys / Smokin' And Leanin'
④Al D / No Way Out ⑤Mack 10 / Foe Life ⑥20-2-Life / Servin A Duce ⑦Big Moe / Sippin Codine
⑧380 / Elbows Swangin ⑨Point Blank & PSK-13 / High With The Blanksta ⑩E.S.G. / G Ride
⑪Al D / Why You Hatin Me ⑫Botany Boys / Cloverland ⑬Lil' Keke / Pimp Tha Pen ⑭Mass 187 / South Side

Produce DJ Screw

音楽をスロウダウンして二枚使いによる反復などを加える「チョップド&スクリュード」は、後のヒップホップ・シーンに影響を与えただけではなくヴェイパーウェイヴなど他分野にも繋がった重要な手法だ。本作はその生みの親であるテキサスの、DJ・スクリューによるメジャー配給1枚目のアルバム。『Houston Press』誌が選ぶ「ヒューストンのベスト・ラップ・アルバム」にもランクインした代表作だ。チョップド&スクリュードはスロウダウンされた声の響きからゴス的なイメージと共に語られやすいが、本作は骸骨のアートワークに反してその色は薄い。Gファンクなど西海岸ヒップホップからの影響を感じさせる、当時のテキサスらしいファンキーでメロウな曲が中心で、ねっとりとしたファンクネスや哀愁をチョップド&スクリュードでさらに引き出したようなサウンドが堪能できる。周辺に集まったラッパーやシンガーらによるコレクティヴ=スクリュード・アップ・クリックの面々による、コクのあるラップや歌もDJ・スクリューのスタイルと見事な相乗効果を発揮。チョップド&スクリュード、そしてテキサス・ヒップホップの金字塔と呼ぶにふさわしい作品だ。

アボかど

044

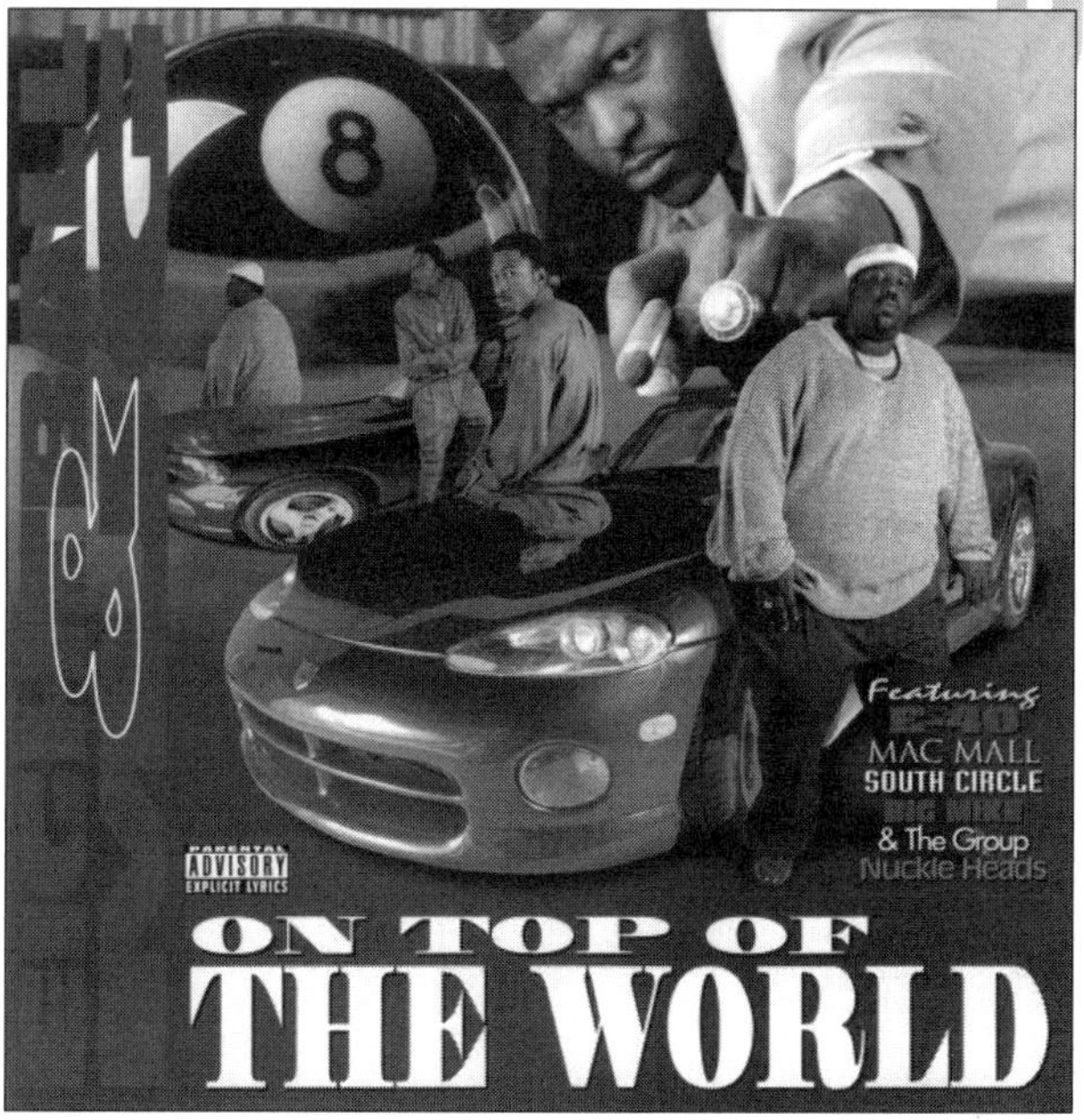

Eightball & MJG

On Top Of The World

Suave House (1995)

①Intro ②Pimp In My Own Rhyme ③What Can I Do ④For Real ⑤Funk Mission ⑥Kick That Shit ⑦Friend Or Foe ⑧Hand Of The Devil ⑨Top Of The World ⑩What Do You See ⑪In The Line Of Duty ⑫All In My Mind ⑬Comin' Up ⑭Space Age Pimpin' ⑮Break'em Off

Produce Smoke One Productions

ブルースやソウルの聖地としても知られるメンフィスでは、スリー6マフィア的なダークなスタイルだけではなくオーガニックなスタイルも育っていた。極太低音のエイトボールとワイルドなフロウで魅せるMJGのふたりは、メンフィス・ラップのソウルフル&ブルージーなスタイルを代表するひと組だ。3枚目のアルバムである本作は、初めてビルボード・チャートでトップ10入りを果たした出世作。ふたりのディスコグラフィの中でも特に人気の高い1枚だ。本作で楽しめるのは、デュオと所属レーベルのスアーヴ・ハウスが活動拠点としていたテキサスのヒップホップとも通じる、楽器の音色を活かしたスペイシーで妖しくファンキーなサウンド。「Space Age Pimpin」などで聴けるブルージーなギターには、メンフィスという地ならではの音楽性も感じられる。そこに乗る、異なるラップ・スタイルながら息の合ったふたりのコンビネーションも強力で、ボール&Gがアウトキャストや UGKと並ぶ南部のレジェンダリー・デュオであることをはっきりと示している。E-40やビッグ・マイクらを迎えた「Friend or Foe」での、切れ味鋭いラップはまさに「世界の頂点」だ。

アボかど

045

Mobb Deep
The Infamous

Loud (1995)

①The Start Of Your Ending (41st Side) ②The Infamous Prelude ③Survival Of The Fittest ④Eye For A Eye (Your Beef Is Mines) ⑤Just Step Prelude ⑥Give Up The Goods (Just Step) ⑦Temperature's Rising ⑧Up North Trip ⑨Trife Life ⑩Q.U. - Hectic ⑪Right Back At You ⑫The Grave Prelude ⑬Cradle To The Grave ⑭Drink Away The Pain (Situations) ⑮Shook Ones Pt. II ⑯Party Over

Produce Mobb Deep, The Abstract

NY拠点のハヴォック、プロディジーによるハードコア路線が強化されたセカンドであり、チャート上でも健闘した出世作。90年代のヒップホップが持つ男くささがサグライフの描写とともにひたすら淡々と紡がれる。彼らを見出したのはQ・ティップだが、本作では「Drink Away The Pain」に客演し、プロデューサーとしてもアブストラクト名義で参加。例えば「Temperature's Rising」はQ・ティップらしい曲調でもあり、ともすれば一本調子に傾きがちなストイックな世界観に対してCrystal Johnsonのソウルフルな歌唱が変化をつけている。「Eye for A Eye」も必聴で、ナズとレイクォンが参加し硬質な世界観の構築にひと役買った。佳曲揃いだが、代表曲はやはり「Shook One's. Pt. II」になるのだろう。90年代のヒップホップ史に渾然と輝く名曲であり、映画『8マイル』でも引用された。全編通して乾いたキックの音が常に殺気立っており、硬質な作風はブーンバップ系ヒップホップのひとつの様式美となり多くの指標に。かつて『The Source』誌では4・5本マイクを獲得、後に5本マイクに訂正された経緯もある。泣く子も黙るクラシック。

つやちゃん

046

Three 6 Mafia

Mystic Stylez

Prophet (1995)

①Da Beginning ②Break Da Law "95" ③Da Summa ④Live By Yo Rep (Bone Dis) ⑤In Da Game ⑥Now I'm Hi Pt. 3 ⑦Long Nite ⑧Sweet Robbery (Pt. 2) ⑨Back Against Da Wall ⑩Fuckin Wit Dis Click ⑪All Or Nothin ⑫Gotta Touch 'em (Pt. 2) ⑬Tear Da Club Up ⑭Big Bizness (Screwed) ⑮Mystic Styles ⑯Porno Movie

Produce DJ Paul, Juicy J

もし本書がランキング形式だったなら、本作はトップ10に入っていても不思議ではない。メンフィスの（当時）6人組ラップ・グループ、スリー6マフィアのデビュー・アルバムである本作は、モダンなヒップホップの礎を築いた重要作だ。手数の多い808の多用は現行トラップの先駆けであり、「Live By Yo Rep」などで披露している三連フロウはミーゴス以前のミーゴス・フロウである。ホラー映画のサウンドトラックからインスパイアされたダークで妖しいウワモノはクラウド・ラップ的にも響き、随所で聴かせる不気味な声ネタの使い方はフォンクにも繋がっている。「Tear Da Club Up」などは現在グロリラやデューク・デュースらが取り組むクランク路線だ。これら現行シーンに散らばった様々な要素が発見できる本作は、ここ10年間で最も評価を上げた90年代ヒップホップのひとつと言えるだろう。そんな中、ファンキーでタイトな「Long Nite」や、Gファンク的な高音シンセが光る「Big Buziness (Screwed)」のようなイメージと少し異なる曲も収録。この先の50年にはこれらの曲の再発見・再評価もあるかもしれない。

アボかど

047

DJ Shadow

Endtroducing.....

Mo Wax (1996)

①Best Foot Forward ②Building Steam With A Grain Of Salt ③The Number Song ④a Changeling ④b Transmission 1 ⑤What Does Your Soul Look Like (Part 4) ⑥Untitled ⑦a Stem / Long Stem ⑦b **Transmission 2 ⑧Mutual Slump ⑨Organ Donor ⑩Why Hip Hop Sucks In '96 ⑪Midnight In A Perfect World ⑫Napalm Brain / Scatter Brain ⑬a What Does Your Soul Look Like (Part 1 - Blue Sky Revisit) ⑬b **Transmission 3

Produce DJ Shadow

刑務所の更生プログラムとして獄中で結成されたライファーズ・グループ「Real Deal」のリミックスと、自身の「Lesson 4」をカップリングしてデビューし、DJ・クラッシュとのスプリット「Lost And Found (S.F.L.)」で多大な注目を集めたジョシュ・デイヴィスの1作目(当時24歳)。インストゥルメンタルのヒップホップはあまり意味がないと僕は思っているけれど、それでもいくつか重要な作品はあり、その最初となった作品(ディプロのデビュー作『Florida』は本作の模倣)。シングル・カットされた「Midnight In A Perfect World」をはじめ、作風はメロウネスを極め、サンフランシスコ出身ながらイギリスでレイヴ・カルチャーがひと段落した時期にトレンド化したブレイクビーツ・リヴァイヴァルの象徴的存在に。著作権法改正で沈静化したサンプリング熱を再燃させ(ジャケット・デザインに寄せられた熱い共感!-)、日本では1ヵ月後にリリースされたフィッシュマンズ『ロング・シーズン』と併せて聴く人多数。アメリカのメイン・ストリームとはかなり距離があったため、後には方向性を変えていく。

三田格

048

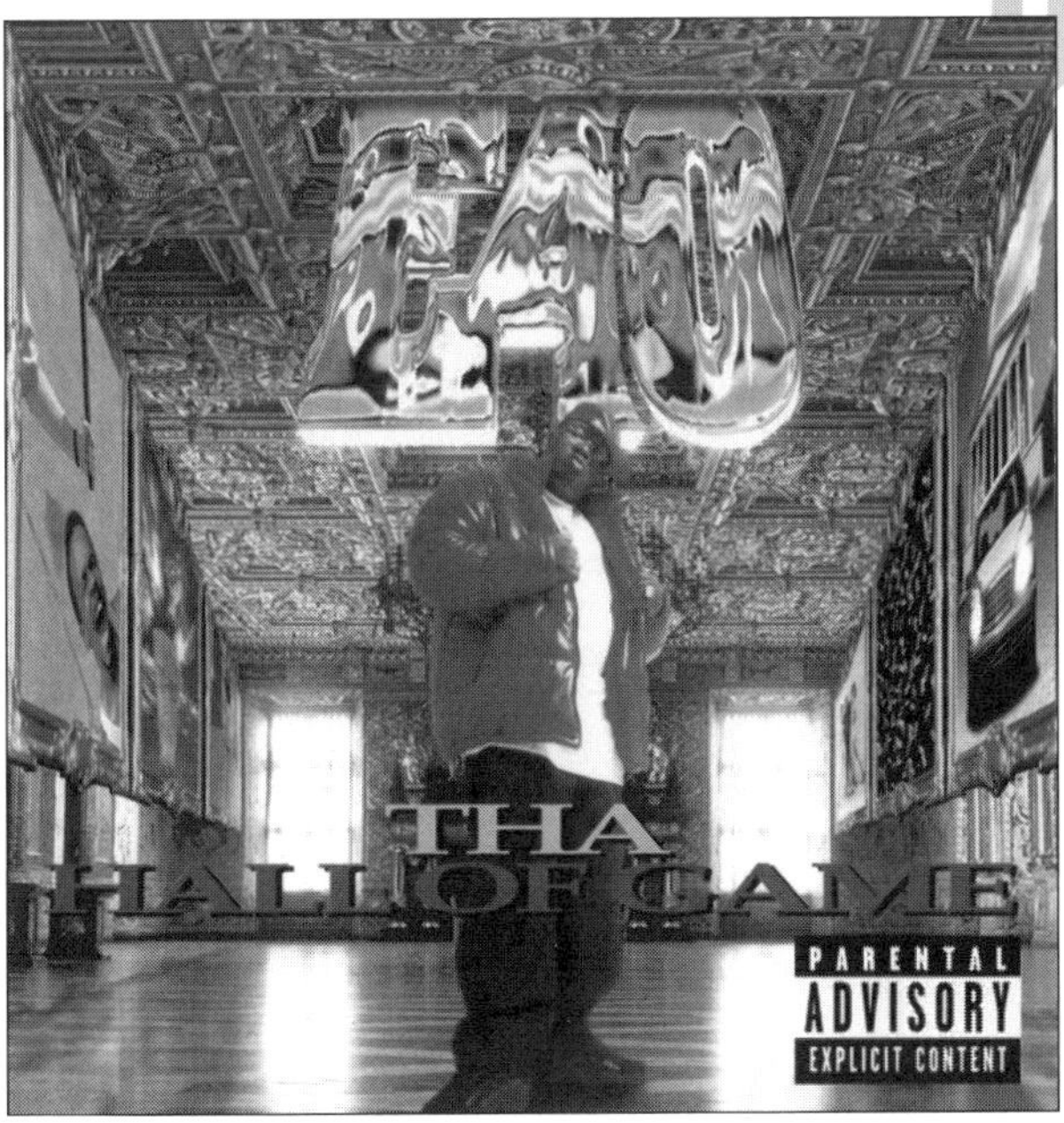

E-40

The Hall Of Game

Sick Wid' It (1996)

①Record Haters ②Rappers' Ball ③Growing Up ④Million Dollar Spot ⑤Mack Minister ⑥I Wanna Thank You ⑦The Story ⑧My Drinking Club ⑨Ring It ⑩Pimp Talk ⑪Keep Pimpin' ⑫I Like What You Do To Me ⑬Things'll Never Change ⑭Circumstances ⑮It Is What It Is ⑯Smebbin'

Produce Ali Maliek, Ant Banks, Femi Ojetunde, Kevin Gardner, Mike Mosley, Redwine, Rick Rock, Studio Ton, Tone Capone

近年では2014年に発表した「Choices (Yup)」がTikTokでブームになる(この国でも女子高生たちがE-40のマネをしていたのは事件だった)など、流行る言葉遊び、クセになるフロウで傑出した才を持つラップ名人。「今なんて言った?」と、繰り返し聴きたくなるのが、ウマい/売れるラップの要件のひとつであり、その点で造語も操りまくるこの人は無敵だ。ブッといベースがクセになるベイエリア・ファンク=モブ・ミュージックを、トゥー・ショートとともに全米に広め、30年以上に渡りハッスルし続けているヴァレオのレジェンド。これは3rdアルバムで、後に2パック「Changes」でリメイクされる、メロウを極めた「Things'll Never Change」や、ショート師匠&K-Ciとのブリッブリな「Rapper's Ball」と、いつもウマいつくりのシングル曲がやはりヒット。ただ主役の名人語りは常に全開で、ハマるとこれほど聴きごたえのあるアルバムもない。血縁軍団ザ・クリックの作品も聴きものだし、ハイフィー期、2006年のソロ作『My Ghetto Report Card』も特に傑作だ。

小渕晃

049

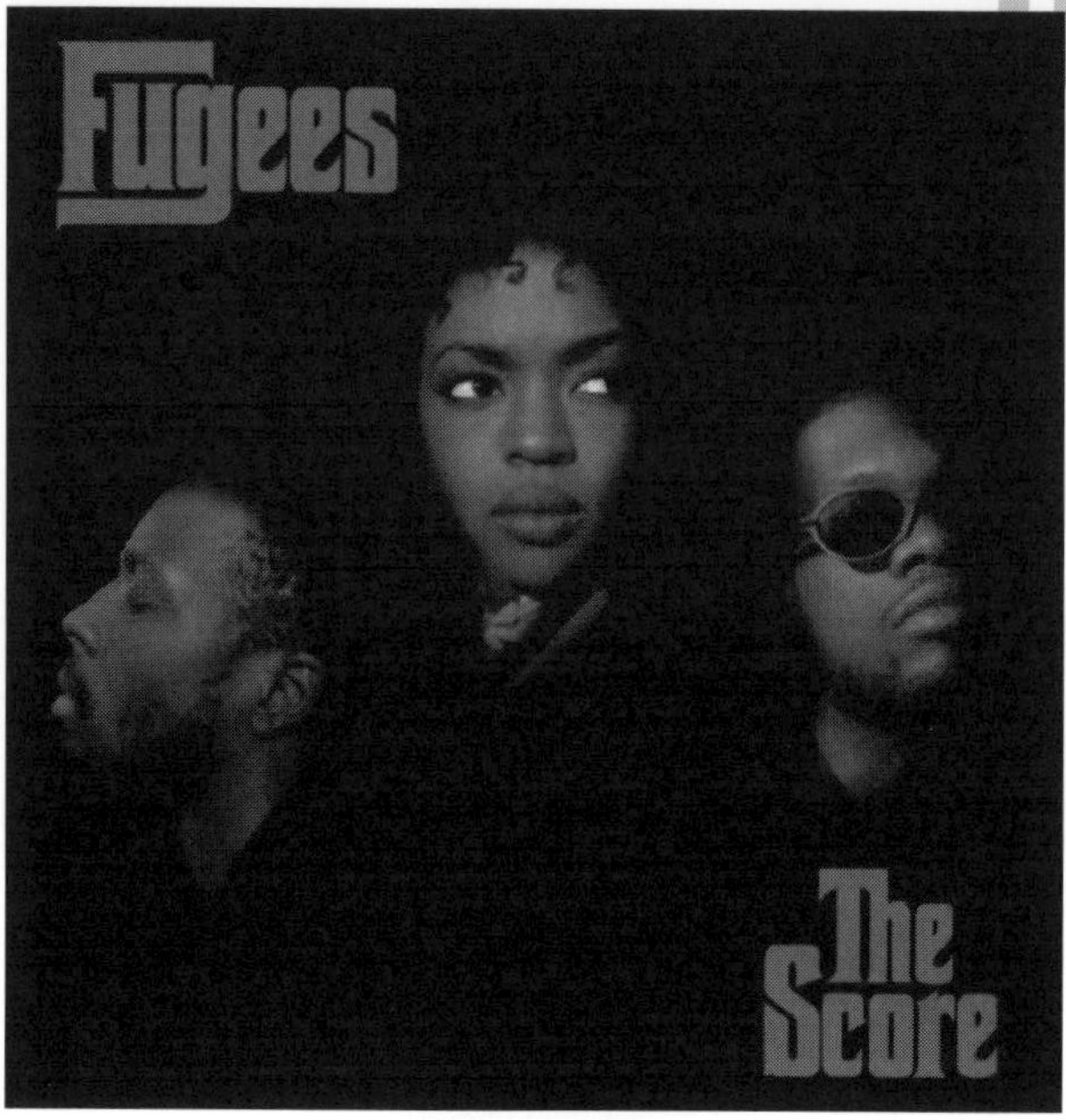

Fugees

The Score

Ruffhouse (1996)

①Red Intro ②How Many Mics ③Ready Or Not ④Zealots ⑤The Beast ⑥Fu-Gee-La ⑦Family Business ⑧Killing Me Softly ⑨The Score ⑩The Mask ⑪Cowboys ⑫No Woman, No Cry ⑬Manifest / Outro ⑭Fu-Gee-La (Refugee Camp Remix) ⑮Fu-Gee-La (Sly & Robbie Mix) ⑯Mista Mista

Produce Wyclef, Lauryn Hill, John Forte, Salaam Remi, Shawn King, Diamond D

ハイチ難民(リフュージ)だったワイクリフ・ジーンとプラーズに、ニュージャージーからヴォーカルのローリン・ヒルが加わり、レゲエやソウルを巧みにミックスしたニュースクール次世代による2作目(平均24歳)。生演奏の比重を増やし、全体にレイジーなムードを印象づけ、気だるさマックスのロバータ・フラック「Killing Me Softly」のカヴァーなど元ネタは隠すものではなく、ボブ・マーリー「No Woman, No Cry」をカヴァーするなどむしろ過去とのつながりを強調し、ヒューマニズムやジェンダー平等を訴えたコンシャスな歌詞ともあいまって中間層に広く浸透した。『NY Times』はポップ・ミュージックの最先端と評し、各賞を総なめにしたものの、著作権ではかなりもめた。ホヨホヨと間の抜けた音を響かせる「How Many Mics」や「Fu-Gee-La」のトボけた感触が個人的には面白く、コメディアンのウィル・フェレルがジョージ・ブッシュに扮して「Ready Or Not」を口ずさみながらヘリコプターで戦地に降りるコントが忘れられない。つまりこの作品はもはや教養であり、応用次第でもっと楽しめると。 三田格

050

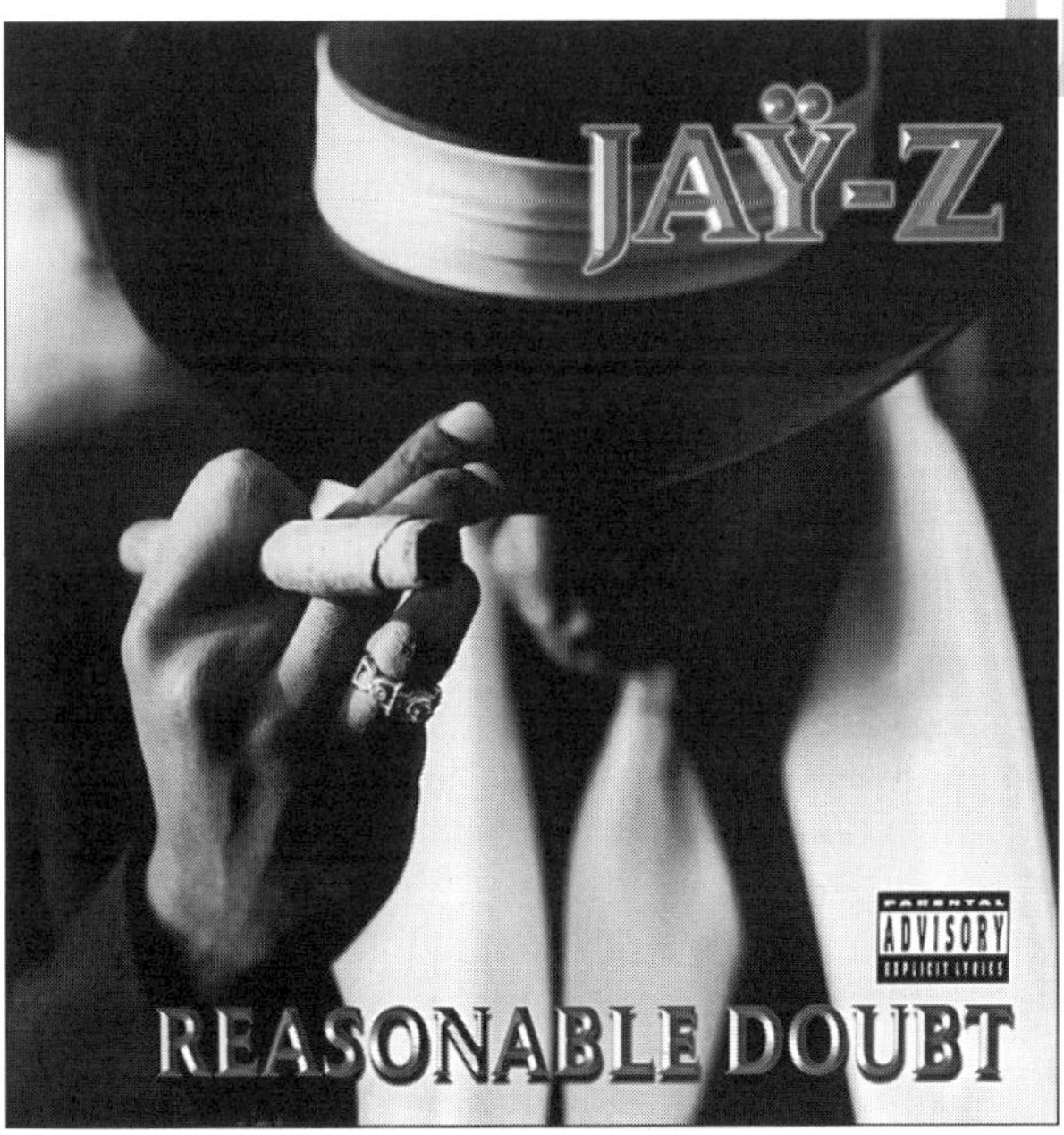

Jay-Z

Reasonable Doubt

Roc-A-Fella (1996)

①Can't Knock The Hustle ②Politics As Usual ③Brooklyn's Finest ④Dead Presidents II ⑤Feelin' It ⑥D'Evils ⑦22 Two's ⑧Can I Live ⑨Ain't No Nigga ⑩Friend Or Foe ⑪Coming Of Age ⑫Cashmere Thoughts ⑬Bring It On ⑭Regrets

Produce Knobody, Ski, Clark Kent, DJ Premier, DJ Irv, Big Jaz, Peter Panic

2020年代においてジェイ・Zを改めて評価するというのはなかなか難しい作業だろうし、彼が長きに渡りビートの最前線を先導するトレンドセッターだったという事実は今の若いリスナーにとってはもはや実感を持ちづらいかもしれない。彼の嗅覚によって多くのプロデューサーが発掘され、アルバムをリリースする度にトレンドが更新されていったのだ。けれども驚くべきことに、彼は最先端ビートを操るラッパーである以前、このデビュー作で最高のリリシストでもあった。「二度と書けないくらいに完璧なリリック集」と本人が述べている通り、クラック・ディーラーだった自身の体験を綴った殺伐とした歌詞に、DJ・プレミアやスキーといったプロデューサーの叙情的なトラックがマッチ。ポイントは、絶妙な塩梅で加味されているジャズの要素だろう。随所で挿入されるピアノの音含めジャジーなウワモノがハードボイルドな空気感を漂わせ、物語性を演出していく。それらはヒップホップが持つある種の冷徹さや哀愁といった側面の記号と化し、この後さまざまに参照されることになった。自身のレーベル「ロカフェラ」からのリリース、実業家としての彼の一面が始まった記念すべき1作でもある。

つやちゃん

051

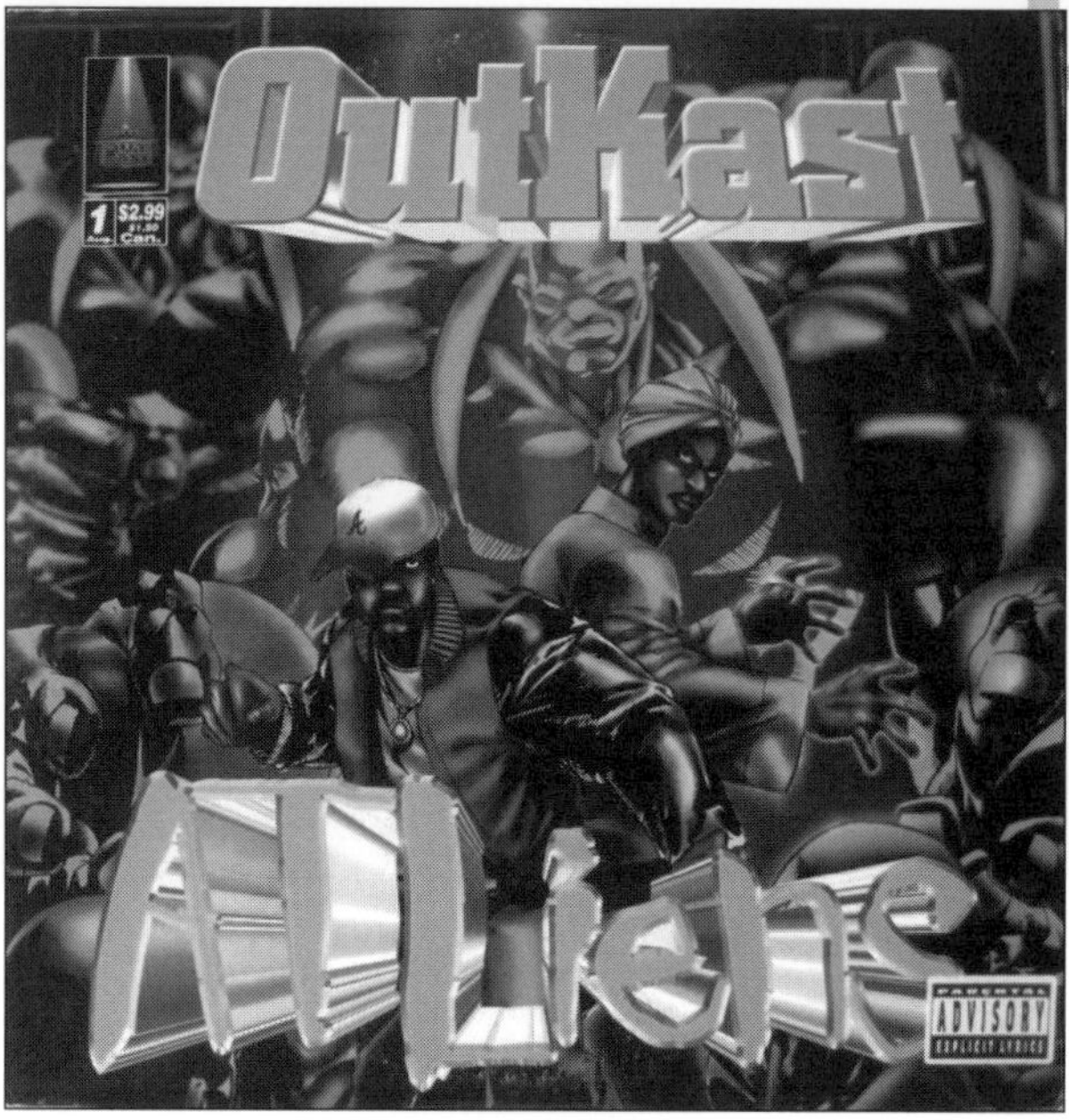

OutKast

ATLiens

LaFace (1996)

①You May Die (Intro) ②Two Dope Boyz (In A Cadillac) ③ATLiens ④Wheelz Of Steel ⑤Jazzy Belle ⑥Elevators (Me & You) ⑦Ova Da Wudz ⑧Babylon ⑨Wailin' ⑩Mainstream ⑪Decatur Psalm ⑫Millennium ⑬E.T. (Extraterrestrial) ⑭13th Floor / Growing Old ⑮Elevators (ONP 86 Mix)

Produce OutKast, Organized Noize Productions

キャデラックに乗ったトゥー・ドープ・ボーイズ。自らプロデュースも行うこのアトランタのラッパーふたり組は、ヒップホップ50年の歴史における最重要デュオのひと組だ。本作はブレイク後に放った2作目のアルバム。前作から引き続きオーガナイズド・ノイズが多くを手掛けつつも、セルフ・プロデュースにも初めて挑んだ意欲作だ。スタイルの基本となっているのは、Pファンクの影響を感じさせるスペイシーでレイドバックしたファンク。ゴスペルやダブなどの要素もあり、後にヒップホップを越えて幅広い支持を集めるデュオのクロスオーヴァーな才能の片鱗も見て取れる。しかし、本作の肝は特出した技巧を持つふたりのラップで、アウトキャストの「ヒップホップとしての」最高到達点がここにはある。ウィズ・カリファやアイザイア・ラシャドらが「お気に入りアルバム」として挙げ、ドナルド・グローヴァー制作のドラマ『ATLANTA』で「Elevators (Me & U)」が流れ、人気ヒップホップ・メディア『2DOPEBOYZ』が「Two Boyz (In a Cadillac)」から名付けられ……など、数々の例がヒップホップ・コミュニティ内での本作の高い評価を示している。

アボかど

052

The Roots

Illadelph Halflife

DGC (1996)

①Intro ②Respond / React ③Section ④Panic!!!!!! ⑤It Just Don't Stop ⑥Episodes ⑦Push Up Ya Lighter ⑧What They Do ⑨? vs. Scratch ⑩Concerto Of The Desperado ⑪Clones ⑫UNIverse At War ⑬No Alibi ⑭Dave vs. US ⑮No Great Pretender ⑯The Hypnotic ⑰Ital (The Universal Side) ⑱One Shine ⑲The Adventures In Wonderland ⑳Outro

Produce The Grand Negaz, ?uestlove, Scratch, Kelo, Chaos, Raphael Saadiq, The Ummah, L.A.Jay

今や東海岸シーンのご意見番であるドラマー、クエストラヴ率いる、今や国民的ヒップホップ・バンドとなったザ・ルーツの3rd。ジャズねたが流行り、バンド・サウンドが一部で持て囃された90年代前半制作の前2作も、特にヒップホップ・ファンに好意的に迎えられた彼ら。多くが短命に終わった他のヒップホップ・バンドとの違いは、ザ・ルーツが最もプレイヤー・エゴを捨てて、「ヒップホップ・ビート」を生み出すことだけに忠実だったことだろう。多様化の時代が終わった後の本作はさらにも増して、フツーのヒップホップに寄せたつくり。まるで打ち込みのように聞こえるビート上で、グループのもうひとりの柱であるブラック・ソートのラップを前面に出した。作風を決めるのはその時々のシーンであり、行き過ぎた独自性は求められないヒップホップならではの処世術だったが、これが奏功。「フツーの」とはいえ、後のソウルクエリアンズ・サウンドに繋がる「揺らぎ」が絶妙に心地いい彼らならではのビートも生まれ、「Clones」や「Push Up Ya Lighter」などで堪能できる。3年後の次作では再びバンドであることを強調し始めるので、やはりヒップホップなザ・ルーツは本作がベストだ。

小渕晃

053

Company Flow

Funcrusher Plus

Official Recordings (1997)

①Bad Touch Example ②8 Steps To Perfection ③Collude / Intrude ④Blind ⑤Silence ⑥Legends ⑦Help Wanted ⑧Population Control ⑨Lune TNS ⑩Definitive ⑪Lencorcism ⑫89.9 Detrimental ⑬Vital Nerve ⑭Tragedy Of War (In III Parts) ⑮The Fire In Which You Burn ⑯Krazy Kings ⑰Last Good Sleep ⑱Info Kill II ⑲Funcrush Scratch

Produce El-P, DJ Mr. Len

1992年から活動を始め、90年代半ばからは、メインストリームのヒップホップがセールスの拡大と引き換えに失い始めていた創造性や独自性の復権を、インディペンデントという立場から強硬に主張したのが、NYはブルックリンの3人組カンパニー・フロウだった。メンバーのビッグ・ジャスが「ハードコアだろ、クール・G・ラップの曲はコンサートのピアノみたいなものさ」と息巻く「Bad Touch Example」をはじめ、95年リリースのEP『Funcrusher』収録の7曲に、新たに12曲を加え構成を練り直したのが、この1stアルバムだ。全収録曲の8割以上のプロデュースを手掛けるエル・ピーは、余計な装飾など付け足さず、祖形が剥き出しになったようなビートを繰り出し、ミスター・レンのスクラッチがそこに加勢し、サウンド全体もローファイに徹している。また、エル・ピーはSF的なマインドを持ったMCでもあり、夢を追い求めるメインストリーム勢とは対照的にディストピアをイメージし、「Population Control」ではラッパーの人口抑制を提唱する。こうした内容の本作がきっかけとなり、これ以降インディ・ヒップホップ勢が大いに活気づいた。

小林雅明

グレッグ・テイト「三〇歳になったヒップホップ」から考える

二木信

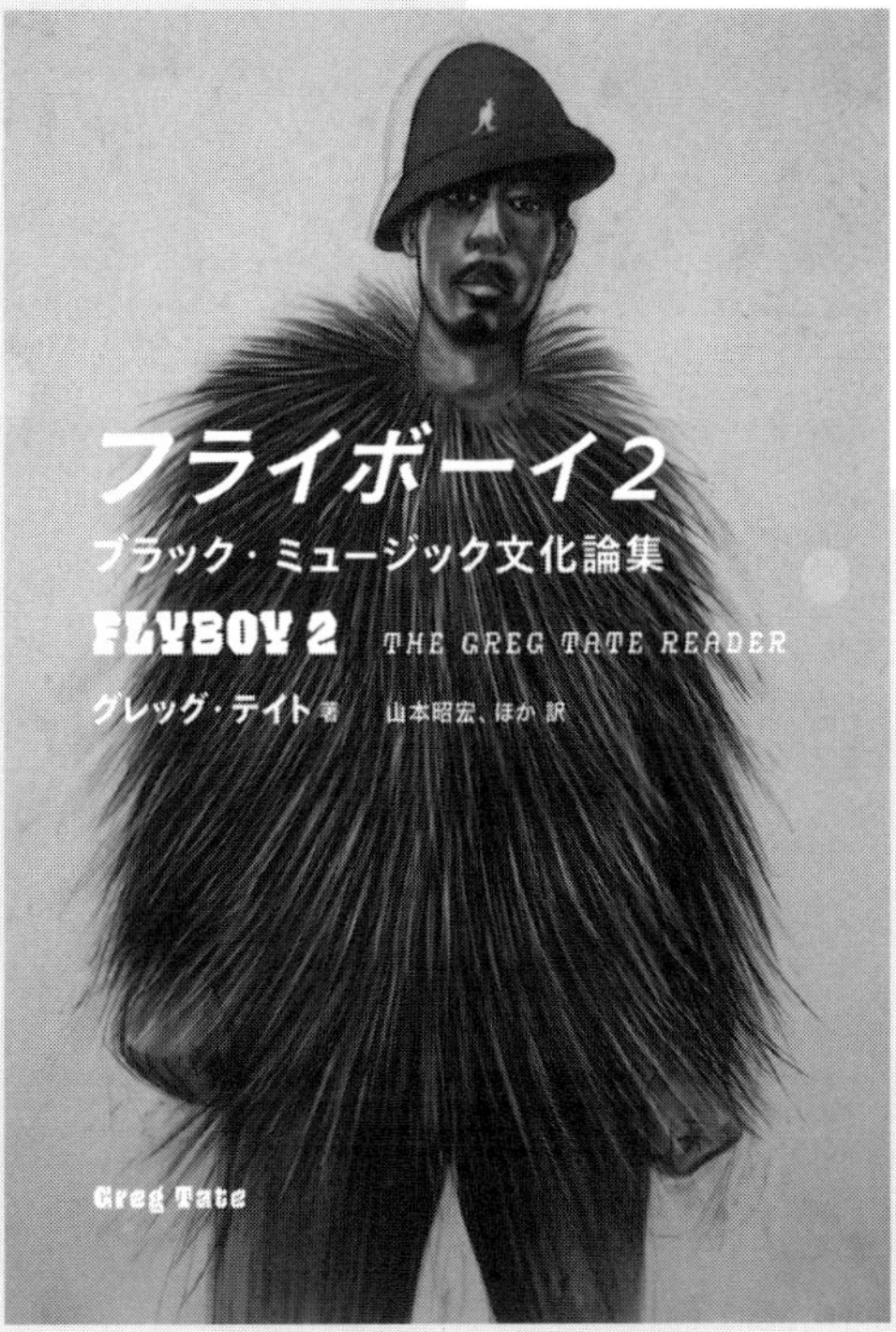

ヒップホップ・ジャーナリズムの
ゴッドファーザー、
グレッグ・テイトの遺作
『フライボーイ2』。

「私たちが祝っているのは、天国と地獄の結婚に他ならない。新世界《アメリカ》アフリカの創意工夫とグローバルな超資本主義という悪魔のトリックだ。万歳！」――グレッグ・テイトは２００４年に「三〇歳になったヒップホップ」（原題：Hip-Hop Turns Thirty／『フライボーイ2』所収）というヒップホップ30周年に際して発表した論考で痛烈な皮肉をこめてそう書いている。つまり、00年代初頭にかれは、黒人の民衆文化であったヒップホップが巨大産業となり、グローバルな超資本主義によって破壊されることに危機感をおぼえて警鐘を鳴らしているわけだ。が、話はそう単純ではない。

ちなみに２００４年に書かれたのは、１９７４年がヒップホップ元年という説もあるから。ただ、その誕生年の論争については本筋から外れるのでここで深入りはしない。いずれにせよ、イラク戦争をはじめたジョージ・W・ブッシュがアメリカ合衆国の大統領に再選した直後に『ヴィレッジ・ヴォイス』に発表されたテキストは約20年が経ったいまも多くの示唆に富んでいる。むしろ、資本主義の限界を、世界中の多くのひとびとがかつてよりひろく共有しはじめたいまこそ読まれるべきだろう。そこで、グレッグのテキストを手がかりにヒップホップについて考えてみたい。

ヒップホップと資本主義――これは日本の言説空間においてもたびたび議論になるテーマではある。ただ、複雑な現実を単純化した退屈な議論が多いのも事実で、ヒップホップの金もうけ主義やメイク・マネー至上主義と資本主義あるいは新自由主義との親和性を得意気に解説するか、それにたいして非・商業的で親密なコミュニティの自律性や相互扶助を褒めたたえるかの二者択一がせまられてしまう。

だが、そうした二項対立じたいがまやかしなのではないか。グレッグは、その中間状態にあるヒップホップの本質をマルクス主義やパン・アフリカニズム、「黒人の土着性《ブラック・ヴァナキュラー》が有する販売力」について言及しながら論じていく。簡略化していえば、ヒップホップは商品であると同時にコミュニティの一部であり、ヒップホップがラディカルで革命的な産業であるのは、グローバル経済の消費文化のなかで、アメリカの黒人の民衆性を有したまま世界中に伝播していくからである。

しかしその一方で、そうした現状分析のみに満足せず、原則的により良い社会を求めるグレッグは巨大産業化し、民衆の「自由」と「力」への問題意識を欠くヒップホップを取り巻く状況に批判的なのだ。「確かに、構造的な人種主義や貧困について語るよりも、ヒップホップの成り上がりドリームについて語る方が簡単だ。しかしヒップホップ・アメリカがたんに富を望むのではなく、正真正銘の力を求めるには、テレビ番組の解説を超えた思考が必要なのだ」。

この問題意識はいまの「ヒップホップ・ジャパン」においても重要だろう。たとえば、近年国内で増えてきた大規模なヒップホップ・フェスはお祭り気分を味わえるし、私もじっさいおおいに楽しませてもらっている。フェスの成功は喜ばしいことだし、生きるための商売の重要性は理解している。エンタテインメント産業としてのヒップホップを否定したいわけではないし、そうした産業構造から自分だけが自由だと言うつもりもない。

だからこそ疑問もある。たしかに富は「力」だ。が、「ヒップホップ・ジャパン」をみわたすと、経済的成功や産業規模を拡大することが「正真正銘の力」の獲得と同義であるかのように無邪気に信じられているようにもみえてしまう。日本という経済的にも倫理的にも悲惨な衰退と劣化をみせるアジアの島国に住みながら、自由と平等を求めてきた黒人の民衆文化に触発されて活動していくのであれば、エンタメとしてのヒップホップが経済的に成功して産業規模が拡大することと、「正真正銘の力」の獲得を厳密に切り分けるごく真っ当な思考が必要ではないか。

そもそも私が、ヒップホップ専門誌『The Source』から「ヒップホップ・ジャーナリズムのゴッドファーザー」と呼ばれた1957年生まれのアフリカ系アメリカ人の先達に感銘を受けたのは、諧謔精神を忘れず、時代錯誤に原則的な自身の政治的主張を譲らない理想主義、別の見方をすれば、その頑固オヤジの説教に愛着を感じたからだった。

「時代遅れの汎アフリカ的な文化的民族主義者であり、（中略）ヒップホップが、元麻薬売人の銀行口座を増やすのではなく、社会変革の担い手になるというアフロ・セントリックな未来を私は夢見ているし、不本意ながら、私はいまでも自分をその信奉者のひとりとして数えている」

00年代初頭は、元ドラッグ・ディーラーのジェイ・Zが実業家として才能を開花させはじめた時代だ。そして言うまでもないことだが、あらためて痛感するのは、ヒップホップがアメリカ社会において虐げられてきた貧しい黒人の生活を基盤に生まれた民衆文化であり、民族的なアイデンティティと密接不可分である、という厳然たる事実だ。そこでグレッグにならえば、ヒップホップという芸術運動（音楽文化あるいは政治運動と定義してもいい）は本質的には、まずそれに関わる人間の民族的アイデンティティと分かち難く結びついていると言えるだろう。

だからこそ、「ヒップホップ・ジャパン」の民衆性においても、貧困問題を抱えた地域のゲトー・リアリズムの美学、沖縄や大陸にルーツのあるエスニック・マイノリティのアイデンティティ・ポリティクスが切実な主題となる。だが一方で、メディアを通じてそうした経済格差やマイノリティのエンパワメントを主題とするラップ・ミュージックが既知のものとなり、メディアやリスナーがそれらに「ヒップホップ・ジャパン」の民衆性を過度に仮託しはじめ、資本主義的な「自己啓発」や成り上がりと結びつくと、たちまち立派な「商品」と化してしまう。

ヒップホップの領域をこえた社会意識を強く持つ先達は、「もし、フッドの多くの仲間たちが裕福になったら、死にそうになりながら生き抜いている残りのすべての人たちにも、じゅうぶん富が行き渡るのだろうか?」と素朴に核心を突く問いを投げかけ、「本当の貧困、つまりスタジオ・ギャング的な貧困や新しいMCによって語られる商品としての貧困とは正反対のものだ」と容赦がない。

たしかに容赦はないが、しかしいちどこの容赦のない社会意識の次元で考えてみるのは無駄ではないはずだ。そうすれば、「ヒップホップ・ジャパン」のラッパーの「貧乏も自慢してやった」という成り上がりのセルフ・ボースティングを誰も責められるはずはないが、それじたいは「商品としての貧困」とは何かを端的に伝えているにすぎず、近年の「新しい友達はいらない」「仲間たちだけで金を稼いで成り上がる」という、不良／ギャング文化に根差した弱肉強食の排除の論理は反動的なのかもしれない。

私がここで言いたかったのは、こうした複雑かつ矛盾に満ちた酷薄な資本主義社会のなかで「ヒップホップ・ジャパン」の「正真正銘の力」と自由を有した民衆性の模索が必要なのではないかという問題提起である。ひとつ言えるのは「ヒップホップ・アメリカ」が歴史とルーツを見直すという知的営為をともないながら民衆文化を創造してきたように、「ヒップホップ・ジャパン」において「商品」と化していない民衆性の発見と構築に意識を持ったラッパーが次の時代を担うのは間違いないだろう。

054

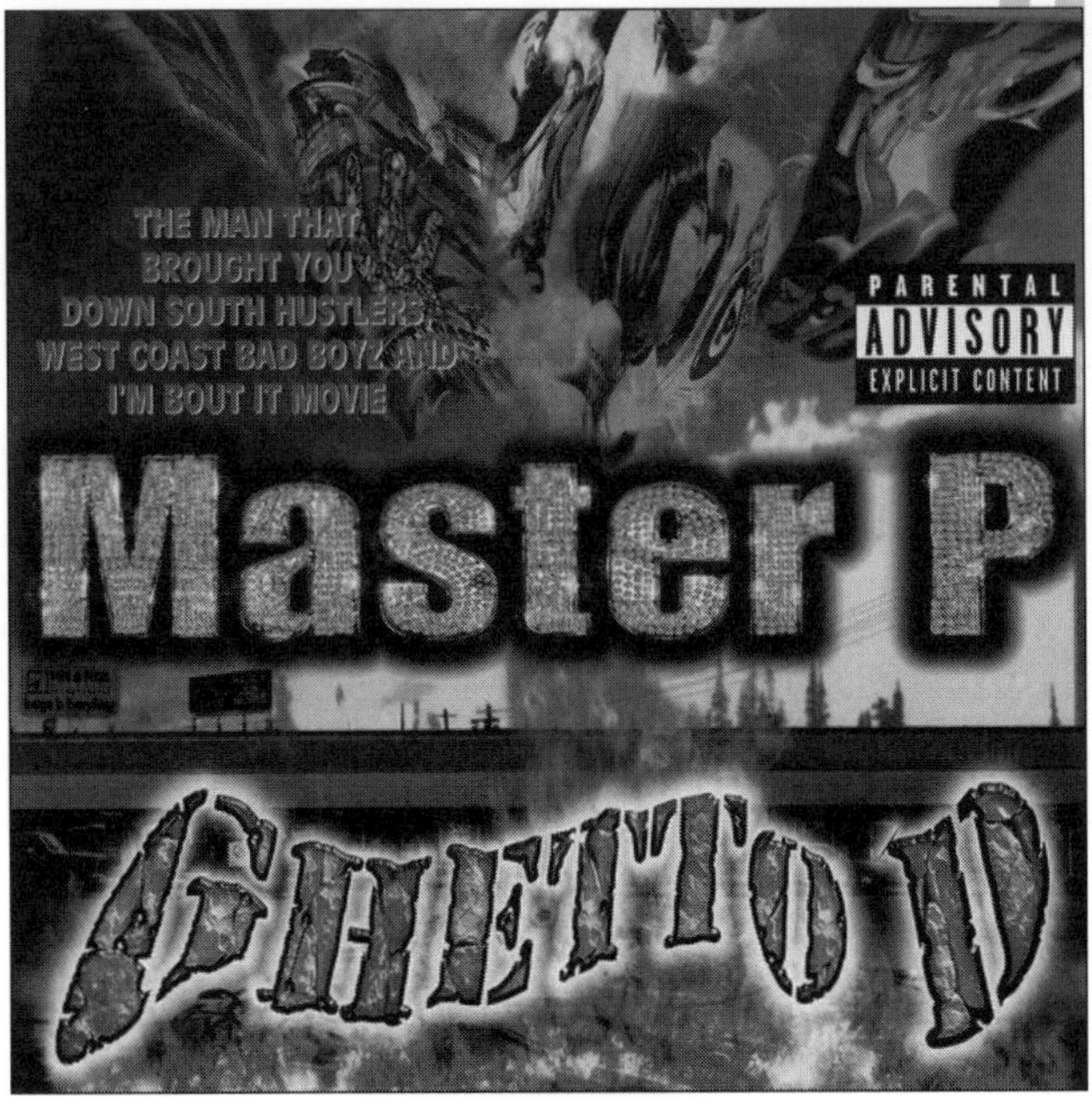

Master P

Ghetto D

No Limit (1997)

①Ghetto D ②Let's Get 'Em ③I Miss My Homies ④We Riders ⑤Throw 'Em Up ⑥Tryin 2 Do Something ⑦Plan B ⑧Weed & Money ⑨Captain Kirk ⑩Stop Hatin ⑪Eyes On Your Enemies ⑫Make 'Em Say Ugh ⑬Going Through Somethangs ⑭Only Time Will Tell ⑮After Dollars, No Cents ⑯Gangstas Need Love ⑰Pass Me Da Green ⑱Come And Get Some ⑲Burbons And Lacs

Produce KLC, Carlos Stevens, O'dell, DJ Darrel, Craig B, Mo B. Dick, K-Lou, Dez

カレッジに通うために引っ越したベイエリアでレコード・ショップ「ノー・リミット」をオープンしたマスター・Pは、やがて自らラップするようになり、店の名を冠した自主レーベルを設立。当初は西海岸ギャングスタ・ラップの世界で成り上がろうと躍起だったが、故郷ニューオーリンズの若手たちに可能性を見出して95年に帰郷。実弟のC・マーダーとシルク・ザ・ショッカーに、ミア・X、ミスティカルらラッパーおよびプロデューサー・チーム、ビーツ・バイ・ザ・パウンドからなる軍団を作り上げた。代表曲「Make 'Em Say Uhh!」を収録した帰郷第2弾（通算6作目）にあたる本作は、ニューオーリンズのセカンドライン直系のハネまくるビートと、熱気が溢れすぎな構成員のラップが噛み合った充実作（曲によっては本人は「アーッ」と唸っているだけだったりするけど気にしないように）。ビルボード・チャートでは総合とR&B両方で首位を獲得し、今に連なるダーティ・サウス黄金時代の先駆けとなった。なおノー・リミットの全盛時代はゼロ年代半ばまでだが、マスター・P本人は儲けを元手に事業の多角化に成功。現在は不動産で巨額の収益を得ていると聞く。

長谷川町蔵

055

Missy “Misdemeanor” Elliott

Supa Dupa Fly

The Goldmind (1997)

①Busta's Intro ②Hit 'Em Wit Da Hee ③Sock It 2 Me ④The Rain (Supa Dupa Fly) ⑤Beep Me 911 ⑥They Don't Wanna Fuck Wit Me ⑦Pass Da Blunt ⑧Bite Our Style (Interlude) ⑨Friendly Skies ⑩Best Friends ⑪Don't Be Commin' (In My Face) ⑫Izzy Izzy Ahh ⑬Why You Hurt Me ⑭I'm Talkin' ⑮Gettaway ⑯Busta's Outro ⑰Missy's Finale

Produce Timbaland

ヴァージニア州ポーツマス出身、R&Bグループ、シスタでの活動を経てソロ・デビューした1作目。完成度と弾けっぷりではこの後の作品でより一層の加速を見せるが、本作は全ての始まりということで避けては通れない作品だ。ミッシーの偉大な点は、ラップと歌の両方を操るマルチでエキセントリックな才能と、それを全て「アリ」にする突飛なヴィジュアルセンスにあった。その感性はプロデューサーであるティンバランドの能力をさらに引き出すには重要なピースでもあり、両者が組むことで、世紀末のフューチャリスティックなファンク・ミュージックは、無理やりポップにしなくともアヴァンギャルドなままで莫大な売上を記録するに至ったのだ。サウンドにはダンスホール・レゲエの要素も感じられ、とにかく複雑怪奇で風変わりなパーカッションに乗ってミッシーは型破りな女性像を演じていった。女性アーティストのセクシュアルな表現が画一化され、かつ一大事として捉えられていた当時、ミッシーのコミカルで自信たっぷりのパフォーマンスは明らかにオルタナティヴだった。その点で完全に時代を先取りしていたし、ヒップホップ・フェミニズムにおいても重要な1作である。

つやちゃん

056

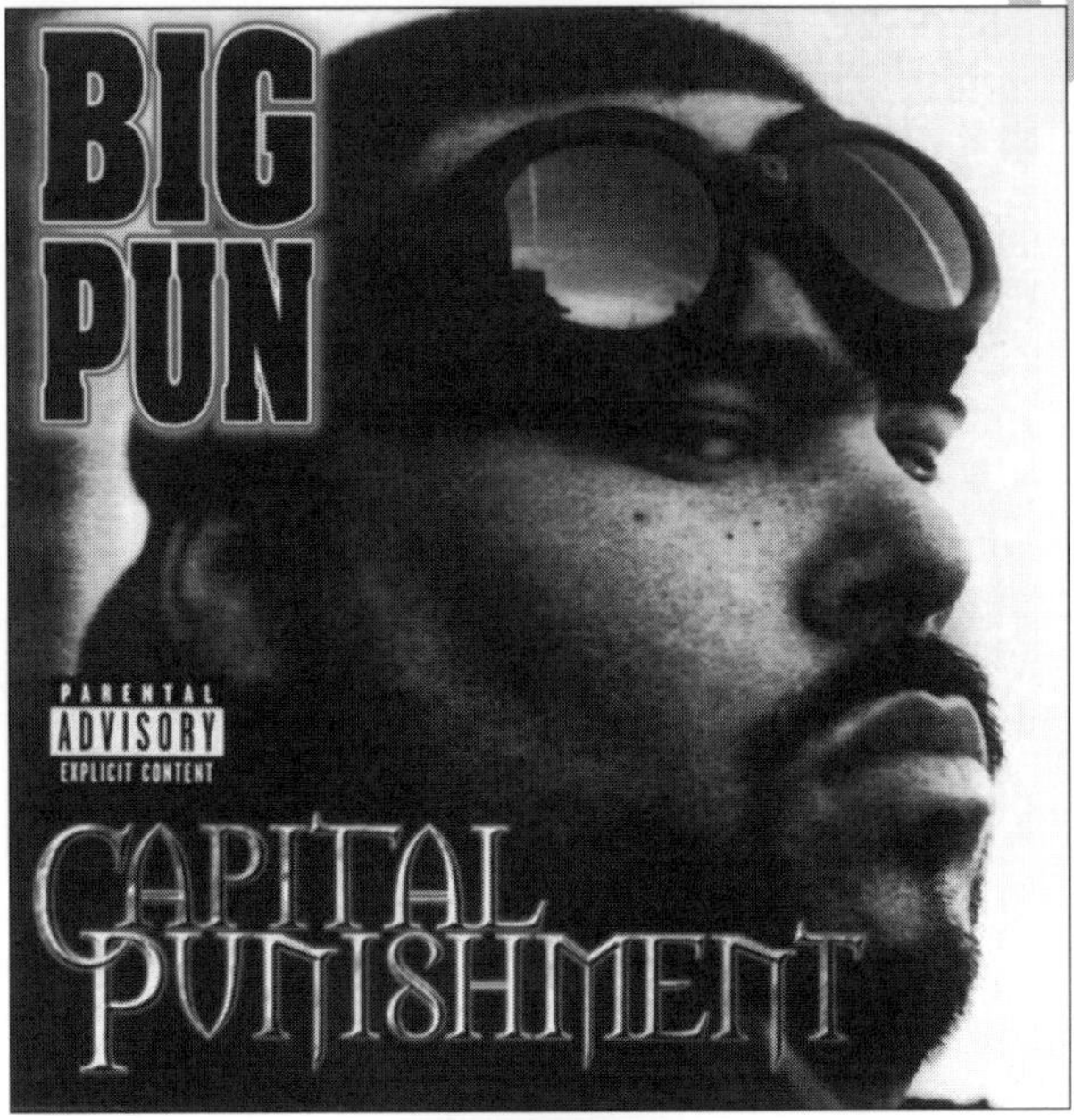

Big Pun

Capital Punishment

Loud (1998)

①Intro ②Beware ③Super Lyrical ④Taster's Choice ⑤Still Not A Player ⑥Intermission ⑦The Dream Shatterer ⑧Punish Me ⑨Pakinamac Pt. 1 ⑩You Ain't A Killer ⑪Pakinamac Pt. 2 ⑫Caribbean Connection ⑬Glamour Life ⑭Capital Punishment ⑮Uncensored ⑯I'm Not A Player ⑰Twinz (Deep Cover 98) ⑱The Rain & The Sun (Interlude) ⑲Boomerang ⑳You Came Up ㉑Tres Leches (Triboro Trilogy) ㉒Charlie Rock Shout ㉓Fast Money ㉔Parental Discretion

Produce Rockwilder, Knobody, Mike Zulu, Domingo, Frank Nitty, Young Lord, L.E.S., RZA, Showbiz, etc.

ヨーロッパ系31%、ヒスパニック系28%、アフリカ系20%、アジア系16%。２０２２年時点のニューヨーク市の人種構成比は、ヒスパニック＝スペイン語圏出身者が爆発的に増えてきたことを表していて、米国全体で見ても彼らは今や20%近い構成比を占める。という数のパワーと、パーティ・ラップ・ブームを背景に90年代末には早くも、ラティーノ・ラップはニューヨークでかつてない盛り上がりを見せた。その時のブームを代表する1枚が、ヒスパニックのソロMCで初の１００万枚セールスを記録した、ビッグ・パン生前唯一のアルバムとなった本作だ。プエルトリカンの両親の下、１９７１年にサウスブロンクスで生まれた彼は第2世代に属するオールドスクーラー。超巨体ならではの、息継ぎなしでの速射ラップは無敵で、ドレー&スヌープ「Deep Cover」を兄貴分ファット・ジョーとカヴァーした「Twinz」だけでもMCとしての魅力は伝わる。加えて、当時はまだ珍しかったラヴソング～女性讃歌「Still Not A Player」が大ヒットしアンセムに。太り過ぎて健康を害し、この後急逝してしまったが、その名は永遠にヒップホップ史に刻まれた。

小渕晃

057

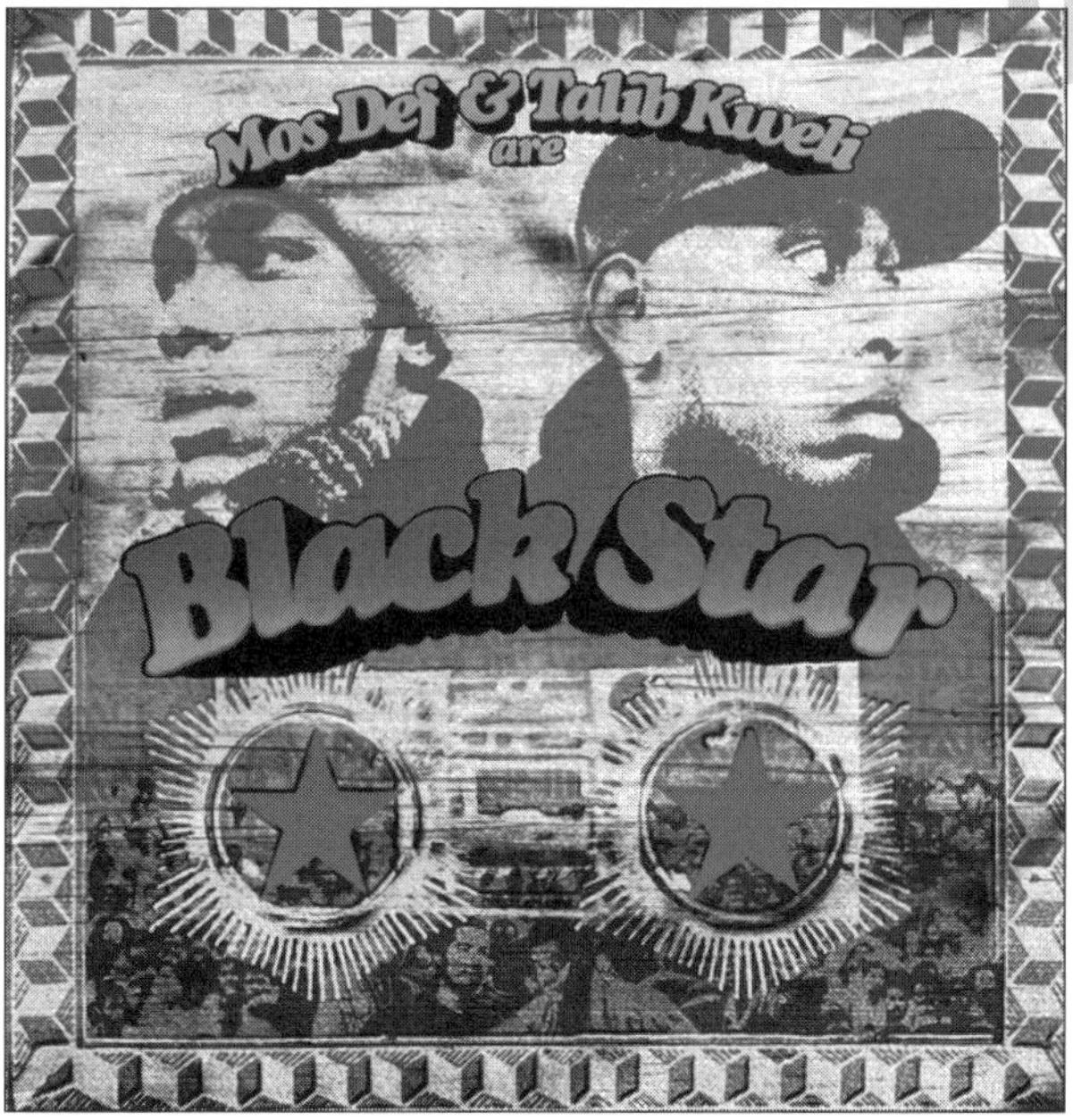

Black Star

Mos Def & Talib Kweli Are Black Star

Rawkus (1998)

①Intro ②Astronomy (8th Light) ③Definitíon ④RE:DEFinition ⑤Children's Story ⑥Brown Skin Lady ⑦B Boys Will B Boys ⑧K.O.S. (Determination) ⑨Hater Players ⑩Yo Yeah ⑪Respiration ⑫Thieves In The Night ⑬Twice Inna Lifetime

Produce DJ Hi-Tek, Mr. Walt, Shawn J. Period, J. Rawls, G-ology, 88 Keys

1996年と1997年に2パックとノトーリアス・B・I・Gが連続して殺害された事件は大きな打撃を与え、ヒップホップ・コミュニティ全体とギャングスタ・ラップを取り巻く暴力への愛着に重い清算を要求した。目には目をの哲学は行き過ぎてしまい、関わる者すべてにダメージを与え、モス・デフとタリブ・クウェリはコミュニティの傷跡を目の当たりにした。派手なヒップホップよりもコミュニティ・ヒップホップに深く傾倒するふたりは、そしてブラック・スターを結成した。「Black Star」とは、汎アフリカ主義者マーカス・ガーヴェイが「I」ではなく「WE」（汎アフリカ主義の核心的な信条、現在のEUのようにアフリカを統一すること）という包括的な哲学のもと、彼らの出荷ラインの名前として選んだものだ。ふたりは自分たちを「ヒップホップ界最高の同盟」と呼び、「Definition」のコーラスに「同盟」という言葉を入れることで、アメリカの病による傷を癒そうとした。ブラックネスへのラヴレターである本作はリリックにも独創性がある。ふたりともニューヨーカーで、〝コンシャス・ラップ〟の管理人として位置づけられている。

緊那羅：デジラ

058

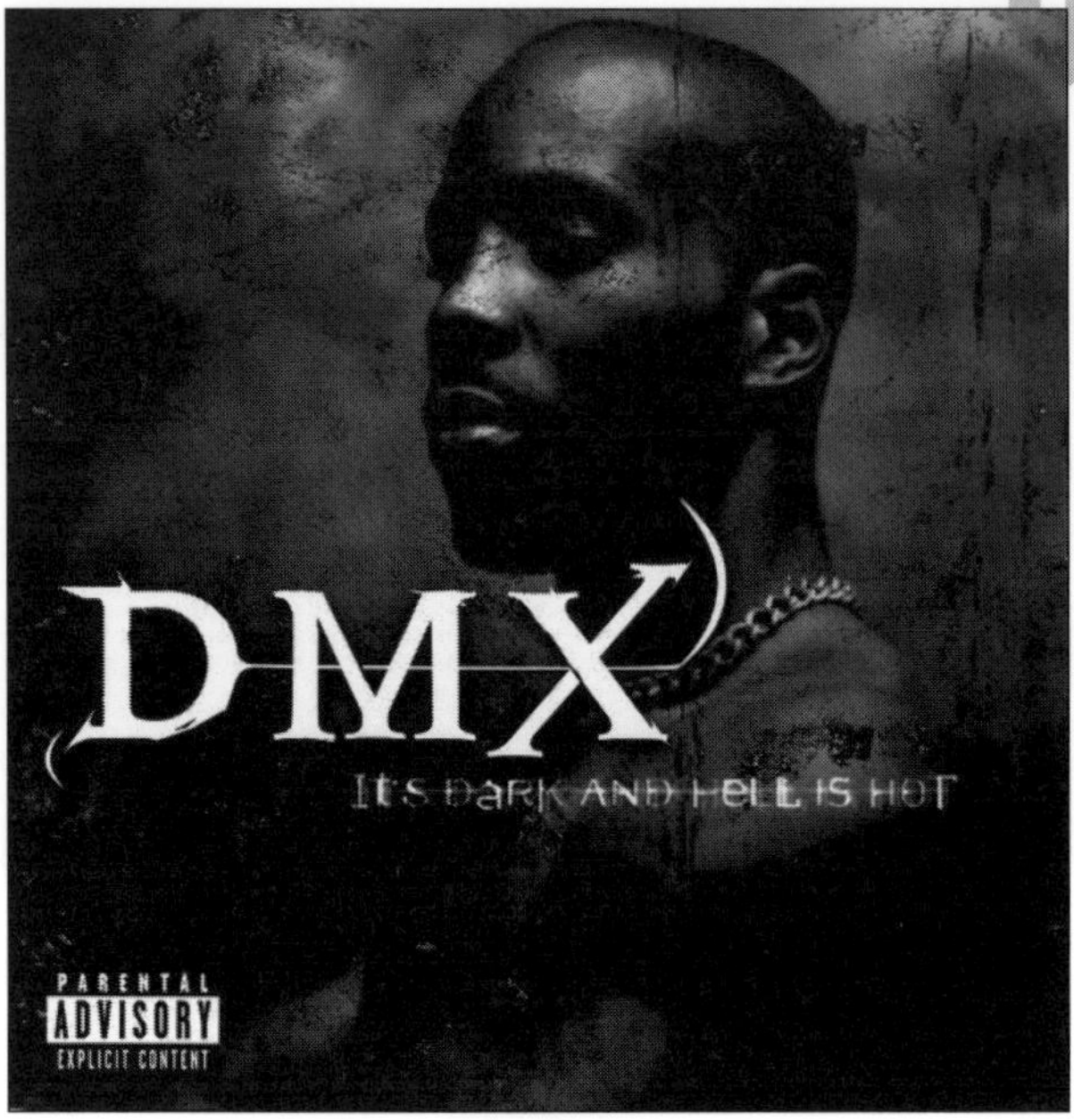

DMX

It's Dark And Hell Is Hot

Ruff Ryders (1998)

①Intro ②Ruff Ryders' Anthem ③Fuckin' Wit' D ④The Storm (Skit) ⑤Look Thru My Eyes ⑥Get At Me Dog ⑦Let Me Fly ⑧X-Is Coming ⑨Damien ⑩How's It Goin' Down ⑪Mickey (Skit) ⑫Crime Story ⑬Stop Being Greedy ⑭ATF ⑮For My Dogs ⑯I Can Feel It ⑰Prayer (Skit) ⑱The Convo ⑲Niggaz Done Started Something

Produce Dame Grease, PK, Swizz Beatz, Irv Gotti, Lil' Rob

過酷すぎる幼少期を過ごし、あらゆる犯罪に手を染めながらブロンクスの北に位置するヨンカーズのストリートで生き抜いてきたDMX。1970年生まれで、古の「男らしさ」を体現したような声色、ストリート語りで90年代初頭には知られた存在になるも、サグ過ぎて業界に馴染めず。しかし、改めて地元の仲間と組んだこの1stアルバムで、2パック、ビギー亡き後のカリスマを求めていたシーンに持ち上げられ大ブレイク。ここから5作連続でアルバムは全米1位を記録している。声色を変えて別人も演じ悪魔語りを聞かせる「Damien」など独自の世界観、死生観をディープに聞かせるのが本筋。ただ当時のパーティ・ラップ・ブームに乗った、ダーティ・サウスのクラブ・チューンにも負けないブチ上げソング「Get At Me Dog」「Fuckin' Wit' D」「Stop Being Greedy」などがとにかくインパクト大で軒並みヒット。中でも最大のヒットとなった「Ruff Ryders' Anthem」は圧巻だ。DMX自身はラップするのを嫌がるほど新しかった、サウスの流儀をNYに持ち込んだこの曲のビート一発でスウィズ・ビーツは時の人になった。

小渕晃

059

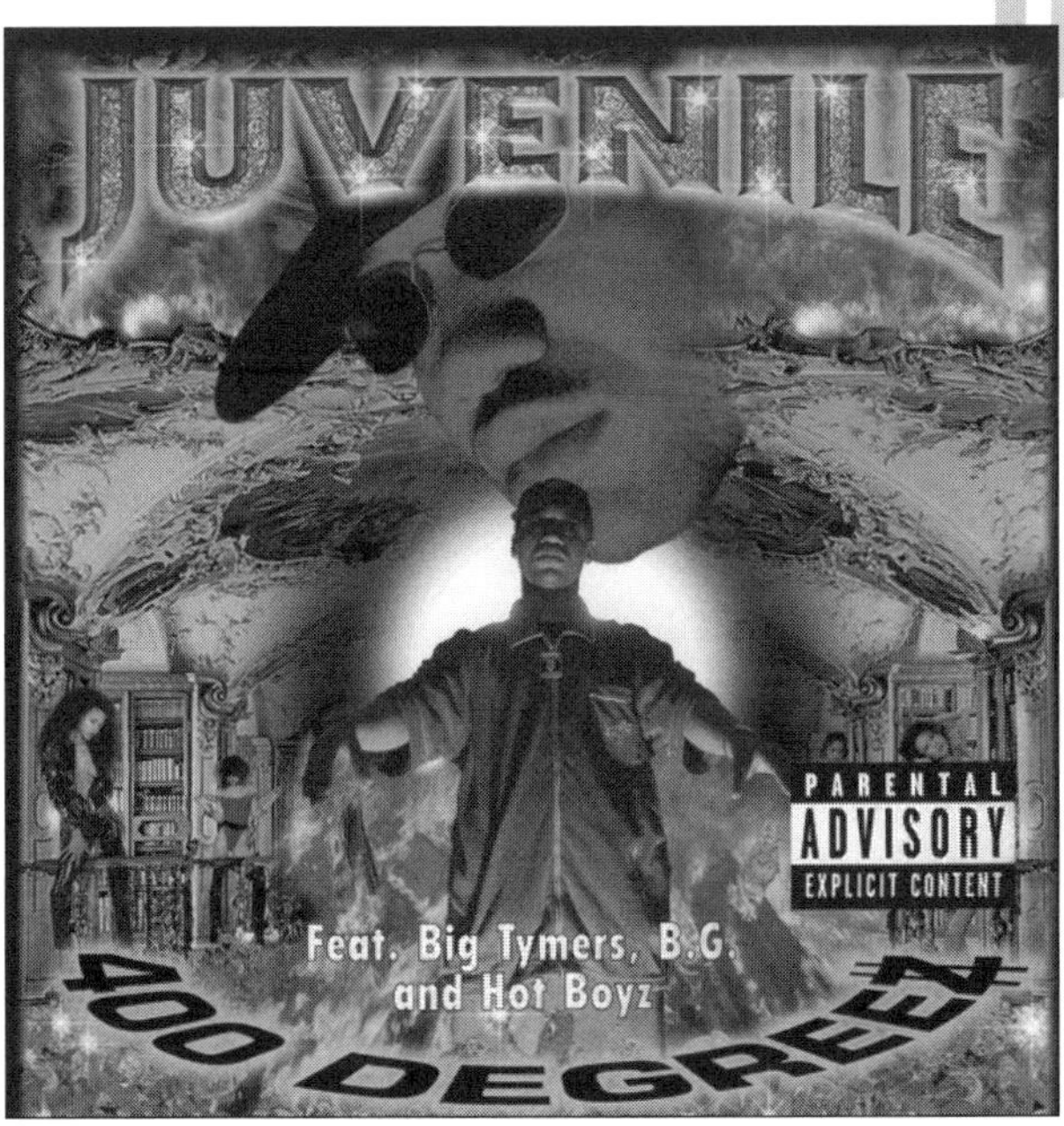

Juvenile

400 Degreez

Cash Money (1998)

①Intro ②Ha ③Gone Ride With Me ④Flossin Season ⑤Ghetto Children ⑥Cash Money Concert ⑦Welcome 2 Tha Nolia ⑧U.P.T. ⑨Run For It ⑩Rich Niggaz ⑪Back That Azz Up ⑫Off Top ⑬After Cash Money Concert ⑭400 Degreez ⑮Juvenile On Fire ⑯Solja Rag

Produce Mannie Fresh

Spotifyなどのストリーミングサービスで「degreez」を検索すると大量のヒップホップ作品が引っ掛かるが、それは恐らく全て本作の影響である。ニューオーリンズのラッパー、ジュヴィナイルは、1990年代後半にアクの強いラップでブレイクを掴んだホット・ボーイだ。メジャー配給の1作目となった本作は、当時の所属レーベルのキャッシュ・マネー・レコーズにとっても代表作のひとつである。全曲を手掛けたマニー・フレッシュによるバウンシーで細部へのこだわりを感じさせるビートも強烈だが、それをさらに強烈なラップでなぎ倒していく様は最高にスリリング。1990年代の南部ヒップホップの中でも屈指の名盤だ。その影響力はタイトル以外でも確認でき、例えばリミックスも複数作られたヒット・シングル「Ha?」での小節の末に「ハ?」を付けてラップするスタイルは、後にチーフ・キーフらによってシーンに定着する「エイ・フロウ」のルーツのひとつだろう。しかし、本作のベストといえばその曲ではなく「Back That Azz Up」である。ストリングスや声ネタが印象的なバウンス・ビートをふてぶてしく乗りこなす、永遠のクラブバンガーだ。

アボかど

060

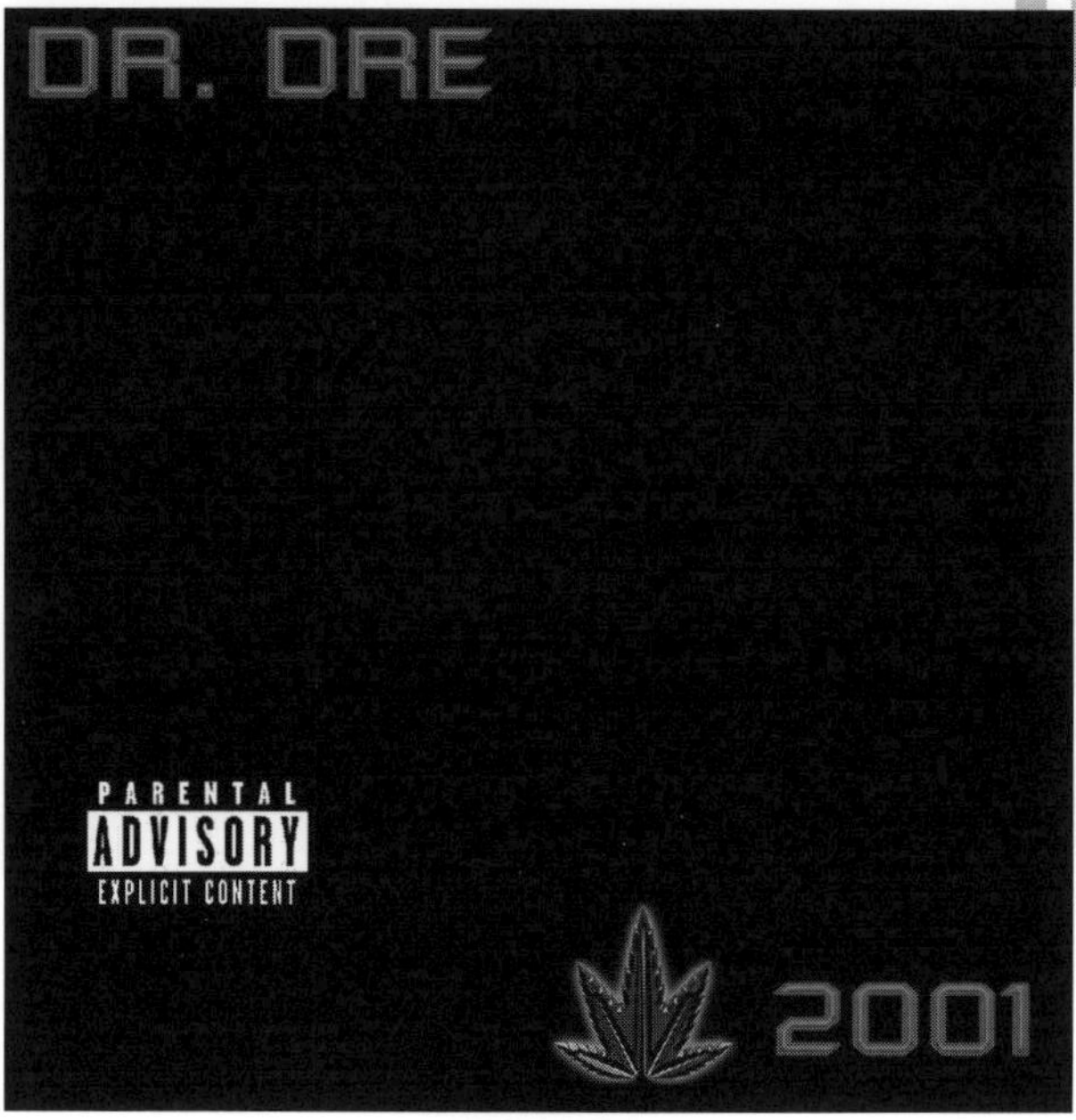

Dr. Dre

2001

Aftermath (1999)

①Lolo (Intro) ②The Watcher ③Fuck You ④Still D.R.E. ⑤Big Ego's ⑥Xxplosive ⑦What's The Difference ⑧Bar One ⑨Light Speed ⑩Forgot About Dre ⑪The Next Episode ⑫Let's Get High ⑬Bitch Niggaz ⑭The Car Bomb ⑮Murder Ink. ⑯Ed-Ucation ⑰Some L.A. Niggaz ⑱Pause 4 Porno ⑲Housewife ⑳Ackrite ㉑Bang Bang ㉒The Message

Produce Dr. Dre, Mel-Man, Lord Finesse

ドレーといえばソロ・デビュー作の『The Chronic』だが、そこで提示したGファンクのフォーマットを元に、スヌープや2パックらのプロデュースを経た上でより研ぎ澄まされたサウンドを打ち立てたのが本作。結果、彼が前作で考案した発明に完成度が加わり、最高品質のアルバムが出来上がった。全ての客演が効果的だが、ねっとり下に沈んでいくスヌープとキレキレに跳ねるエミネムという対比関係が特に良い。元ザ・ルーツのキーボーディストであるスコット・ストーチの流麗なピアノをはじめ、各楽器の鳴りも際立っており中毒性は抜群、ドープでサイケなドラッグ・ミュージックの最高峰とも言える。ヒップホップにはワンループとミニマリズムの美学という側面があり、多くのプレイヤーが最小限の音でどれだけ最大限のグルーヴを生み出せるかという問いに挑んできた。それは、少ない元手で大金を稼ぐ（稼がざるを得ない）というヒップホップのマインドとも根底で通じているように思う。1から100を生み出す手腕に、人は魔術性を感じる。ドレーは本作の魔法によってさらなる巨大な資産を築き上げ、神格化を生んだ。『2001』とは宗教である。シンプルながら決してコピーできない、教典なのだ。

つやちゃん

061

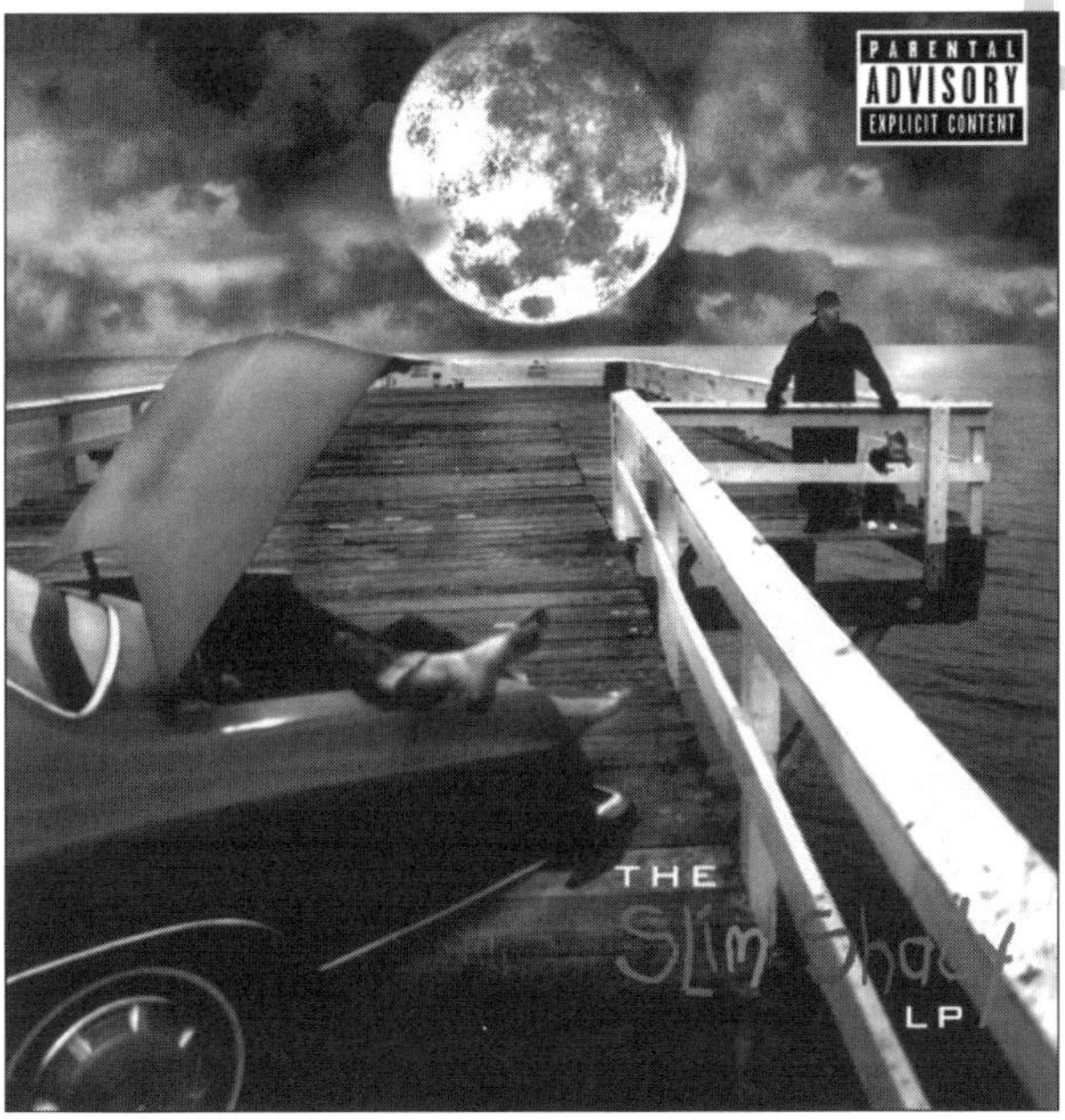

Eminem

The Slim Shady LP

Aftermath (1999)

①Public Service Announcment ②My Name Is ③Guilty Conscience ④Brain Damage ⑤Paul ⑥If I Had ⑦97' Bonnie & Clyde ⑧Bitch ⑨Role Model ⑩Lounge ⑪My Fault ⑫Ken Kaniff ⑬Cum On Everybody ⑭Rock Bottom ⑮Just Don't Give A Fuck ⑯Soap ⑰As The World Turns ⑱I'm Shady ⑲Bad Meets Evil ⑳Still Don't Give A Fuck

Produce Eminem, Dr. Dre, Jeff Bass, Mark Bass

90年代初頭、地元デトロイトの黒人コミュニティで、ただひとりの白人ラッパーながら、卓越したスキルと根性でプロップスを得たエミネム。アフターマス／インタースコープとの契約のきっかけとなる1997年発表の『Slim Shady EP』のイントロで、彼が鏡の中に見た「自身が抱える邪悪な部分の権化」が、表題にあるスリム・シェイディだ。メジャー・デビュー作となる本作にはEP収録曲の再録も含まれるが、エミネムを見いだしたドクター・ドレーが新たに制作に加わり、新境地を見せた。シェイディが物議を醸すおふざけを連発し、邪な笑いを誘いながら自己紹介にいそしむ第2弾シングル「My Name Is」のビートにもそれは顕著だ。誰の心の中にもシェイディは存在する、と圧倒的な共感を集めたこの曲の売上は累積で三百万枚を超え、エミネムはポップ・アイコンに。彼とドレーは、シェイディが悪事を働こうとするたびに、ドレー扮する「良心の権化」が邪魔に入る「Guilty Conscience」でも名コンビぶりを見せている。そんな本作は、エミネムをヒップホップ史上名実共に最も大きな成功を収めた白人ラッパーに押し上げる大きな足掛かりとなる。

小林雅明

062

MF Doom

Operation: Doomsday

Fondle 'Em (1999)

①The Time We Faced Doom (Skit) ②Doomsday ③Rhymes Like Dimes ④The Finest ⑤Back In The Days (Skit) ⑥Go With The Flow ⑦Tick, Tick... ⑧Red And Gold ⑨The Hands Of Doom (Skit) ⑩Who You Think I Am? ⑪Doom, Are You Awake? (Skit) ⑫Hey! ⑬Operation: Greenbacks ⑭The Mic ⑮The Mystery Of Doom (Skit) ⑯Dead Bent ⑰Gas Drawls ⑱? ⑲Hero V.S. Villain (Epilogue)

Produce MF Doom

1988年から弟を含むグループ、KMDで活動を始めるも、93年には、弟の事故死、2作目のアルバムの発売中止、契約解除に見舞われ、その後数年間姿をくらましていたゼヴ・ラヴ・X。その彼が、コミック『ファンタスティック・フォー』のヴィラン、ドクター・ドゥームをヒントに、素顔を仮面で隠したMF・ドゥーム（本名はダニエル・ドゥーミエ）として生まれかわり、97年に復帰後初めて出したアルバムが本作だ。その仮面が楯となり、宿痾のような過去の体験に照らしあわせ、社会通念や音楽業界を批判するのと同時に、外界を遮断して自らの苦難に向き合うことを可能にした。また、ヴィランを自認しながら、矛盾した感情を併せ持ち、より謎めいた存在に。そして何よりも、「Doomsday」に顕著なように、リリックに使われているほぼ全ての単語が音節単位で押韻に関わっているようなライム・スキームを編み出し、ヒップホップ史に残るライム狂人ぶりで爆発。さらに「Rhymes Like Dimes」ではトリプル・ミーニングさえ潜ませ、「The M.I.C.」では擬人化されたマイクが一人称で彼女（＝ヒップホップ）との関係を語るなど、MCとして前人未踏の次元に到達した。

小林雅明

063

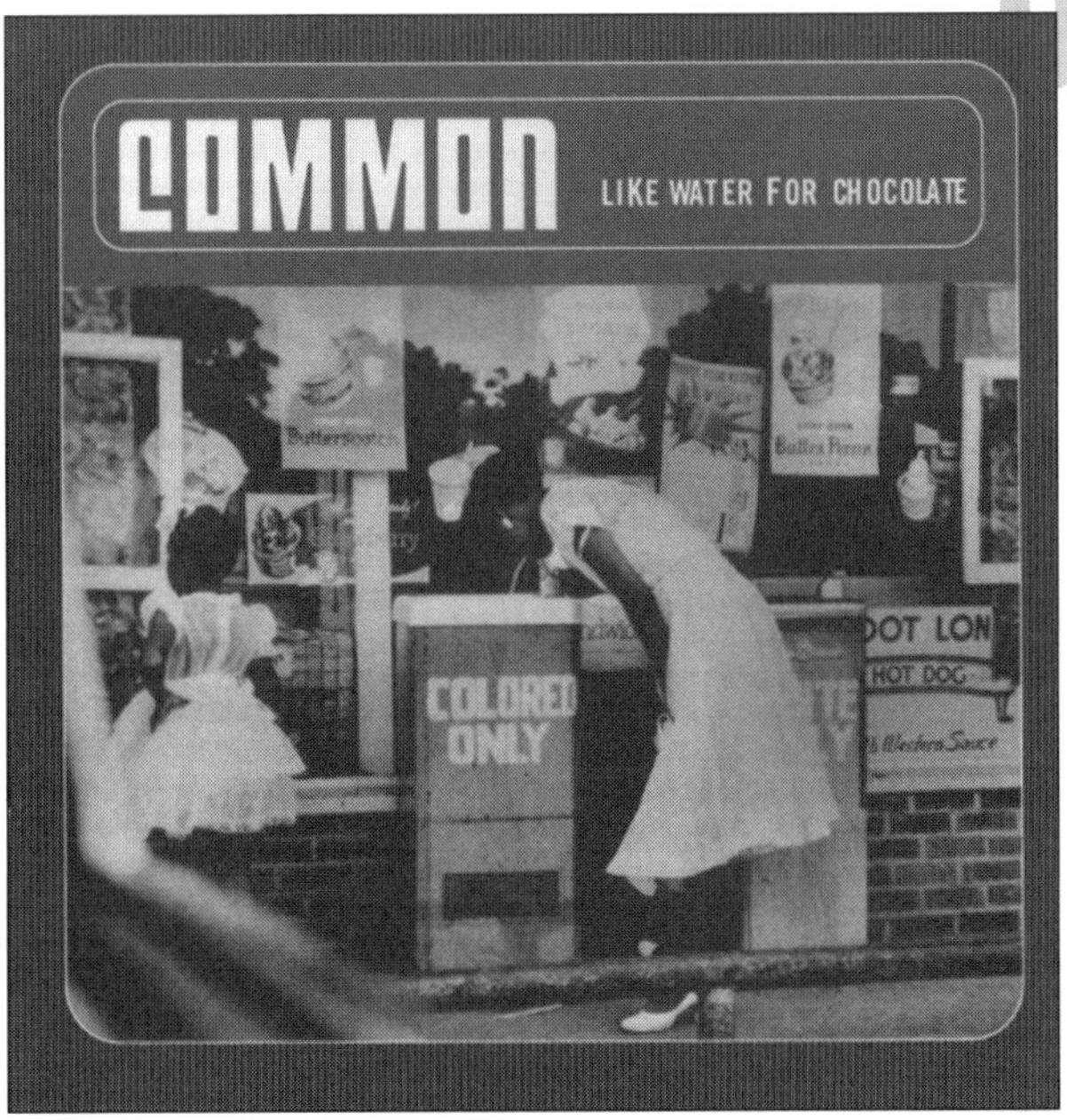

Common

Like Water For Chocolate

MCA (2000)

①Time Travelin' (A Tribute To Fela) ②Heat ③Cold Blooded ④Dooinit ⑤The Light ⑥Funky For You ⑦The Questions ⑧Time Travelin' Reprise ⑨The 6th Sense ⑩A Film Called (Pimp) ⑪Nag Champa (Afrodisiac For The World) ⑫Thelonius ⑬Payback Is A Grandmother ⑭Geto Heaven Part Two ⑮A Song For Assata ⑯Pops Rap III... All My Children

Produce The Soulquarians

「物質主義、ブランド志向、拳銃のイコノグラフィ、反理知主義などといったヒップホップ的な価値観は、明らかに、ヒップホップよりも遥かに巨大なアメリカ文化そのものの副産物である」。ネルソン・ジョージは『ヒップホップ・アメリカ』の中で資本主義的価値観が隅々まで侵食した状況になかば諦念を込めて記している。が、その約2年半後、シカゴ出身のラッパーはソウルクエリアンズ（J・ディラ、クエストラヴ、ディアンジェロ、ジェイムズ・ポイザー）と制作した4作目で、それらに真っ向から抵抗、ネオ・ソウルを含むオルタナティヴなサウンドを示し、コンシャス・ラップは商業的に成功できないという常識も覆した。アフロビートとジャズを混合した「Time Travellin'」と、トニー・アレンを引用した「Heat」ではパン・アフリカンなリズムで理念を提示、「物質主義のラップの時代はお終いだ」（「Dooinit」）、「暴力を称えるラップを抑えこむ」（「Cold Blooded」）とラップした。一方、愛に向き合った「The Light」ではグラミーにノミネートされた。本作がなければ、ケンドリック・ラマーの大作『To Pimp A Butterfly』もなかっただろう。

二木信

064

Nelly

Country Grammar

Universal (2000)

①Intro ②St. Louie ③Greed, Hate, Envy ④Country Grammar (Hot Shit) ⑤Steal The Show ⑥Interlude ⑦Ride Wit Me ⑧E.I. ⑨Thicky Thick Girl ⑩For My ⑪Utha Side ⑫Tho Dem Wrappas ⑬Wrap Sumden ⑭Batter Up ⑮Never Let 'Em C U Sweat ⑯Luven Me ⑰Outro

Produce City Spud, Jason Epperson

タイトルを直訳すると「お国言葉」ということで、ミズーリ州はセントルイス出身であるネリーのメジャー・デビュー盤。この時期はちょうどアトランタやニューオーリンズを中心とするサウス勢が盛り上がっていた時期でもあり、地元のヴァイブス丸出しのネリーのスタイルも見事にメインストリームにハマったのであった。アルバムはあれよという間に3百万枚を売り、後の2016年にはアメリカ国内だけで1千万枚の販売を記録したと報じられている。ギターの音色がリズミカルな「Ride With Me」はメロディアスなラップとコーラスが印象的で、この後に続くネリーのスタイルを決定づけた1曲。ベースが効いたビートとイナタいラップが映える「E.I.」、童謡の歌詞をダーティーにアレンジしたフックが激キャッチーな表題曲、とアルバムのハイライトは盛りだくさん。地元のクルーであるセント・ルナティックス、そしてそのメンバーであるマーフィー・リーやアリによる客演ヴァースも聴きごたえバッチリ。派手なシングル楽曲以外は、主に当時のキャッシュ・マネー界隈にも通じるような、バウンシーでねちっこい南部ビートで構成されており、今聴き返してもそのフレッシュさに身体が疼く。

渡辺志保

065

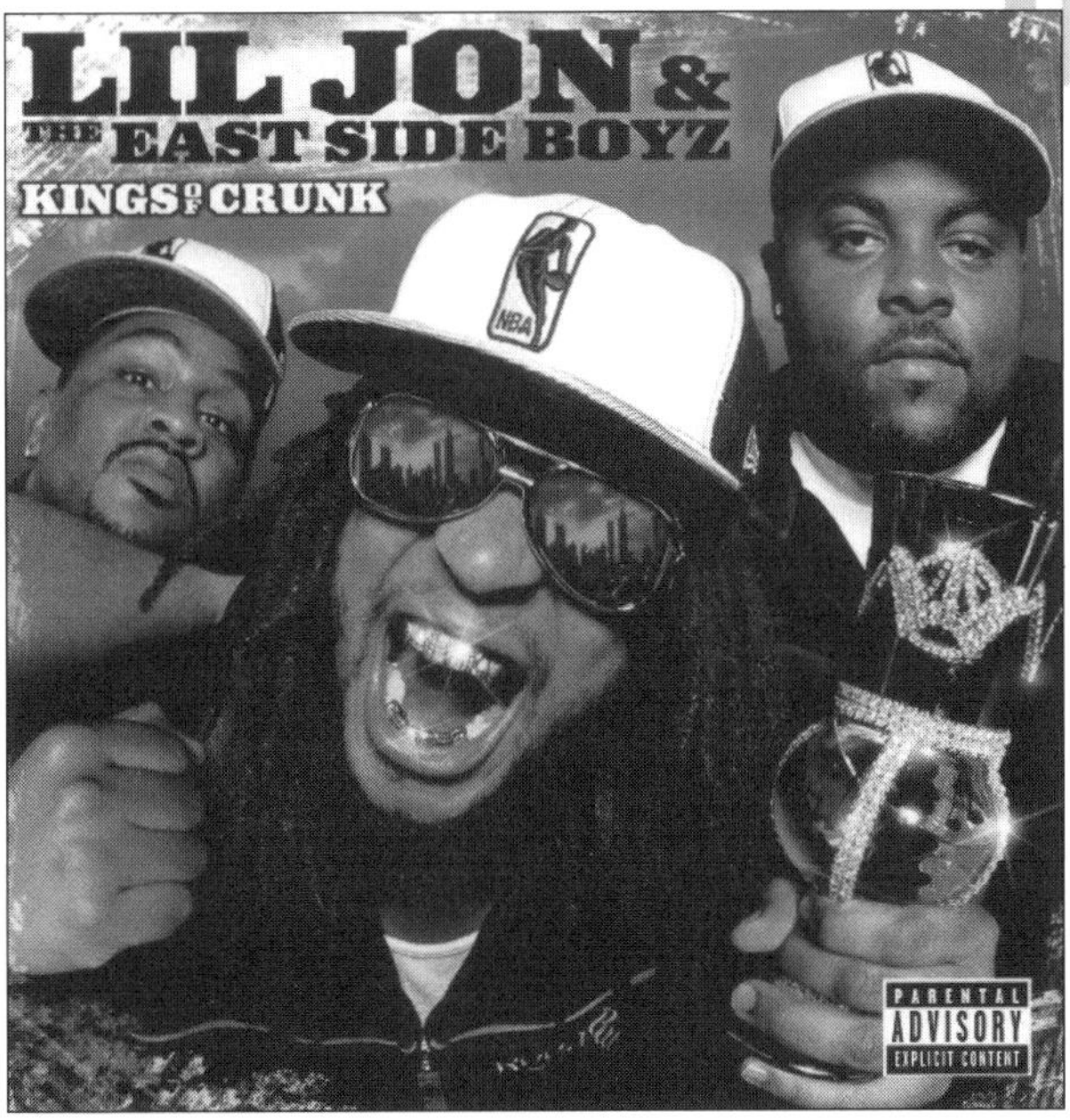

Lil Jon & The East Side Boyz

Kings Of Crunk

TVT (2002)

①Kings Of Crunk (Intro) ②Throw It Up ③Knockin Heads Off ④Pimpin Ken Speaks ⑤Bitch ⑥I Don't Give A... ⑦Rep Yo City ⑧Push That Nigga, Push That Hoe ⑨Keep Yo Chullin Out The Street ⑩Diamonds ⑪Nothin On ⑫Luke Talkin Shit ⑬Ooh Na Na Naa Naa ⑭Nothins Free ⑮Play No Games ⑯Pitbulls Cuban Rideout ⑰Get Low ⑱T.I.P. ⑲BME Click

Produce Lil' Jon

クランク・ミュージックはサウス・ヒップホップが生んだ大きなサブジャンルであり、源流をたどるとコール&レスポンスの作法やマイアミ・ベースといった文化にたどりつく。アトランタ出身のリル・ジョンは１９９７年に『Get Crunk, Who U Wit: Da Album』で抑制したBPMと重低音、反復する叫びを組み合わせ中毒性の高いグルーヴを生み出し、それを「クランク」としてプロデュースした。言葉自体はそれまでも使われていたが、彼によって音楽ジャンルを指すワードにもなり、その後２００４年には『Crunk Juice』のリリースによりアルコール飲料としてもプロダクト化されることに。定義の変遷はあるが、本作を聴くと分かる通り、「酩酊するかのごとく狂いアガる」音楽として人気を博していったのだ。捉えようによっては単純明快なフォーマットにテンションだけで乗り切るパーティ・ラップともとれるわけで、批評筋からは音楽的幼稚さを指摘され批判にもさらされた。だが、泥臭い南部のノリと、ある意味で耽美／淫靡な重低音を組み合わせたサウンド、それらをコール&レスポンスの型を敷きながらシャウトで押し通すという形式を発明した功績は大きい。そこには明らかなロック／メタル視点の導入もあった。

つやちゃん

066

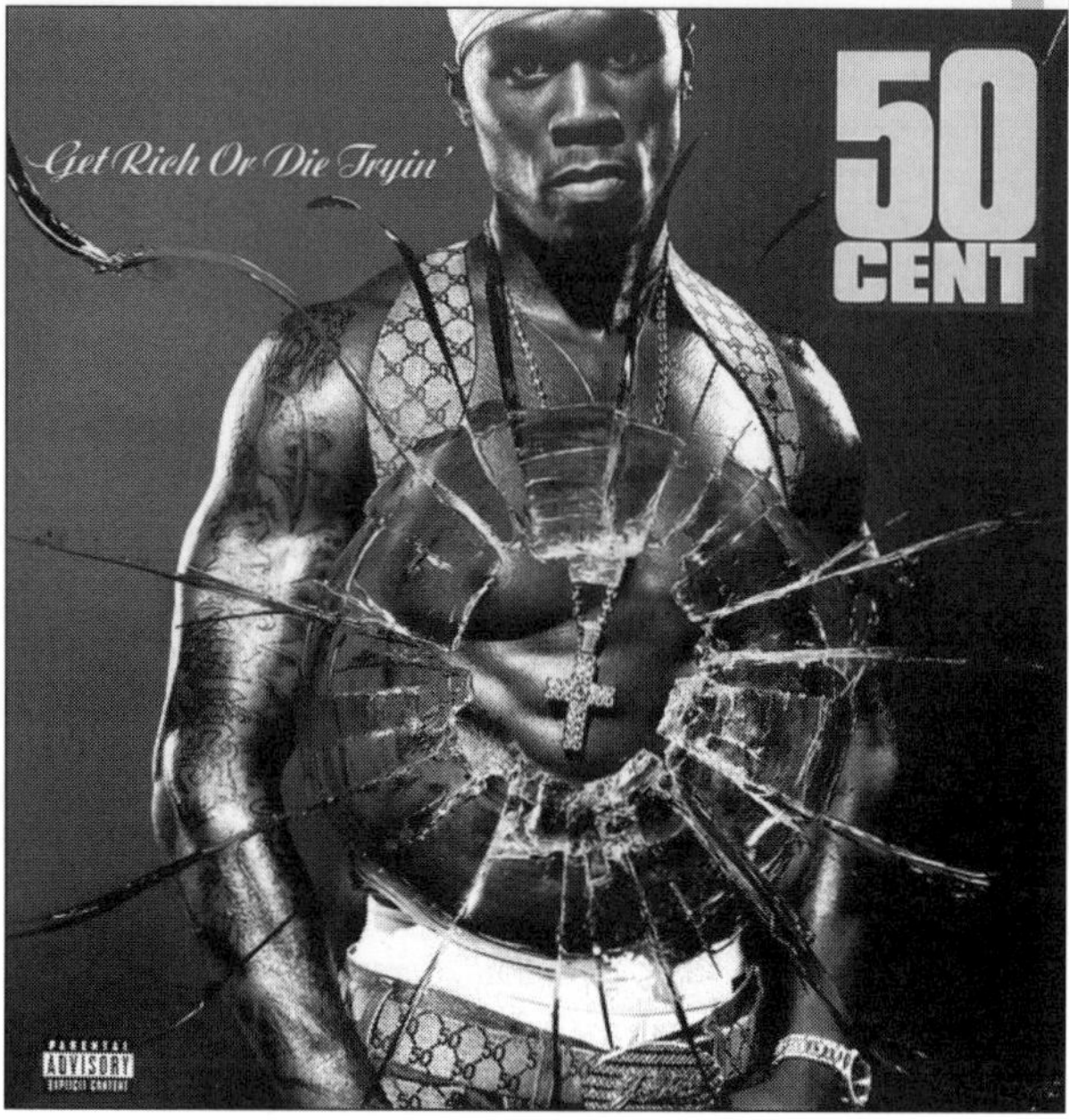

50 Cent

Get Rich Or Die Tryin'

G Unit (2003)

①Intro ②What Up Gangsta ③Patiently Waiting ④Many Men (Wish Death) ⑤In Da Club ⑥High All The Time ⑦Heat ⑧If I Can't ⑨Blood Hound ⑩Back Down ⑪P.I.M.P. ⑫Like My Style ⑬Poor Lil Rich ⑭21 Questions ⑮Don't Push Me ⑯Gotta Make It To Heaven ⑰Wanksta ⑱U Not Like Me ⑲Life's On The Line

Produce Dr. Dre, Eminem, Reef, Darrell "Digga" Branch, Luis Resto, DJ Rad, Sean Blaze, Denaun Porter, RockwilderDirty Swift, Megaheartz, etc.

遊びであり芸術であり、コンペティション（競争）の文化であるヒップホップ。プロレスと同様に相手も活かさないと成り立たないわけで、ジェイ・Zがナズを甦らせたビーフはその点で一級品だった。対して、ジャ・ルール、ファット・ジョー、キャムロン・・・と対戦相手を皆ツブしてしまった50セント。NYサグの究極形とも思えた超MCはしかし、2000年代後半、シーンを焼け野原にしてしまう。そこからいまだNYのシーンは復興出来ず、ギャングスタ・ラップを標榜する若手はいなくなっていった。50セント以前・以降で線引きできるほどシーンを変えた男だが、この正式な1stアルバムが出た際の盛り上がりはとにかく凄まじかった。DMX同様にサグ過ぎて敬遠されていた50セントを、Dr.ドレー&エミネムが監督することで初めてきちんと商品化。ハードさ極まるギャングスタ/バトル・ラップの一方で、「In Da Club」「21 Questions」と女性ウケ抜群のパーティ/ラヴソングが大ヒット。この後ヒップホップが変わっていかざるを得なかったほど、ギャングスタ・ラップの極北を体現してみせたのと同時に、ピークを迎えようとしていたCDセールスにおいても圧勝してみせた、歴史的な1枚。

小渕晃

067

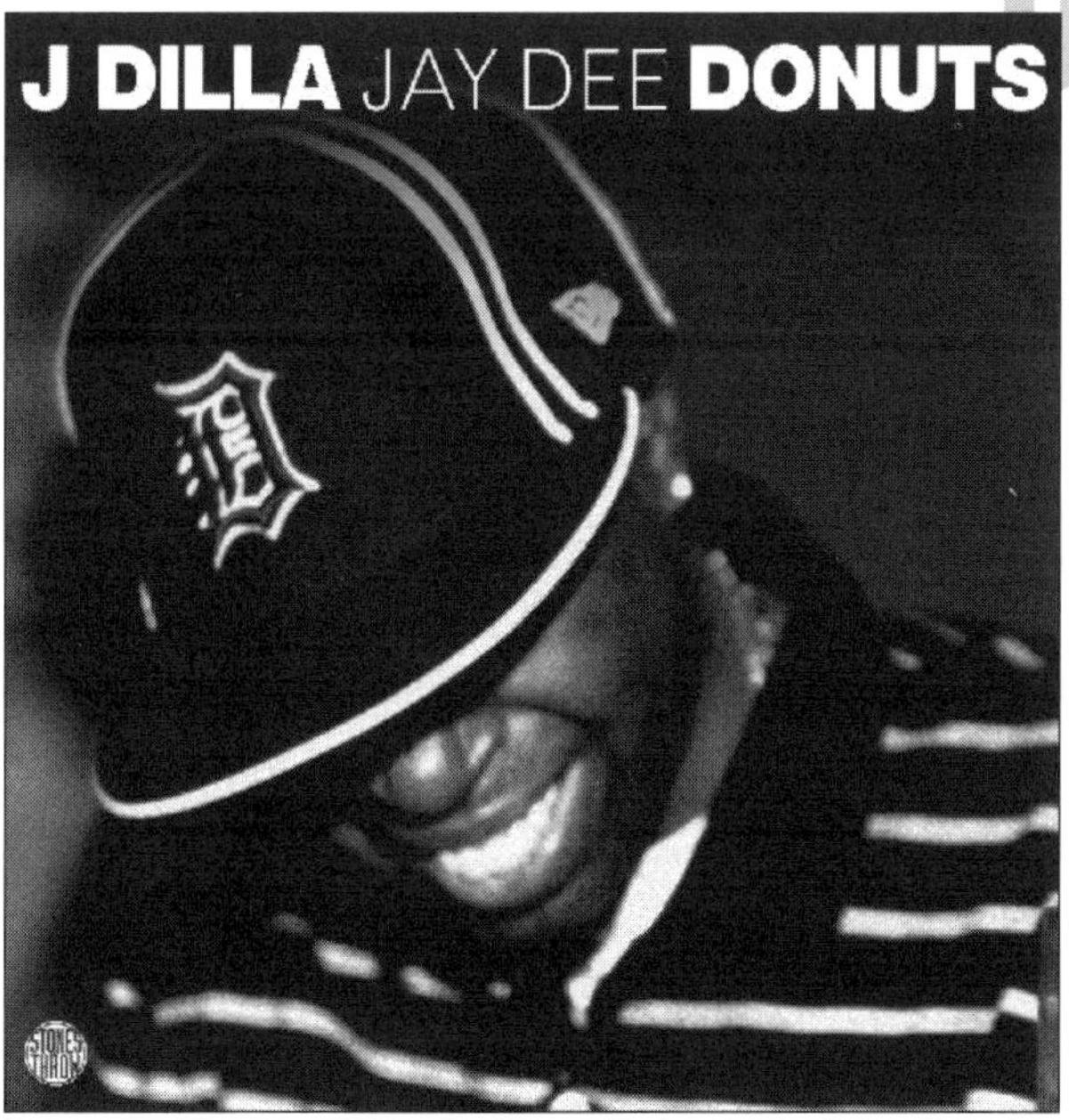

J Dilla
Donuts

Stones Throw (2005)

①Donuts (Outro) ②Workinonit ③Waves ④Light My Fire ⑤The New ⑥Stop ⑦People ⑧The Diff'rence ⑨Mash ⑩Time: The Donut Of The Heart ⑪Glazed ⑫Airworks ⑬Lightworks ⑭Stepson Of The Clapper ⑮The Twister (Huh, What) ⑯One Eleven ⑰Two Can Win ⑱Don'tThunder Cry ⑲Anti-American Graffiti ⑳Geek Down ㉑Thunder ㉒Gobstopper ㉓One For Ghost ㉔Dilla Says Go ㉕Walkinonit ㉖The Factory ㉗U-Love ㉘Hi. ㉙Bye. ㉚Last Donut Of The Night ㉛Welcome To The Show

Produce J. Dilla

『J・ディラと《ドーナツ》のビート革命』という著作はデトロイトの音楽シーンについての事実誤認がある。ものの、伝説的なラジオDJ、エレクトリファイング・モジョのクラフトワークからPファンクまでをかける折衷的な選曲と、3台のターンテーブルを駆使して様々なジャンルの音楽をかけたジ・ウィザード（ジェフ・ミルズ）のスタイルが、「1974年生まれのデトロイトのビート・メイカーの通算2作目のコラージュ感覚の起源」と仄めかす記述は想像力を刺激してくれる。また、ストーンズ・スロウのピーナッツ・バター・ウルフは、DJ・シャドウ『Endtroducing』を引き合いに出してこの独創的なインスト・ヒップホップを評した。10CCとビースティ・ボーイズの組み合わせは想像を遥かに超え（「Workinonit」）、ディオンヌ・ワーウィックの楽曲にラッパーのジェイダキスのおどけた声を挿入してソウルを再解釈し（「Stop!」）、ファンシーなレイモンド・スコットとマントロニクスの唸るサイレンで奇妙な電子音楽を仕上げる（「Lightworks」）。本作のループの美学は、ロック・マルシアーノやアール・スウェットシャートの諸作にも引き継がれた。

二木信

068

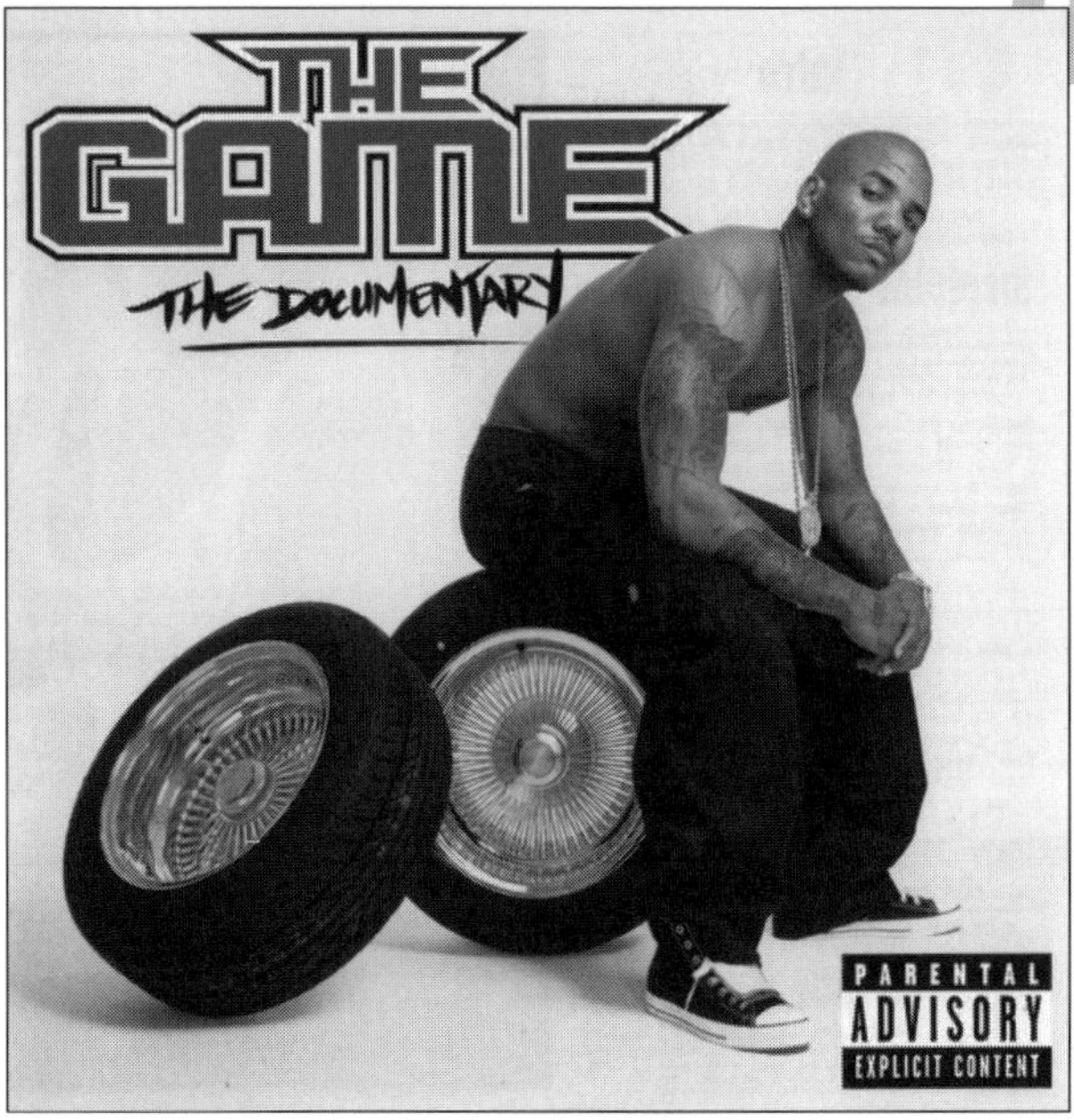

The Game

The Documentary

G Unit (2005)

①Intro ②Westside Story ③Dreams ④Hate It Or Love It ⑤Higher ⑥How We Do ⑦Don't Need Your Love ⑧Church For Thugs ⑨Put You On The Game ⑩Start From Scratch ⑪The Documentary ⑫Runnin' ⑬No More Fun And Games ⑭We Ain't ⑮Where I'm From ⑯Special ⑰Don't Worry ⑱Like Father, Like Son

Produce Dr. Dre, Che Vicious, Kanye West, Cool & Dre, Havoc, Just Blaze, Timbaland, Scott Storch, Jeff Bhasker, Eminem, Focus, Needlz, etc.

NWAの地元コンプトン出身でありながら、ザ・ゲームがラップを真剣に始めたのは22歳と、遅かった。バスケットボールやギャング活動に励んでいたからだろう。しかし銃撃を受けて担ぎ込まれた病院でラップに開眼。ベイエリアの顔役JT・ザ・ビガ・フィガのもとで録音した音源がドクター・ドレーの耳に留まり、彼のアフターマスから本作でメジャー・デビューすることになった。プロデュースはドレーのほかカニエ・ウェストやティンバランド、ジャスト・ブレイズといった錚々たるメンツ。所属レーベルが50セント主宰のG・ユニットとの連名になっているのは、駆け出しだったザ・ゲームのコーチ役として50が指名されたから。その彼のヘルプの甲斐あってか、キャッチーなフックが詰め込まれた中毒性の高いギャングスタ・ラップ・アルバムとなり、チャートでも首位を獲得。西海岸シーン復興の呼び水になった。但し力の抜き加減で不穏さを醸し出す50とは対照的に、ザ・ゲームのラップはもっと直球勝負。そこに彼ならではの魅力がある。本作直後に50セントと仲違いして、アフターマスから離脱しながらも、その後も着実なキャリアを築けたのはラッパーとしての天賦の才ゆえだろう。

長谷川町蔵

緑色の誘惑
――音と意味に引き裂かれながら

つやちゃん

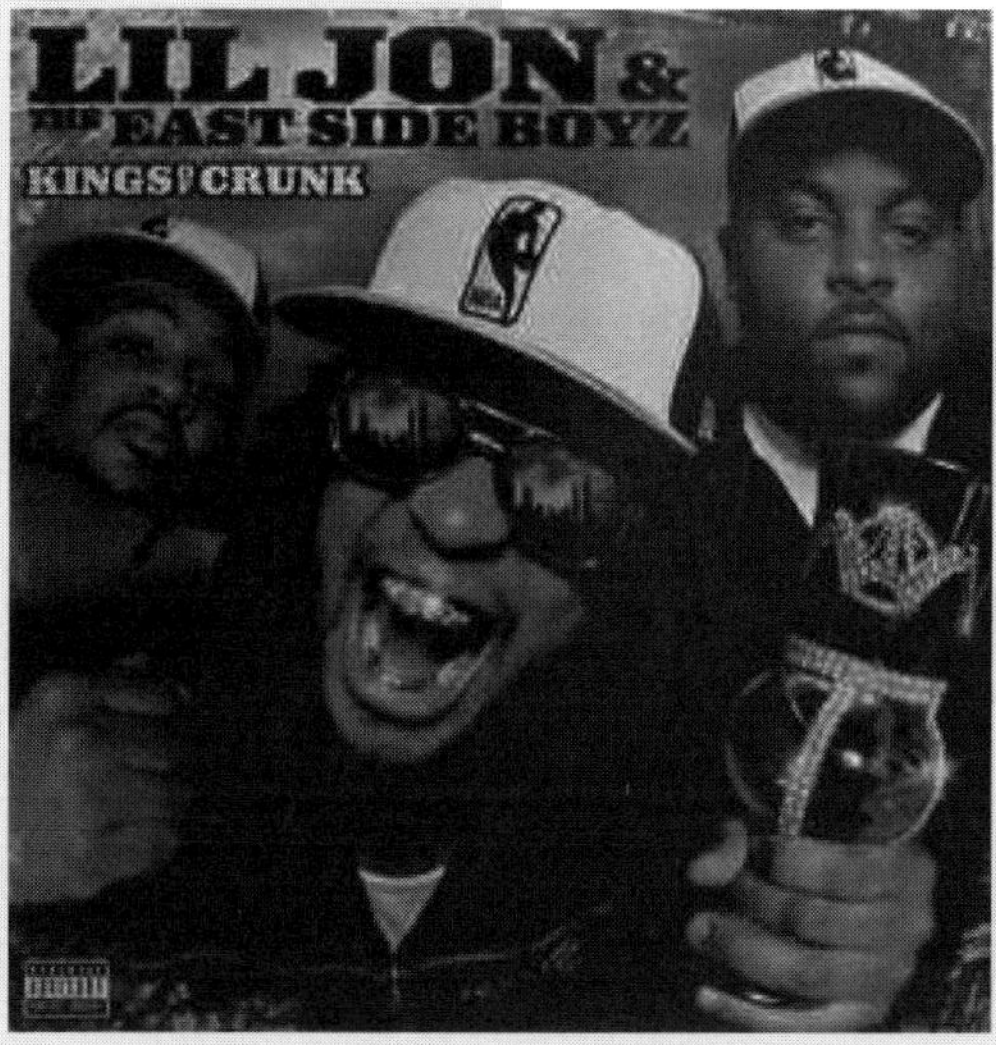

ダーティー・サウスの象徴、
リル・ジョンによる
『Kings Of Crunk』。

夜も深い時刻、首都高速に繋がる一本の道路にて青信号が点灯している。

私たちは、青信号が放つ鮮やかな緑色に見惚れることを許されていない。もわっとした空気とともにぼんやり光る色をうっとりしながら凝視する暇もなく、青信号はわたしたちに「進め」というメッセージの受信を強要してくる。何と暴力的なことか。

世界には二種類の者が存在している。「進め」というメッセージを受け入れ颯爽と過ぎ去る者、走りながらも幽玄な緑色に瞳を奪われてしまう者。

＊

今でもはっきりと覚えている。

ヒップホップが30歳を迎え、私はまだ10代だった頃。その体験は忘れられないほど魅惑的で、でも困惑するものでもあり、何が何だか当時は訳が分からなかったのだが、今の私であればある程度は紐解き説明できるかもしれない。自分の中を、得体の知れない異物が爪を立てて引っ掻き回していたような感覚。半ば脅されるがごとく、わたしはその後20年間に渡って、しかし恍惚としながらこの音楽を聴き続けていることになる。

主にロック・ミュージックを、それもさまざまな時代の作品を聴き胸を焦がしていた当時の自分にとって、音楽とはすでに制度化されており、どこか非現実的な、逃避し空想を埋めてくれるものだった。ロックは中心が不在で、とにかく色々なものを吸収して我が物顔で〝ロック〟に仕立て上げていく。ラップも電子音楽もジャズも民族音楽も何もかも節操なく取り入れ、「芸術」と化したそれを皆が貴族趣味的に嗜むという態度は10代の自分の周囲でも普通に行われていたように記憶している。２０００年代の前半だったがゆえに、ポストロック〜エレクトロニカに傾倒する者はどこか知性を誇っていたし、ガレージロックやニューウェイヴのリバイバルを追いかけている者は感度の高さを示していた。グラインドコアやデスメタルといった異形の進化を見逃すまいと耳をそばだてていた自分のような若者は速さ／重さという異なる軸でロックに向き合っていたが、今となっては、それら人々のスタンスなんてすべて些細な違いでしかなかったように思う。結局のところ皆がロックを聴いて賢い顔をしていたし、難しく物思いに耽っていた。何せ、音楽を記録したCDという媒体を大衆がたくさん買い占めていた時代である。教養は正義であり、私たちは十分にブルジョワジーだったのだ。

90年代後半にインディーズという態度が求心力を持ち、その流通に注目が集まったこともあり、私は以前にも増して変化を遂げる音楽チャートの動向に目を凝らしてもいた。その中で、ある事実に気づくことになる。アメリカにおいて、ヒップホップが如実にリスナーを増やしつつあったのだ。それまでもすでにいくつかのラップ作品を聴いてはいたし、お気に入りのラッパーもいた。エミネムはすごい、ネリーはカッコいい、イグジビットも硬派だ、アウトキャストは最高――けれども、どこかロックの耳でそれらを聴いていた自分がいた。品評会的に、作品主義として。

事件は2003年に起きた。ひょんなことから、前年の秋にリリースされたリル・ジョン&ジ・イースト・サイド・ボーイズの『Kings Of Crunk』を聴いたのである。シーンにおいてサウスが盛り上がっていることは知っていた。ジュヴィナイルを筆頭にキャッシュ・マネーの勢いについても、恐らくその時すでに認識していたかもしれない。ただ、それは知識として入っているだけで、体感としては全く分かっていなかった。というのも、私はリル・ジョンを初めて聴いて、馬鹿馬鹿しいと感じたからだ。〝Bitch〟という曲には心底驚いた。ひたすら「We run this」と叫んでいるだけで、がなり声でまくし立てたそれをただループさせる。何てくだらない音楽なのだろう。軽蔑に値するとさえ思った。

けれども、そのくだらなさは、どうしても私の中をしつこく引っ掻き回して消え去らないのだった。果たして、これは本当にとるに足らない音楽なのだろうか。次作『Crunk Juice』がリリースになる頃はクランクの勢いは国内のクラブ・シーンにも及んできており、当時大阪に住んでいた私は夜な夜なアメ村のAZUREであの音を目一杯浴びた。踊りながら考え、考えながら踊った。そして今、あの頃の感触を手繰り寄せることで、絡まった思考の糸が解かれつつある。

それはつまり、ヒップホップとは「意味」の音楽であると考えていた私にとって、当の価値観を大きく覆すものだったのだ。抑圧されたブラック・コミュニティの者たちが社会に対し声をあげメッセージを発していくという点において、程度の差こそあれヒップホップとは政治的な表現だと思っていたし、そこに宿る政治性という「意味」こそがこのジャンルの定義を支えていると認識していた。もちろん、それは間違っていない。技巧的なラップも、複雑なライムも、大抵が音によって意味を支えている。リリックの意味が分からなかったとて純粋にサウンドとして胸を打つラップもあるだろうが、やはりリリックを知ることでそのサウンドは輪郭を帯びていく。しかし、リル・ジョンの曲は、吠えるような掛け声でそれらの主従を逆転させているように聴こえた。通常、歌唱やラップにおいてシャウトとは「強調」であり、それは「音」をもって「意味」を強調するものだが、彼は度を越した強調を披露しそれをパターン化することによって、意味を引き剥がしていた。その証拠に、リル・ジョンの曲は簡単な単語が並べられるだけのラップながら、驚くほど意味が頭に入ってこない。シャウトという「過剰さ」にフィジカルがべったりと貼りついており、演者の運動神経と作品が分かちがたく粘着している。その糊代からはみ出てくる身体の匂いの強烈さが、意味を置いてけぼりにした音の塊と融解しながら渾然一体となって迫ってくる。それがどれだけ意義深く尊いものであるかを述べた、かの吉田雅史の重要なテキストは何度でも引用されるべきだろう。

ラップは音から出発し、言葉の意味を獲得した。社会や生活におけるリアリティを映し出す言葉が求められるようになった。しかしだからといって、音としてのラップの言葉が、意味に主役の座を明け渡すことは、なかったのだ。人々は、共感可能なリアリティをもたらす「言葉＝意味」を求めつつ、同時にそのリアリティから現実逃避するための「音＝非‐意味」をも必要とするからだ。そこに、ラップの極めてアンビバレントな性格がにじみ出ている。
「アンビバレント・ヒップホップ 第20回　筆記体でラップする〜マンブル・ラップ論〜」（『ゲンロンβ40』所収）

ヒップホップの教科書にはサンプリングの偉大さやリリシズムとコンシャスネスについて説くものが多く、確かにそれらは大きな財産である。ただ、ロックでがちがちに頭を固められつつあった若い私にとっては、がなり声をループさせマシン・サウンドで重低音を鳴らしただけのリル・ジョンの音楽の遊戯性、発想の転換こそが、ヒップホップの醍醐味であり原点であった。その若者が、十数年後、さらなる大胆さで「意味」を引き剥がしていったマンブル・ラップという試みにも耽溺したことは想像に難くないだろう。ヒップホップは、「意味」を前にしても青信号の幽玄な色に瞳を奪われてしまう者をも包み込む、懐の深さを持ち合わせているのだ。だからこそ真に包括的な音楽であると言えるし、ゆえに真に政治的であるとも言える。

意味と音は絡み合う。双方に引き裂かれながら、私は今日もヒップホップを聴き、実存を不安定なままにさらし続けている。

069

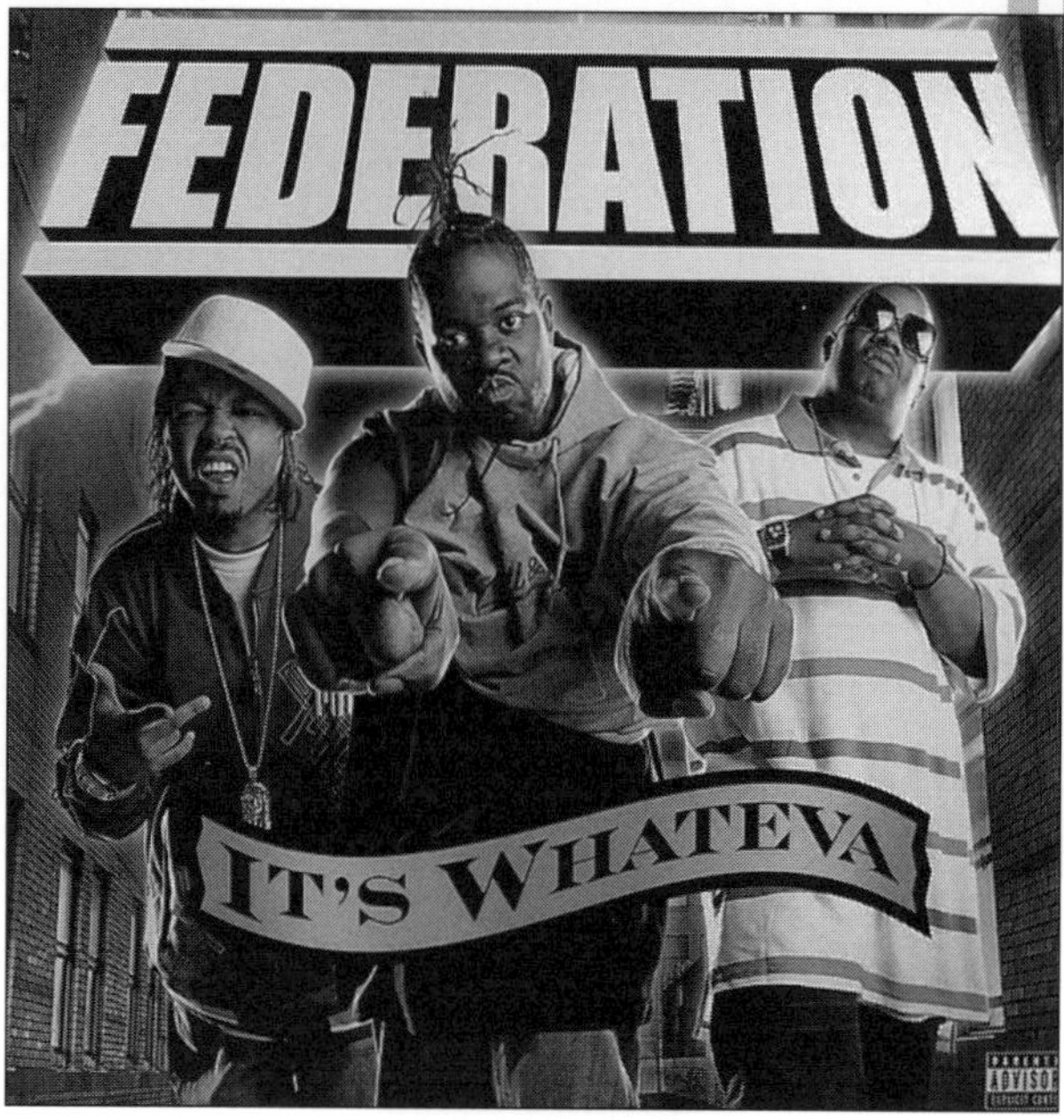

Federation

It's Whateva

Reprise (2007)

①Playtime Is Over ②18 Dummy ③Get Naked You Beezy ④College Girl ⑤Got Me Fucked Up ⑥From The Bay ⑦My Rimz ⑧Happy I Met You ⑨Scraper 2 A Benz ⑩She Go ⑪New Baby Daddy ⑫We On Yo Line ⑬Black Roses ⑭Fly Away ⑮When I Was Yo Man ⑯Bang Bang ⑰Break Your Face

Produce Rick Rock

声質もラップ・スタイルも全く異なるラッパー3人組のフェデレーションは、2000年代半ば頃から後半にかけてベイエリアで盛り上がったムーブメント「ハイフィ」を代表するグループだ。この2ndアルバムは多くの音楽メディア／ブログで称賛を集めたフェデレーションの代表作。名職人のリック・ロックが全曲をプロデュースし、エレクトロニックなシンセをミニマルに鳴らすハイフィ路線を軸にした強烈なサウンドを作り上げている。

さらに、ゴスペル風味の感動的なメロウ曲や、トラヴィス・バーカーがドラムを叩くハードなロック路線の曲なども収録。「When I Was Yo Man」に至っては全編歌モノのソウルだ。とにかくカオスな作品だが、この姿勢は後にアンビエントなどに取り組んだ同じベイエリアのリル・B（彼もまたハイフィのシーンから登場した人物だ）と通じるものがある。エッジーなシンセが跳ねる「Playtime is Over」で始まり、テクノを作ろうとして別の何かになったような「18 Dummy」、イントロでのソウルフルなネタ使いを思いっ切り裏切ってズッコケる「Get Naked You Beezy」と続く冒頭の流れは特に圧巻だ。

アボかど

070

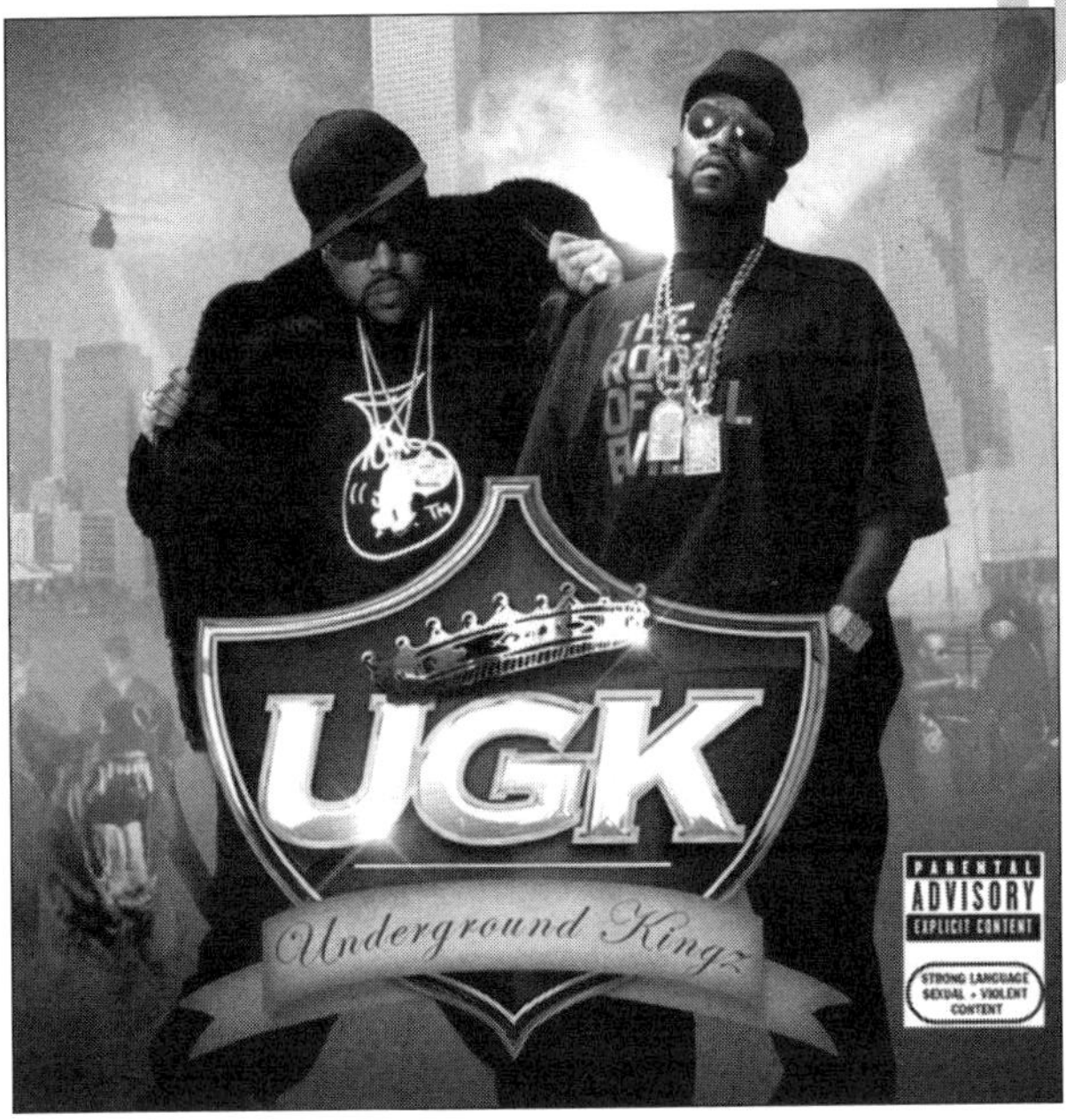

UGK
Underground Kingz

UGK (2007)

①Swisha And Dosha ②Int'l Players Anthem (I Choose U) ③Chrome Plated Woman ④Life Is 2009 ⑤The Game Belongs To Me ⑥Like That (Remix) ⑦Gravy ⑧Underground Kingz ⑨Grind Hard ⑩Take Tha Hood Back ⑪Quit Hatin' The South ⑫Heaven ⑬Trill N***** Don't Die ⑭How Long Can It Last ⑮Still Ridin' Dirty ⑯Stop-N-Go ⑰Cocaine ⑱Two Type Of B****** ⑲Real Women ⑳Candy ㉑Tell Me How You Feel ㉒Shattered Dreams ㉓Like That ㉔Next Up ㉕Living This Life ㉖Outro ㉗Int'l Players Anthem (I Choose You) (Chopped & Screwed) ㉘Int'l Players Anthem (I Choose You) ㉙Hit The Block

Produce Pimp C, Scarface, DJ Paul & Juicy J, Below, AVEREXX, DJ B-Doe, The Runners, Jazze Pha, Lil' Jon, Cory Mo, Marley Marl, Swizz Beatz, etc.

２０００年代半ば頃はマイク・ジョーンズやスリム・サグらが立て続けにブレイクを掴み、シーンでテキサス勢の存在感が大きくなっていった時期だった。その中心にいたのがＵＧＫのバン・Ｂだ。が、長く服役していた相方ピンプ・Ｃが最高のタイミングで出所し、勢いに乗ってリリースされたのがデュオ名を冠した本作だった。『XXL Magazine』誌や日本の『bmr』誌など各種メディアで絶賛されたこの2枚組アルバムは、「旬を迎えたレジェンド」というヒップホップの歴史的に見ても稀な存在だったふたりだからこそ生み出せた傑作だ。プロダクションの中核を担ったのはピンプ・Ｃ。ギターやオルガンなどの音を多用したオーガニックなカントリー・ラップ系のスタイルを基本としつつ、リル・ジョン制作のクランク・ロックやＤＪ・ポール＆ジューシー・Ｊが手掛けたソウルフル路線などにも挑んでいる。高音で歌も聴かせる脱力気味のピンプ・Ｃに低音で武骨なバン・Ｂと対照的なコンビネーションも冴え渡っており、長く活動するデュオならではの凄味が感じられる。テキサスを中心とした南部ヒップホップの豊かさがたっぷりと楽しめる、まさに「王者たち」の風格漂う作品だ。

アボかど

071

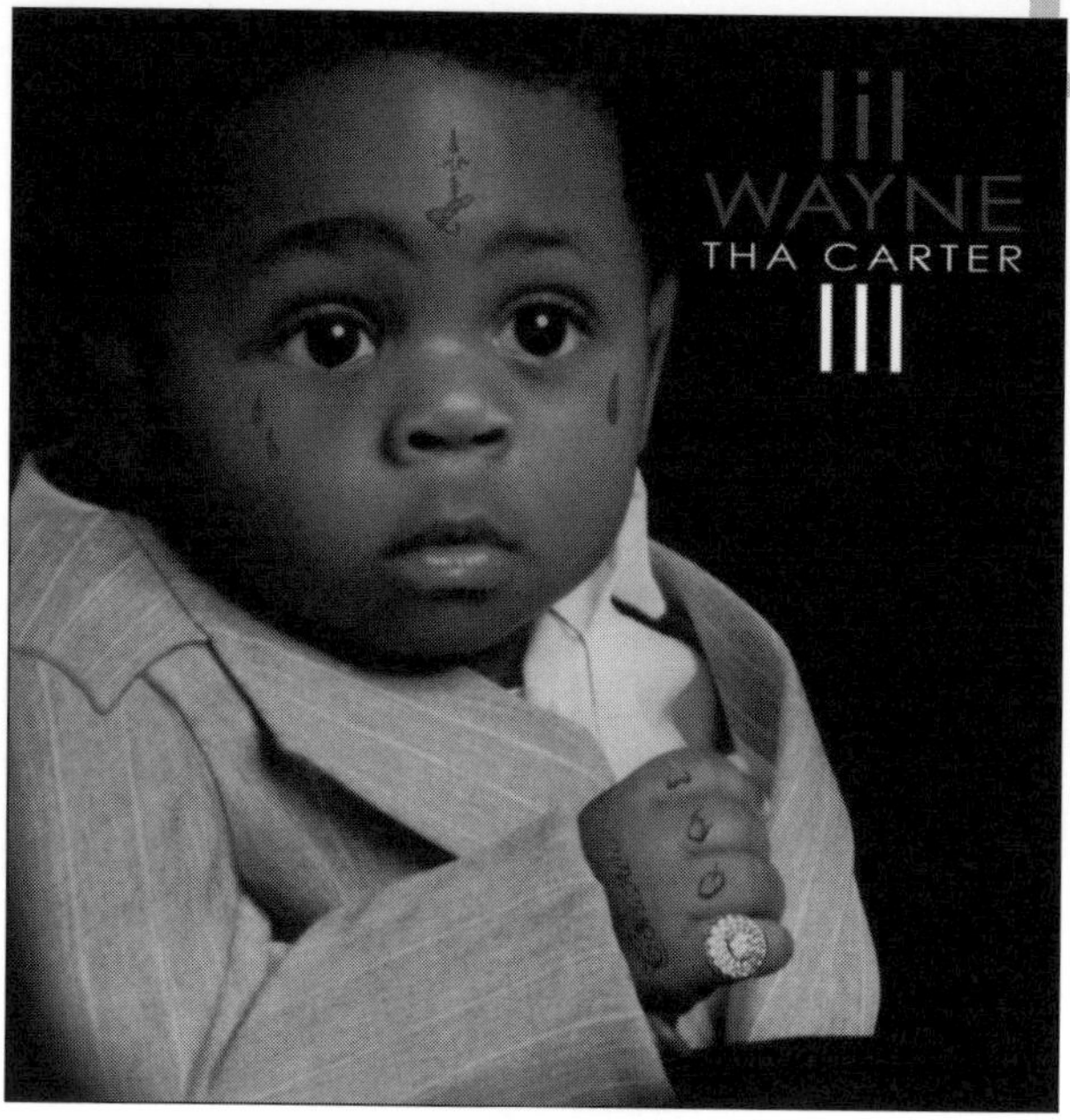

Lil Wayne

Tha Carter III

Cash Money (2008)

①3 Peat ②Mr. Carter ③A Milli ④Got Money ⑤Comfortable ⑥Dr. Carter ⑦Phone Home ⑧Tie My Hands ⑨Mrs. Officer ⑩Let The Beat Build ⑪Shoot Me Down ⑫Lollipop ⑬La La ⑭Pussy Monster ⑮You Ain't Got Nuthin ⑯DontGetIt

Produce Maestro, Infamous, Bangladesh、Play & Skillz, T-Pain, Kanye West, Swizz Beatz, Cool & Dre, Robin Thicke, Jim Jonsin, David Banner, Streetrunner, Alchemist, etc.

2000年代、最も野蛮で最もポップな1枚。8歳からラップを始め、キャッシュ・マネーと契約後10代の頃からホット・ボーイズのメンバーとして怒涛の活躍を見せた早熟ラッパーだが、2005年にレーベルからマニー・フレッシュが脱退後、新たなプロデューサーと組み『The Carter』シリーズの制作に着手。中でも本作は、当時の止まらない勢いがパッケージされた才気あふれる1作となっている。南部のラッパーらしい粘着力のある酔いどれフロウを活かしつつも、トラックの迫力に引っ張られるかのごとくラップも厚みを増した。「3 Peat」に顕著だが、抜群の基礎体幹があるうえに感情をいかに込めるかという点でも他の追随を許さない個性を確立しており、圧倒的だ。ジェイ・ZやT・ペインなど多くの客演が配されているが、彼の主役としての存在感とオリジナリティは全く揺るがない。「A Milli」はグラディス・ナイト&ザ・ピップスの曲をサンプリングしたフック不在の曲で、このようなアヴァンギャルドなナンバーが大ヒットを記録してしまうのも、簡素なビートとリル・ウェインの猛々しいラップがマッチしているがゆえ。キャリア最大のヒットとなった「Lollipop」も収録、紛うことなきクラシック。

つやちゃん

072

Kid Cudi

Man On The Moon: The End Of Day

Getting Out Our Dreams (2009)

①In My Dreams (Cudder Anthem) ②Soundtrack 2 My Life ③Simple As.. ④Solo Dolo (Nightmare) ⑤Heart Of A Lion (KiD CuDi Theme Music) ⑥My World ⑦Day N Nite (Nightmare) ⑧Sky Might Fall ⑨Enter Galactic (Love Connection Part 1) ⑩Alive (Nightmare) ⑪CuDi Zone ⑫Make Her Say ⑬Pursuit Of Happiness (Nightmare) ⑭Hyyerr (Nightmare) ⑮Up, Up And Away

Produce Emile Haynie, Patrick Reynolds, Free School, Jeff Bhasker, Dot Da Genius, Kanye West, Matt Friedman of The Illfonics, Ratatat, Crada、etc.

オハイオ州クリーヴランド出身のキッド・カディは、当初はア・トライブ・コールド・クエストらに影響された文化系ラッパーだった。が、NYに移って2008年にミックステープ『A Kid Named Cudi』を発表した頃には、同郷のボーン・サグズン・ハーモニーにも似たシンギング・スタイルで内省的なリリックをラップする独自のスタイルを確立。これをカニエ・ウェストに気に入られ、彼の『808s & Heartbreak』に深く関与。そう、同作の音楽性はカディが持ち込んだものだった。本作はカニエのレーベル発のデビュー・アルバムで、「Day n' Nite (Nightmare)」や「Pursuit Of Happiness (Nightmare)」といった代表曲を含む最大のヒット作。カニエをはじめ、エミール・ヘイニー、ドット・ダ・ジニアスらによるエレクトロなトラックに乗せて、自身に付き纏う疎外感について訥々と語ってみせる。以降も彼はメンタルヘルスと向きあいながら作品を発表。トラヴィス・スコットらサウス勢にも影響を与え、「10代の時に彼の音楽に救われた」と語る俳優ティモシー・シャラメを筆頭に、熱心なファンを抱えるカルト・ヒーローの座に君臨し続けている。

長谷川町蔵

073

Kanye West

My Beautiful Dark Twisted Fantasy

Roc-A-Fella (2010)

①Dark Fantasy ②Gorgeous ③Power ④All Of The Lights (Interlude) ⑤All Of The Lights ⑥Monster ⑦So Appalled ⑧Devil In A New Dress ⑨Runaway ⑩Hell Of A Life ⑪Blame Game ⑫Lost In The World ⑬Who Will Survive In America

Produce Kanye West, No ID, RZA, Mike Dean, S-1, Jeff Bhasker, Bink!, DJ Frank E

『マイ・ビューティフル・ダーク・ツイステッド・ファンタジー』は、カニエ・ウェストがこの10年で最も魅惑的で、影響力があり、そして評価を二分するアーティストとなった2010年代の真の幕開けを告げる作品だ。金もうけの才の持ち主としても知られるウェストだが、ジャンルを超越した野心的な組み合わせ（1曲の中に数曲分のアイデアが入っている）と、5分以上の曲が大半を占める斬新なアプローチを採用した大胆不敵さで、13曲入りのアルバムで10倍以上の実力を証明した。長時間のアテンション・スパンから大きく切り離された社会において、これは壮大な功績である。カニエは、外科手術のように選び抜かれたサンプルの傍らに、ゲスト・ラップとメロディックなドロップを並べ、彼自身の特異なヴィジョンに従っている。カニエの才能は、ニッキ・ミナージュとの「Monster」でのラップ史に残るジキルとハイドのヴォーカル体操のような、自分の作品を超えた瞬間を生み出すためにコラボレイターをディレクションすることにもある。インスピレーションを得た彼は、収録曲「Runaway」の30分に及ぶ壮大なムーヴィーを監督し、全体的にこの10年の時代の流れを作り上げた。

緊那羅：デジラ

074

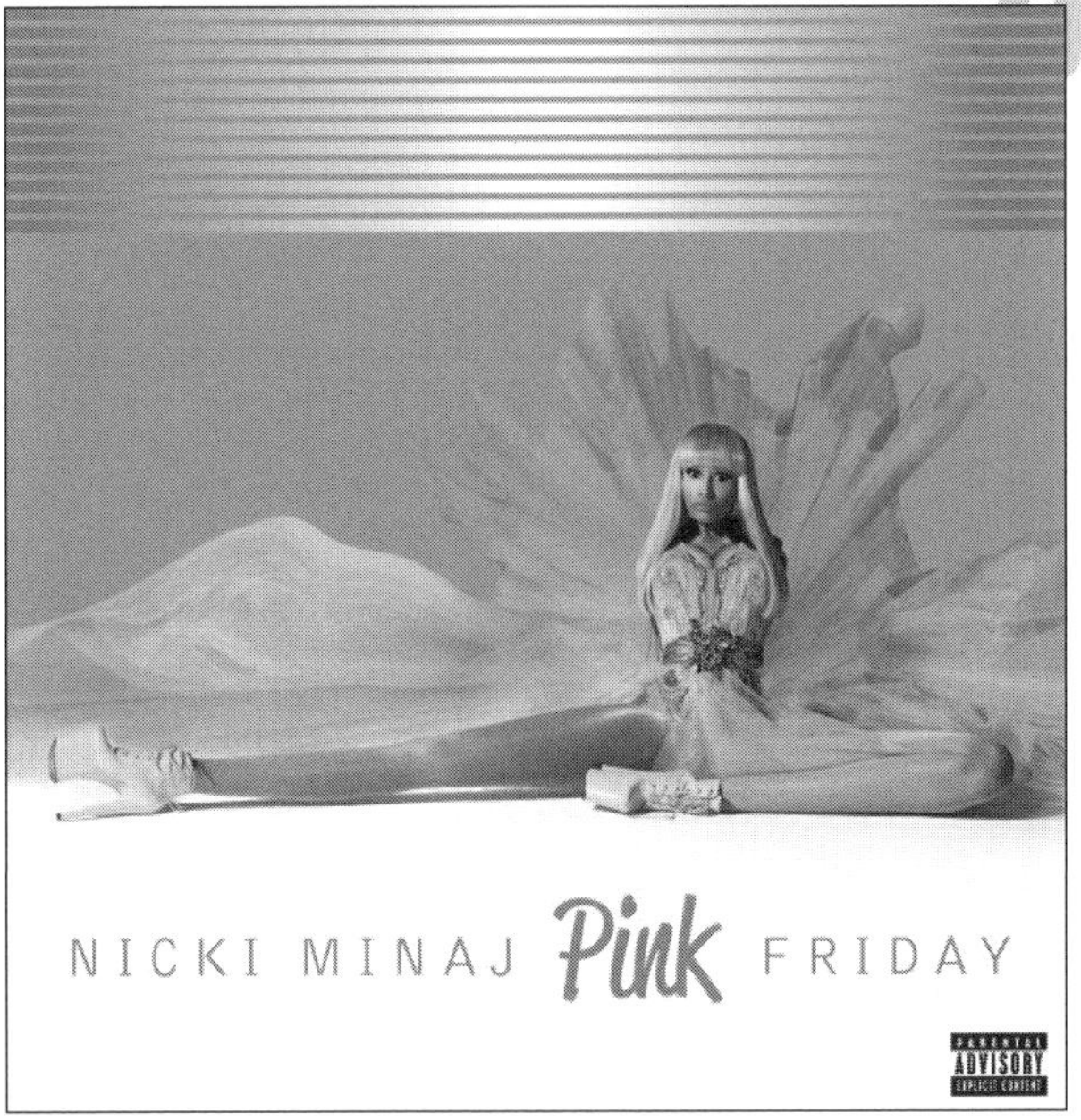

Nicki Minaj

Pink Friday

Young Money (2010)

①I'm The Best ②Roman's Revenge ③Did It On 'Em ④Right Thru Me
⑤Fly ⑥Save Me ⑦Moment For Life ⑧Check It Out ⑨Blazin
⑩Here I Am ⑪Dear Old Nicki ⑫Your Love ⑬Last Chance

Produce Kane, Swizz Beatz, Bangladesh, Drew Money, J.R. Rotem, T-Minus, Will.I.Am, Oak Of The Knightwritaz, Pop Wansel

狂騒のクランクから一転、00年代後半は寂しげな曲ばかり耳につくと思っていたら、いきなりディズニー・ソングみたいにハッピーな幕開けで「原宿バービー」が登場、型にはまったヒップホップが古臭く思えて「10年代が始まった」と感じるしかなかった。リアーナやエミネムなど大物相手に初めから堂々として存在感があり、ワルに恋する「Your Love」や「強くなりたい」と訴える「Fly」など忘れられない曲ばかりのメジャー1作目（当時28歳）。バグルスのサンプリングにドラムン・ベースとサウンド・プロダクションも実に多彩。アイデンティティやファッションに関する発言はかなり複雑で、多数の分身をつくり出すのは不幸な家庭環境が背景にあり、逃避感情の強さがファンタジー志向に拍車をかけたのかなと（ニッキー・ミナージュも分身のひとつ）。クイーンズ育ちで両親はインド系とアフリカ系。マイノリティの複合体みたいな人生が役に立ち、TVで始めた人生相談があまりに的確だとすぐに人気も全国区へ。ローレル・ヘイローが多大なリスペクトを表し、カニエ・ウェストは娘にニッキーみたいになって欲しいとラップする。10年代屈指のロールモデル。

三田格

075

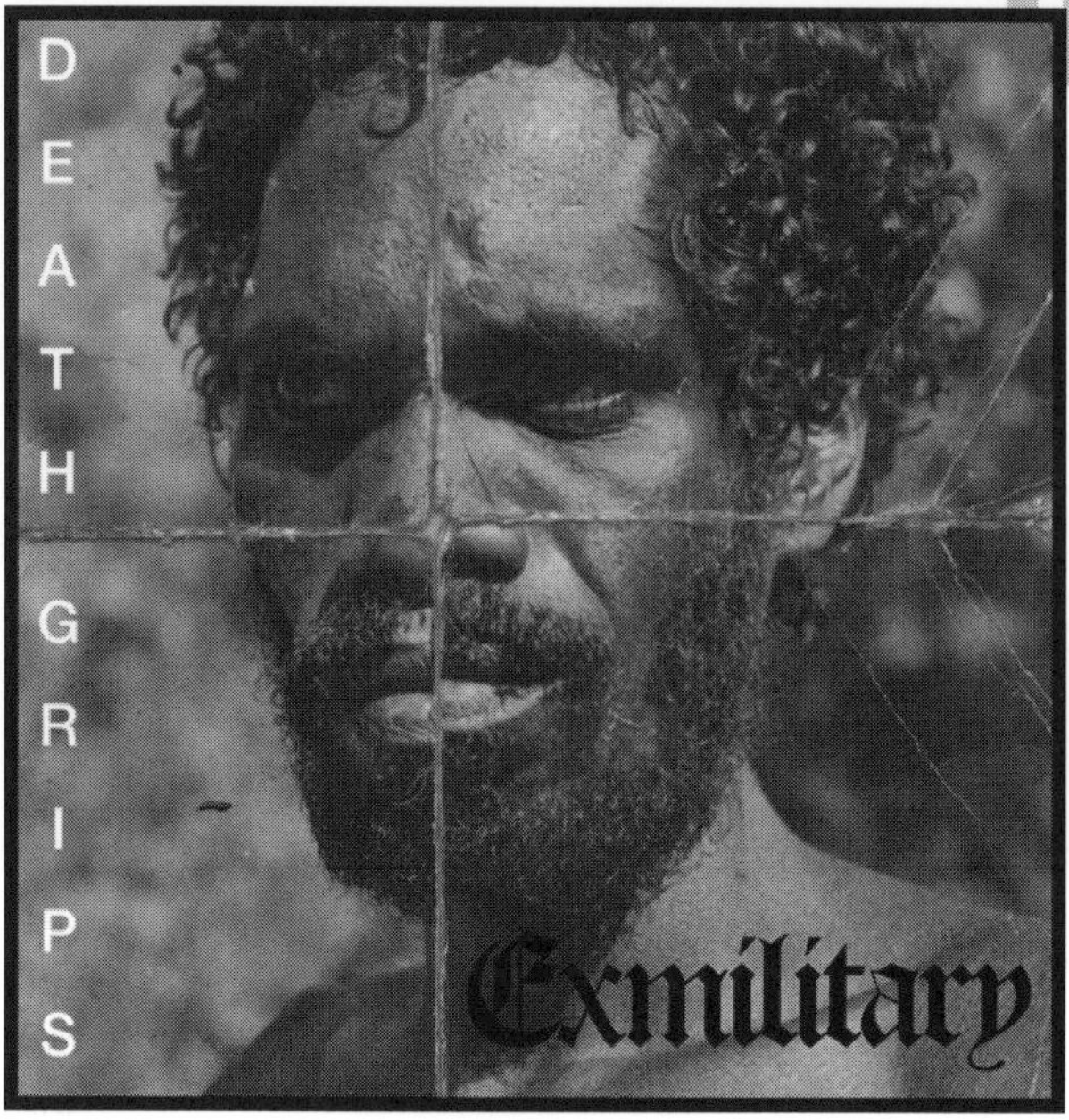

Death Grips

Exmilitary

Third Worlds (2011)

①Beware ②Guillotine (It Goes Yah) ③Spread Eagle Cross The Block ④Lord Of The Game ⑤Takyon (Death Yon) ⑥Cut Throat (Instrumental) ⑦Klink ⑧Culture Shock ⑨5D ⑩Thru The Walls ⑪Known For It ⑫I Want It I Need It (Death Heated) ⑬Blood Creepin

Produce Death Grips

２０００年代といえば9・11、馬鹿げたイラク／アフガニスタン戦争、リーマンショック、そして新世紀で最も重要なデバイスであるiPhoneの誕生が記憶に新しい。これらの出来事以外では、文化は明確なアイデンティティを持たないまま、ぼんやりとした変遷の中にあった。そして２０１０年、カリフォルニア州サクラメント出身のMC、ライド、ザック・ヒル、アンディ・モーリンの3人は、デス・グリップスの『Ex-military』によって新種の出芽を果たす。真のインターネット・センセーションとなった彼らの狂気のヴィデオは、Tumblr、Youtubeを通じて野火のように広がったのだ。ツアーの評判が彼らを有名にしたのではなく、インターネットがそうさせたのである。彼らはネットの価値観を受け入れ、音楽業界に中指を立てる形で本作を無料ダウンロードでリリースした。デジタル・パンクの真髄だ。90年代のヒップホップ・ヘッズにとって本作は単なるノイズだろう。だが、新世代にとってデス・グリップスはリーダーなのだ。トラッドなヒップホップには無関心な本作は、インダストリアルで、熱狂的で、モッシュピット向きで、混乱させ圧倒するサウンドとメッセージに溢れている。

緊那羅：デジラ

076

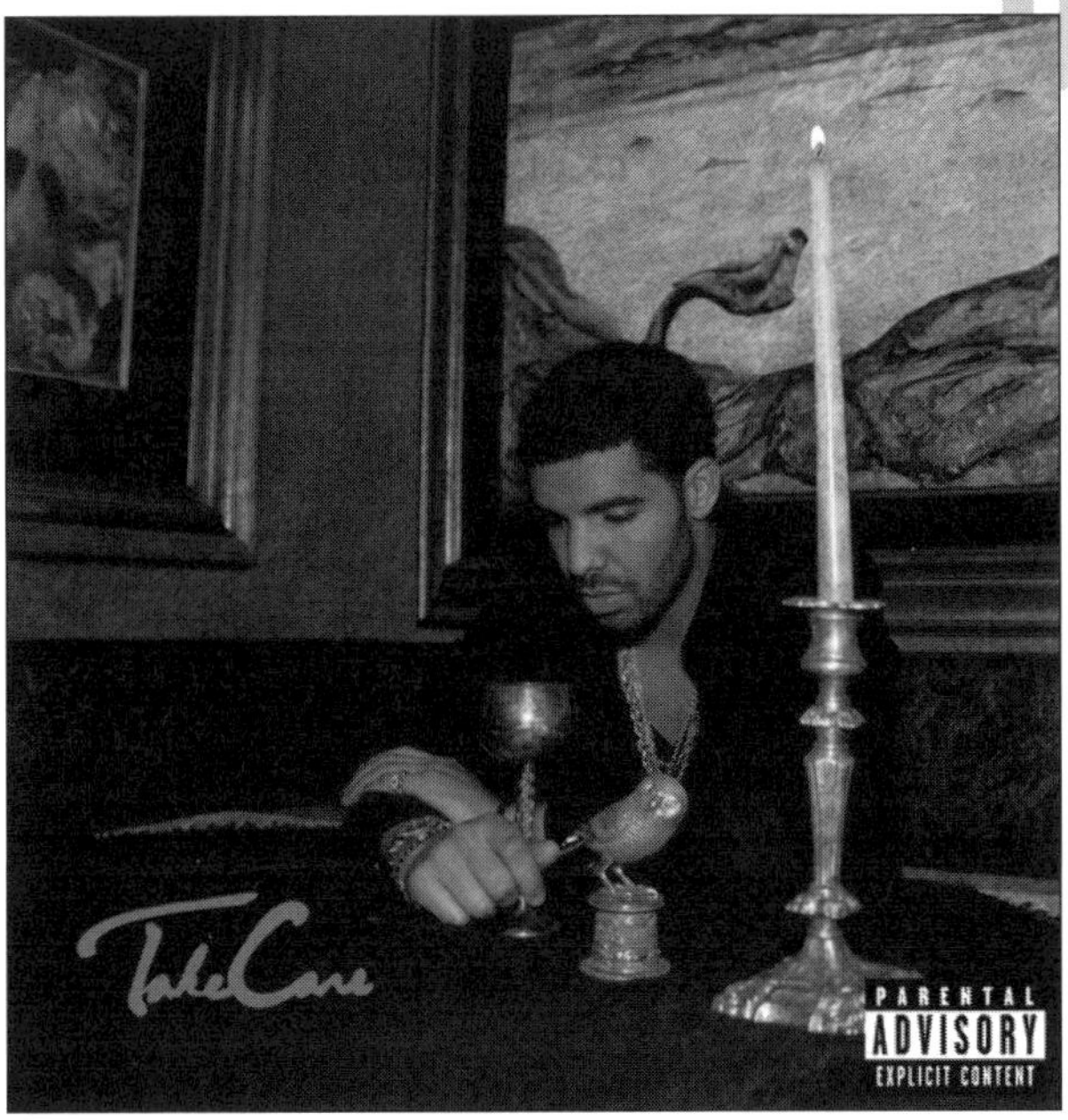

Drake

Take Care

Young Money (2011)

①Over My Dead Body ②Shot For Me ③Headlines ④Crew Love ⑤Take Care
⑥Marvins Room / Buried Alive (Interlude) ⑦Under Ground Kings ⑧We'll Be Fine ⑨Make Me Proud
⑩Lord Knows ⑪Cameras / Good Ones Go (Interlude) ⑫Doing It Wrong ⑬The Real Her
⑭Look What You've Done ⑮HYFR (Hell Ya Fucking Right) ⑯Practice ⑰The Ride

Produce Noah "40" Shebib, Matthew "Boi-1da" Samuels, Carlo "Illangelo" Montagnese, The Weeknd, Jamie "XX" Smith, T-Minus, Just Blaze, Chase N. Cashe, Doc McKinney, etc.

ラップと歌を自在に切り替えるカナダが生んだスーパースター、ドレイクの2ndアルバム。『Rolling Stone』誌が選ぶ「史上最も偉大なアルバム500選」の97位にランクインした本作で聴かせるのは、一貫して通す寂しげなムードと、アンビエントやハウスなどにも接近する野心的なサウンドだ。既にブレイクを掴んでいたドレイクだったが、本作を機に音楽性やシーンでの立ち位置を確立した。リアーナやスティーヴィ・ワンダーなど豪華ゲストの多数参加も目立つが、ヒップホップ50周年の節目に注目したいのは随所で発見できるドレイクの「Gラップ好き」としてのセンスだ。冒頭を飾る「Over My Dead Body」からマック・ドレーの名前をラップし、「Under Ground Kings」ではUGKを曲名に冠し、「HYFR (Hell Ya Fucking Right)」ではロード・インファマスを彷彿させる三連フロウを披露。DJ・スクリューやESG、キャッシュ・マネーの先輩であるジュヴィナイルの名曲のサンプリングなども自然に織り交ぜている。歴史を振り返りながら前に進む、実にヒップホップらしい1枚だ。

アボかど

077

Chief Keef

Finally Rich

Glory Boyz (2012)

①Love Sosa ②Hallelujah ③I Don't Like ④No Tomorrow
⑤Hate Bein' Sober ⑥Kay Kay ⑦Laughin' To The Bank ⑧Diamonds
⑨Ballin' ⑩Understand Me ⑪3Hunna ⑫Finally Rich

Produce Young Chop, KE On The Track, Kevin Erondu, Leek E Leek, Casa Di, Young Ravisu, YG

2010年代のストリート・ラップの世界を席巻したのがシカゴのサウスサイド（ハウスの故郷でもある）生まれのドリル、トラップの変異体で、普及の発端はチーフ・キーフの「I Don't Like」だった。周知のように、これを契機にUK、ブルックリン、その他いろんな街でそれぞれのドリルが生まれ、いまや結婚式でドリルを楽しむインスタだってある。しかし「I Don't Like」の虚無的で、銃の所持やドラッグを誇らしげにラップする『Vice』御用達のこの音楽は決してハッピーな環境で生まれたわけではない。が、ここに多くの若者が共感する要素があったことはたしかなのだ。同郷の先輩ヤング・チョップがプロデュースしたくだんの曲を彼がネットにアップロードし、カニエ・ウェストが目をつけ手を加えたことで人気は加速、デビュー・アルバムである本作がリリースされたときチーフ・キーフはまだ17歳だった。ドリルにおける暴力描写や銃、ドラッグ売買のリリックは当然批判の対象にもなっているが（批判のない社会のほうがおかしい）、その影響は何も新種のギャングスタ限定ではなく、極めて平和なエレクトロニック・ミュージックにまで及んでいる。

野田努

078

Mykki Blanco

Cosmic Angel: The Illuminati Prince/ss

Uno (2012)

①..... ②Haze.Boogie.Life ③Kingpinning (Ice Cold) ④Fuckin The DJ ⑤Riot ⑥Wavvy ⑦Virginia Beach ⑧YungRhymeAssassin ⑨Squanto ⑩..... ⑪Betty Rubble ⑫MB's First Freestyle ⑬TeenageDream ⑭..... ⑮Mendocino California

Produce Matrixxman, Sinden, Brenmar, Boody, Le1f, Gobby, Nightfeelings, Flosstradamus, Gatekeeper

10代からアメリカ各地を転々としていたトランスジェンダーで、クィア・ラップの草分けによる初のミックステープ（当時26歳）。当初はフリーダウンロード。ステージ・ネームはリル・キムの別名義キミー・ブランコにちなむ。MCがクィアならサウンドはウィアードで、00年代のイースト・シカゴやマイアミのグリッチ・ホップ、あるいはヨーロッパ各地で行われた試行錯誤から多大なフィードバックを得ている。電子音の多用やファニーな表情の多くは同時代のシーパンクやバブルガム・ポップに通じ、神秘主義的なタイトルとは裏腹に歌詞は汚い言葉と自分の名前ばかりで、音楽を離れても詩人として活動しているということはよくできた歌詞なんだろうか？（僕にはわからない）。「Virginia Beach」の途中でナンシー・シナトラ「Boots」を歌い出すところはとても可愛い。ヒップホップよりもパンクの影響が強いと主張し、芸術家やアクティヴィストとしての活動も多岐に渡る。本作をリリースした3年後にHIV+であることを公表し、音楽活動をやめるつもりだったが、サポートの声に励まされて現在も優雅でゴージャスなアレンジの新曲を発表し続けている。 三田格

079

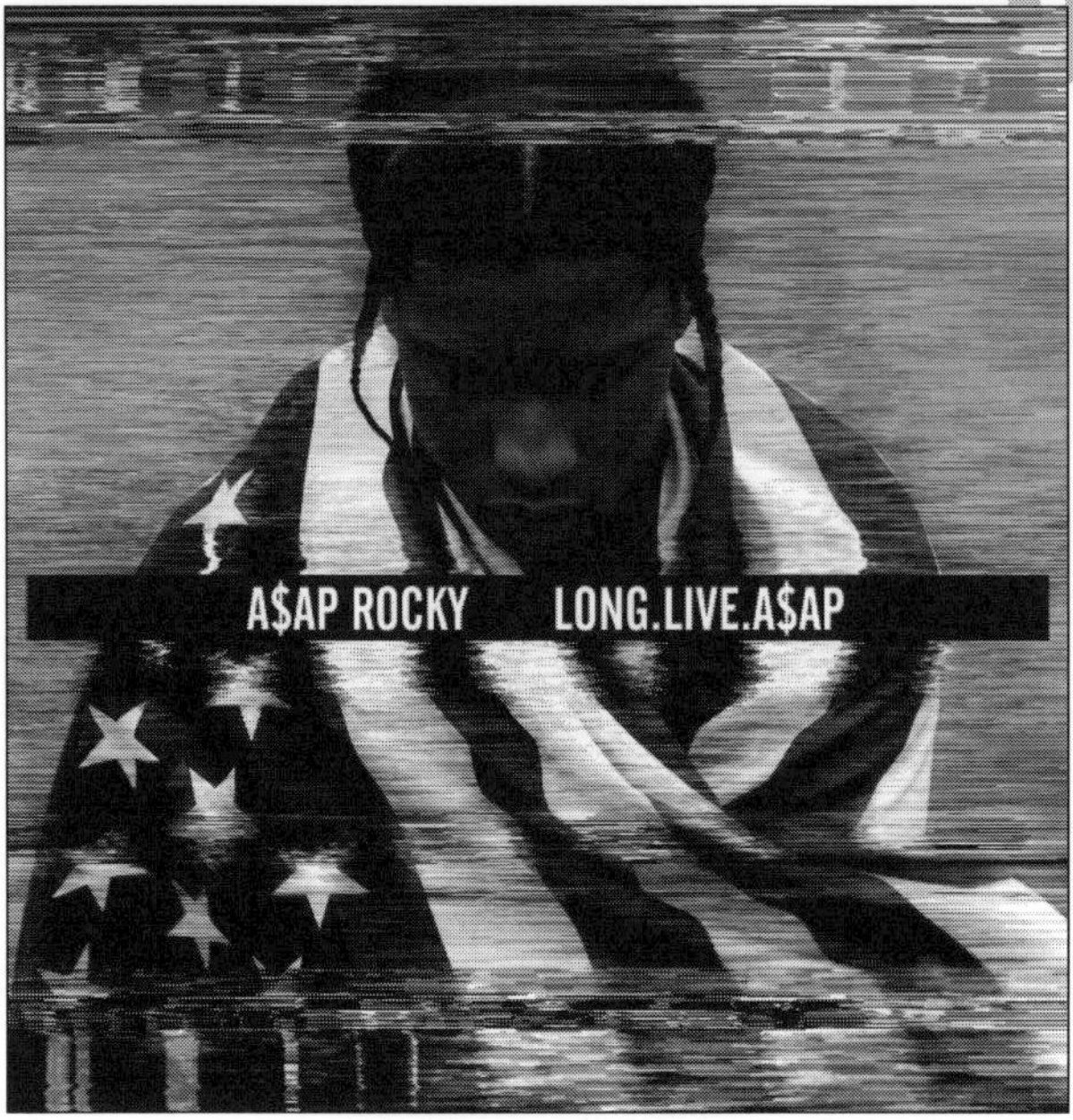

ASAP Rocky

Long. Live. ASAP

Polo Grounds (2013)

①Long Live A$AP ②Goldie ③PMW (All I Really Need) ④LVL ⑤Hell ⑥Pain ⑦F**kin' Problems ⑧Wild For The Night ⑨1 Train ⑩Fashion Killa ⑪Phoenix ⑫Suddenly

Produce Jim Jonsin, Rico Love, T-Minus, Clams Casino, Souflen 3000, C. Papi, Noah "40" Shebib, Birdy Nam Nam, Skrillex, Hit-Boy, Danger Mouth, Friendzone, Hector Delgado, Lord Flacko、etc.

現行シーン屈指の人気ラッパー、エイサップ・ロッキーのデビュー・アルバム。そのラップ・スタイルはNY出身者らしいスマートで洗練された佇まいながら、低速声やプロジェクト・パット風のフロウなど南部的な要素も取り入れた柔軟なものだ。『Pitchfork』誌など各種メディアで称賛された本作では、そのラップと同じく、伝統的な「NYらしさ」に固執しないサウンドが楽しめる。軸となっているのはダークで幻想的なクラウド・ラップ系のスタイルで、そこにヒット・ボーイ制作のブーンバップやスクリレックスとのド派手なダブステップなども導入。出世作となったミックステープ『Live.Love.A$AP』で聴かせた魅力を保ちつつ、メジャー作品ならではのスケールアップに成功している。クラウド・ラップを代表するプロデューサー・デュオのフレンドゾーンが手掛けた「Fashin Killa」などはキャリア屈指の名曲だ。また、「ブログ・エラ」と呼ばれる２００７年から２０１２年頃の旬を反映した客演陣の人選も絶妙で、特にケンドリック・ラマーやダニー・ブラウンらが参加した大人数マイク・リレー「1 Train」は時代を見事に切り取っている。

アボかど

080

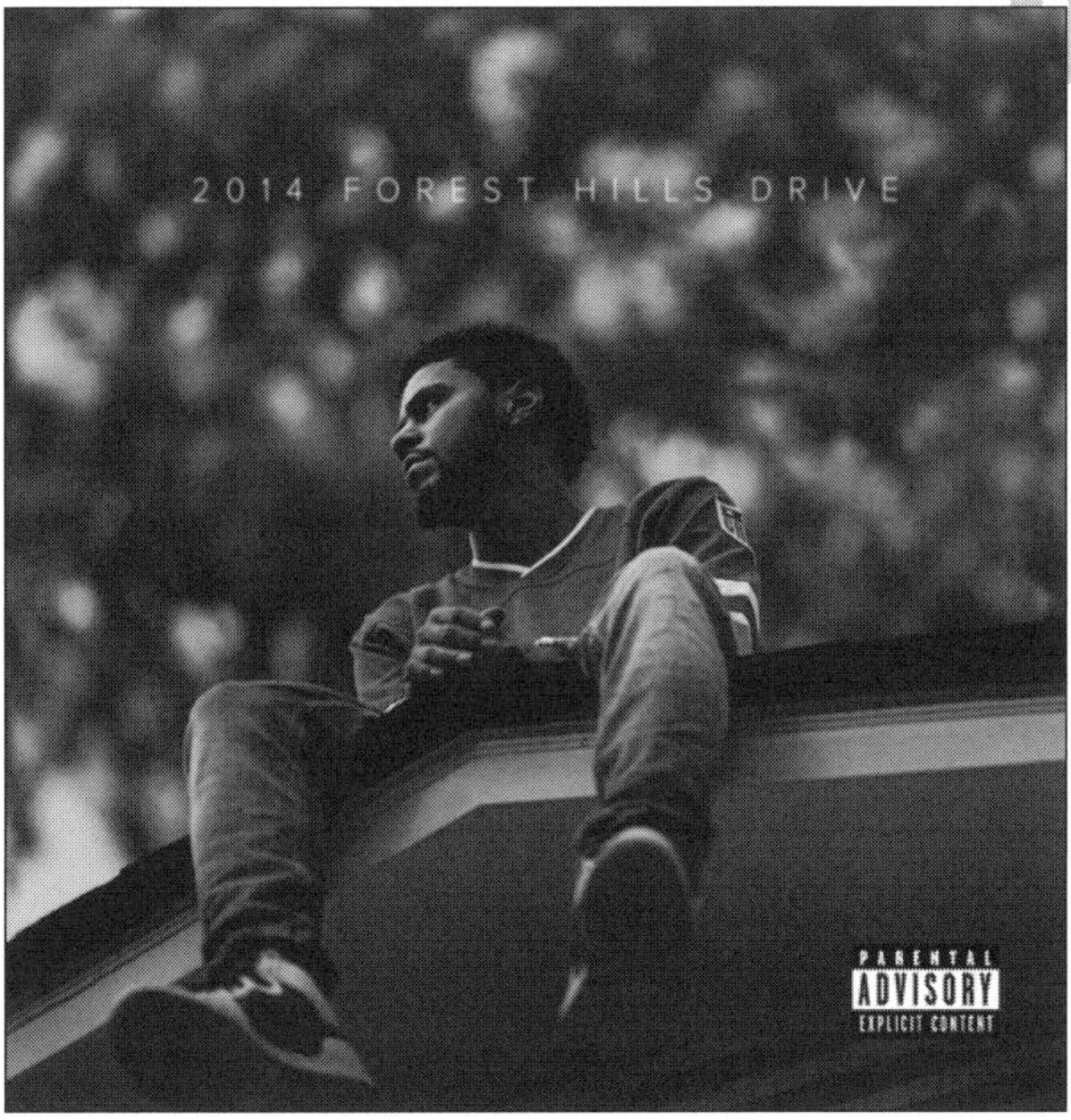

J. Cole

2014 Forest Hills Drive

Dreamville (2014)

①Intro ②January 28th ③Wet Dreamz ④03' Adolescence
⑤A Tale Of 2 Citiez ⑥Fire Squad ⑦St. Tropez ⑧G.O.M.D.
⑨No Role Modelz ⑩Hello ⑪Apparently ⑫Love Yourz ⑬Note To Self

Produce J. Cole

J・コールにとって3作目となるこのアルバムのタイトルは、2003年までノースカロライナ州ファイエットヴィルに住んでいた彼の家の住所だ。そこが、彼がラッパーになる起点だったように、この作品は、彼の人生がスタートした日を曲名にし（ハイ・ファイ・セットの楽曲がサンプルされ）た「January 28th」で始まる。そうした起点となった場所や時代と結びつく諸々や、前作『Born Sinner』に至るまでにラッパーとして成功をつかんでゆくなかで気づいた自分にとっての真実（「No Role Modelz」）を、2014年時点での彼なりの捉え方で表現している。例えば、「Wet Dreamz」は、女性経験のない男子高校生が、それがバレないよう慌てて取り繕うが、いざ、その時を迎えると実は相手も…というストーリーテリングものである。ここでは、その中身がコール自身の経験か否かよりも、男性主観で初体験を取り上げながら、ラップ・ソングの世界では常態化している男らしさ超全開（ハイパー・マスキュリニティ）の方向には一切振れない、その誠実さこそが大事だ。ばか正直なことが美徳であることを教えてくれるラッパーはJ・コール以外にはいない。 小林雅明

081

YG

My Krazy Life

CTE World (2014)

①The Put On Intro ②BPT ③I Just Wanna Party ④Left, Right ⑤Bicken Back Being Bool ⑥Meet The Flockers ⑦My Ni**a ⑧Do It To Ya ⑨Me & My B***h ⑩Who Do You Love? ⑪Really Be (Smokin' N Drinkin') ⑫1AM ⑬Thank God (Interlude) ⑭Sorry Momma

Produce DJ Mustard, Mikely Adam, C-Ballin, B Wheezy, Chordz, Ty Dolla Sign, Metro Boomin', Terrace Martin

２０１０年代といえばトラップの時代だが、西海岸に関してはマスタードが主導した「ラチェット・ミュージック」の時代でもある。ミニマルでダンサブルなスタイル「ジャーキン」にGファンク・フレイヴァーを注入したようなこのムーヴメントを代表する1枚が、コンプトンのラッパー、YGのデビュー・アルバムにあたる本作だ。メイン・プロデューサーはもちろんマスタードが担当。ブリブリのベースや例の高音シンセも多用した、バウンシーでありながらどこまでもウェッサイ・マナーなビートを制作している。ティーフライが歌う「Do It To Ya」ではドッグ・パウンドの名曲をサンプリングし、ジャーキンを通過したセンスで蘇らせた。また、テラス・マーティンやタイ・ダラー・サインらとの曲ではより伝統的なGファンクに接近。YGの軽妙なラップも西海岸Gらしいスタイルで、新旧どちらの音とも抜群の相性の良さを発揮している。また、ストーリーのあるアルバム構成も高い評価を集め、ケンドリック・ラマー『Good Kid, m.A.A.d City』と比較する声も上がった。西海岸ヒップホップの遺産を継承・発展させた本作は、２０１０年代ウェッサイ屈指の名盤だ。

アボかど

082

Future

DS2

Freebandz (2015)

①Thought It Was A Drought ②I Serve The Base ③Where Ya At ④Groupies ⑤Lil One ⑥Stick Talk ⑦Freak Hoe ⑧Rotation ⑨Slave Master ⑩Blow A Bag ⑪Colossal ⑫Rich $ex ⑬Blood On the Money

Produce Metro Boomin', Southside, Zaytoven

フューチャーの3作目のアルバム。地元アトランタの外側にまで彼のファンを広げたのが、2011年のミックステープ『Dirtie Sprite』で、タイトルはコデイン含有咳止めシロップのスプライト割りのこと。その略がDSだ。4年前の成功にあやかり、本作をDS2としたのか。本作では1曲を除き全曲のビートを手掛けたメトロ・ブーミン制作による1曲目「Thought It Was A Drought」から、咳止めシロップのブランド名「アクタビス」がサビで唱えられる。本作の2年後には同じメトロのビートで、今度は鎮痛剤のブランド名「パーコセット」をサビに含む「Mask-Off」がリリースされ、フューチャーにとって10年代最大のヒット・シングルになる。そして、一緒にツアーに出たドレイクと本作では「Where Ya At」で共演し、その2ヵ月後にはコラボ作『What A Time To Be Alive』も発表する。独自のドラッギーなトラップ路線に再接続し、キャリアに大きな弾みをつけた本作を生んだ彼を『XXL』誌は「トラップ・キング」と称した。ちなみに収録曲「Freak Hoe」は、マスターP率いるTRUによるほぼ同名曲へのオマージュだ。

小林雅明

083

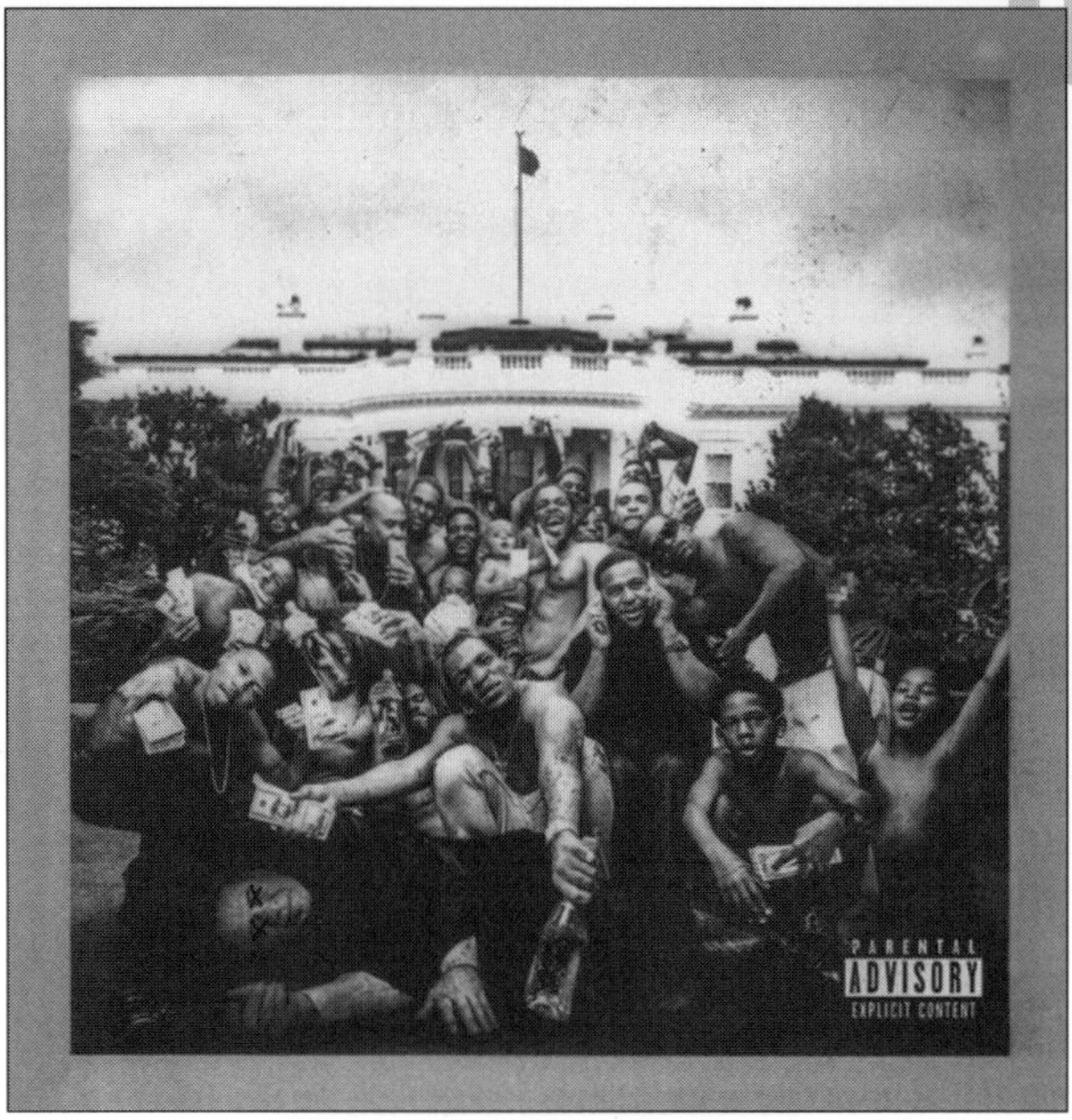

Kendrick Lamar

To Pimp A Butterfly

Top Dawg (2015)

①Wesley's Theory ②For Free? (Interlude) ③King Kunta ④Institutionalized ⑤These Walls ⑥U ⑦Alright ⑧For Sale? (Interlude) ⑨Momma ⑩Hood Politics ⑪How Much A Dollar Cost ⑫Complexion (A Zulu Love) ⑬The Blacker The Berry ⑭You Ain't Gotta Lie (Momma Said) ⑮I ⑯Mortal Man

Produce Flying Lotus, Terrace Martin, Sounwave, Rahki, 1500 Or Nothin, Taz Arnold, Pharrell Williams, Knxwledge, Tae Beast, Thundercat, Boi-1da, etc.

コンプトン出身のラッパーは通算3作目の制作にあたり、マイルズ・デイヴィス、スライ・ストーン、ジョージ・クリントンといったジャズやファンクの革命的な英雄たちの音楽にヒントを求め、実際にブラック・ミュージック史に刻まれる1時間18分に及ぶ傑作を完成させた。希代の詩人は、テラス・マーティン、サンダーキャット、カマシ・ワシントン、ロバート・グラスパーらのジャズや、ロナルド・アイズリーのソウルの力を借りながら、アメリカの白人中心主義や資本主義によって健全な精神が歪められ苦悩と葛藤を抱えたひとりのアフリカ系アメリカ人として、尊厳の回復という自己変革と社会変革を同時に志向する重層的なリリックを書き（「Mortal Man」）、自己嫌悪（「u」）と自己愛（「i」）の振幅を感情的にフロウしている。本作は、フライング・ロータスがプロデュースし、ジョージ・クリントンが登場する、LAビート以降のPファンク「Wesley's Theory」で幕を開け、ブラック・パンサー党員の母を持つギャングスタ・ラップの伝説、トゥパックとの対話で幕を閉じる。そして彼は、次作の『DAMN.』でピューリッツァー賞の音楽部門を受賞することになる。

二木信

084

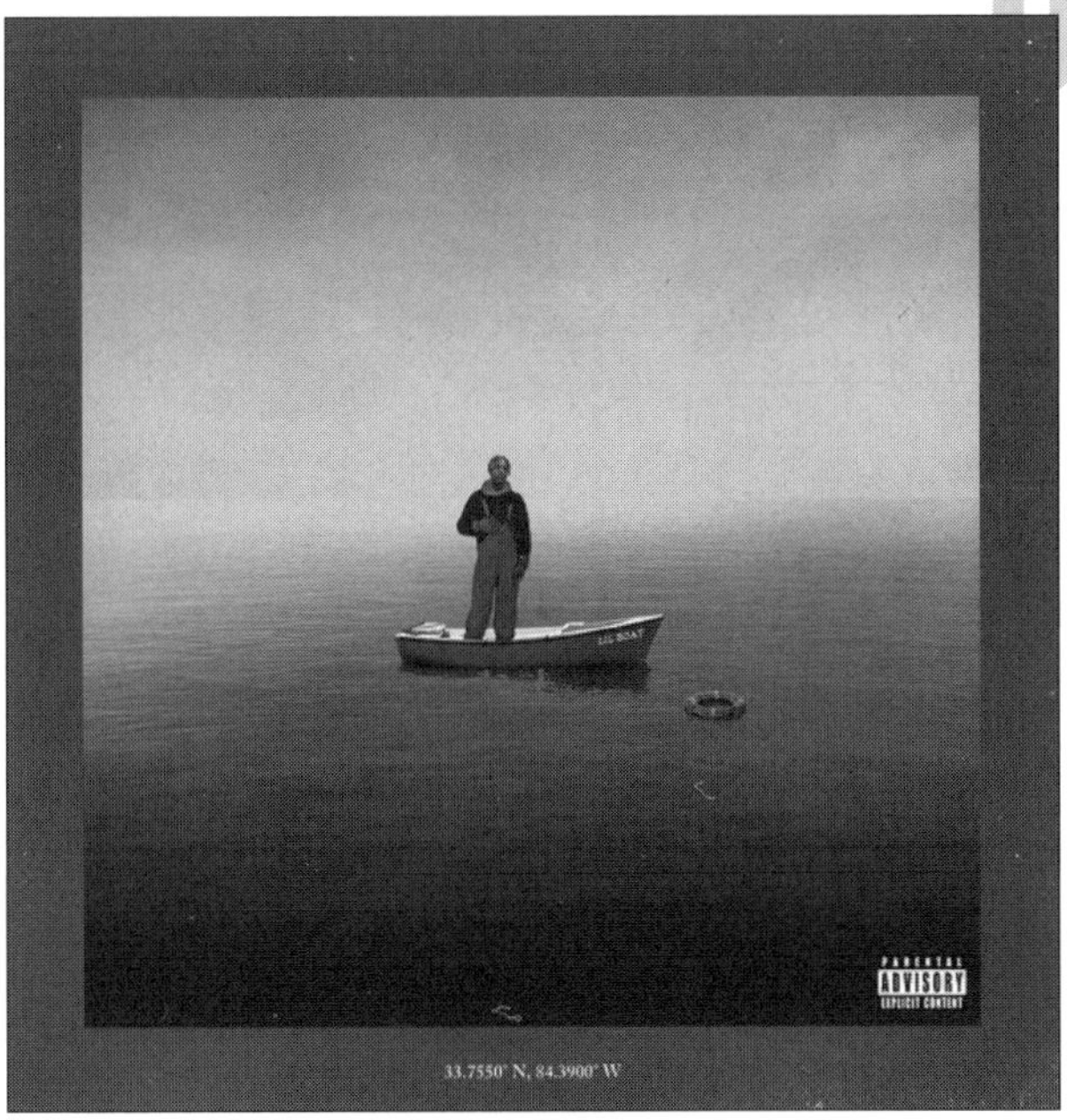

Lil Yachty

Lil Boat

Quality Control Music (2016)

①Intro (Just Keep Swimming) ②Wanna Be Us ③Minnesota Remix ④Not My Bro ⑤Interlude ⑥Good Day ⑦Up Next 2 ⑧Never Switch Up ⑨One Night (Extended) ⑩Out Late ⑪Fucked Over ⑫I'm Sorry ⑬We Did It (Positivity Song)

Produce Burberry Perry, Grand Fero, Ducko McFli, Sage, Big Los, Digital Nas, E-Bundles, Earl, 1Mind, etc.

アトランタ生まれで、ラッパーとしての活動はNY、そしてSoundCloudを舞台にスタート。音楽性は自称バブルガム・トラップ、人呼んでマンブル・ラップ。響き渡るオートチューンの酩酊感、モゴモゴ発音し聴き取りにくいラップ。受けたとてつもない批判。デビュー当時のリル・ヨッティに関する評判を羅列するとそのような内容になる。

本作は最もブレイクスルーを果たした1枚であり、先述したような特徴が散りばめられた、2010年代半ばのヒップホップのトレンドを先導した作品である。後に権利問題で削除された「Run/Running」でスーパーマリオ64を、「Dood Day」ではDaokoをサンプリングし、アートワークに漂う浮遊感とおとぎ話のような非現実感も含めて、全く新しいヒップホップを演じてみせた。リリシズムやコンシャスネス、ならびに卓越したラップ・スキルといったものからは距離を置いているため同時代では賛否割れざるを得なかったが、23年の新機軸のサイケ・ロック・アルバム『Let's Start Here.』を聴く限り、方法論は変われど目指すところは変わっていないことが分かる。つまり、逃避という非政治的選択による、新たな政治性の獲得だ。

つやちゃん

085

21 Savage & Metro Boomin

Savage Mode

Slaughter Gang (2016)

①No Advance ②No Heart ③X Bitch
④Savage Mode ⑤Bad Guy ⑥Real Nigga
⑦Mad High ⑧Feel It ⑨Ocean Drive

Produce **Metro Boomin, 21 Savage, Southside, Sonny Digital, Zaytoven, G Koop**

ショーティ・レッドからゼイトーヴェン、マイク・ウィル・メイド・イットと、アトランタ発のトラップ・ビートを操る名プロデューサーらが次々と台頭していく中、トラップ新時代の幕開けを担ったひとりがメトロ・ブーミンだろう。この時期、盟友ともいえるフューチャーとともにヒット曲を連発していたメトロが次に白羽の矢を立てたトラップの語り部が、21サヴェージだった。彼の暗くて重く、そして生々しいフッドの風景をラップする語り口はメトロのビートと相性抜群で、本作からは「No Heart」や、先輩であるフューチャーを招いた「X Bitch」などがヒット。21サヴェージはこの2年後にソロ1stアルバム『Issa Album』をリリースし、メトロは翌年の2016年にミーゴス「Bad & Boujee」ft.リル・ウーズィ・ヴァートを手がけた。という事実とともに振り返ると、2020年代まで続く世界を巻き込んだトラップ熱の渦を作った原点とも言える作品か。2020年には同じタッグで続編『Savage Mode2』を発表し、2023年、メトロ・ブーミンはコーチェラ・フェスティヴァルのラインナップにも選ばれたり大型サントラを手がけたりと、順風満帆に偉業を更新中だ。

渡辺志保

086

Chance The Rapper

Coloring Book

no label (2016)

①All We Got ②No Problem ③Summer Friends ④D.R.A.M. Sings Special ⑤Blessings ⑥Same Drugs ⑦Mixtape ⑧Angels ⑨Juke Jam ⑩All Night ⑪How Great ⑫Smoke Break ⑬Finish Line / Drown ⑭Blessings (Reprise)

Produce Kanye West, Brasstracks, DRAM, Kaytranada, Kirk Franklin, Lido, Nate Fox, etc.

チャンス・ザ・ラッパーのソロとしては3作目のミックステープ。本作では、彼の名を一躍知らしめた『Acid Rap』、彼も所属するバンド、ソーシャル・エクスペリエンスの『Surf』といったミックステープにおいて、ミュージシャンシップを深めた面々を召集。全体にゴスペル・ミュージックに大きな着想を得ていて（生まれてくる娘の心臓の不調への不安から高まった）キリスト教への信仰心を「Ultralight Beam」で共有したカニエ・ウェストを1曲目に招く他、近年人気のクリスチャン・ソング「How Great Is Our God」まで取り入れている。同時に「Summer Friends」では、暴力事件が多発するシカゴの夏に変化を求め、強い郷土愛が感じられる。そして、「No Problem」ではミックステープでキャリアをリブートしたリル・ウェインを、「Mixtape」ではヤング・サグを招き、特定のレーベルに属さず、作品をミックステープでしか発表しない所存を表明した。本作はミックステープでありながら、グラミーでは最優秀ラップ・アルバムに輝くというラップ史上初の偉業を成し遂げる。ちなみに、ジャケットは我が子を抱いた彼の表情をとらえたものである。

小林雅明

087

Noname
Telefone

no label (2016)

①Yesterday ②Sunny Duet ③Diddy Bop ④All I Need ⑤Reality Check ⑥Freedom Interlude ⑦Casket Pretty ⑧Forever ⑨Bye Bye Baby ⑩Shadow Man

Produce Cam O'bi, Phoelix, Saba, Monte Booker

シカゴ育ちのノーネームは、「図書館仲間」だったチャンス・ザ・ラッパーに背中を押されラップし始める。24歳で出した初の作品が本作だが、これが世界中である種のリスナーに溺愛された。多くを手がけたCam O'biによるビートにまずトバされる。ヒップホップ的なドラムス&ベースのツボは外さずに、ソフト・ロックやボサノヴァのようなウワモノを合わせて、カニエ・ウェスト以上に新しいポップスに仕立てる技が唯一無二だ。UKのレジー・スノウも彼を重用するので合わせて聴いて欲しい。ブーンバップ的でありつつ夢見心地、マジカルなビートの上で主役が聴かせるのは、政治意識と、フッドに生きる者には身近な死についての思いは人一倍だけど、いわばフツーの自立した女性の考えだ。ただしかつてなく自然体なラップはフツーじゃなくて、これまたトバされる。ソルトン・ペパやMC・ライト、インテリのトリーナなども、できればこんな自然体で、自らの考えを思うがままにラップしたかったんじゃないか？ こんな女性ラッパーの作品が世界中で聴かれるのは、流通が容易なネット時代ならではだし、何よりもリスナーの成熟、層の厚みがあってこそ。50年で最も変わったのは「女性とヒップホップの関係性」に違いない。

小渕晃

088

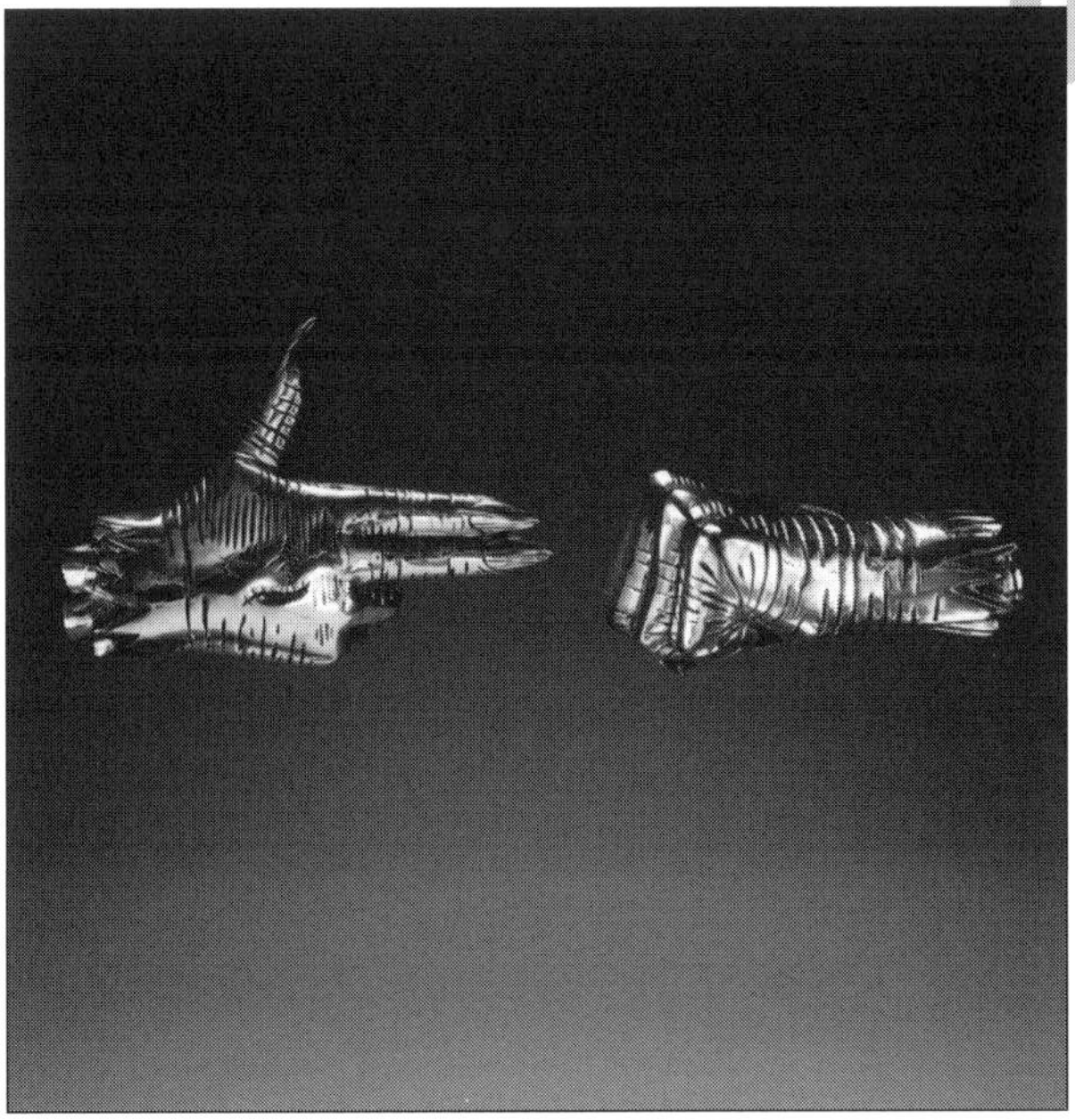

Run The Jewels

Run The Jewels 3

Run The Jewels, Inc.(2016)

①Down ②Talk To Me ③Legend Has It ④Call Ticketron ⑤Hey Kids (Bumaye) ⑥Stay Gold ⑦Don't Get Captured ⑧Thieves! (Screamed The Ghost) ⑨2100 ⑩Panther Like A Panther (Miracle Mix) ⑪Everybody Stay Calm ⑫Oh Mama ⑬Thursday In The Danger Room ⑭A Report To The Shareholders / Kill Your Masters

Produce El-P

RTJの評価が高い理由は簡単で、これはリスナーを励まし、絶望に屈する必要はないことを訴えている音楽だからだ。ちょうど本作がリリースされた年トランプが大統領に当選したが、メンバーのキラー・マイクはその年身を粉にしてバーニー・サンダースの応援に徹した。彼はアフリカ系アメリカ人コミュニティをつねに擁護する活動家でもあった。対してエル・Pは、彼の〈デフ・ジャックス〉の幕を下ろし、新たな冒険のパートナーとしてマイクを選んで2013年にRTJを始動している。磨きのかかったエルのポスト・インダストリアル・サウンドはよりファンキーに、しかもその数年後に注目を集めるムーア・マザーやデス・グリップス、クリッピングのような人たちともリンクしている。ちなみにアトランタ出身のマイクは以前にはアウトキャストの傑作『Stankonia』(00)をはじめとする諸作に参加しているので、つまりNYアンダーグラウンドとダーティー・サウスとの出会いでもあって、政治的だが彼らは創作を楽しんでいる。「2100」でマイクは「希望を持ち続ければ、悪魔を倒すことができる」とラップし、「Thieves!」ではキング牧師の演説が引用されている。

野田努

089

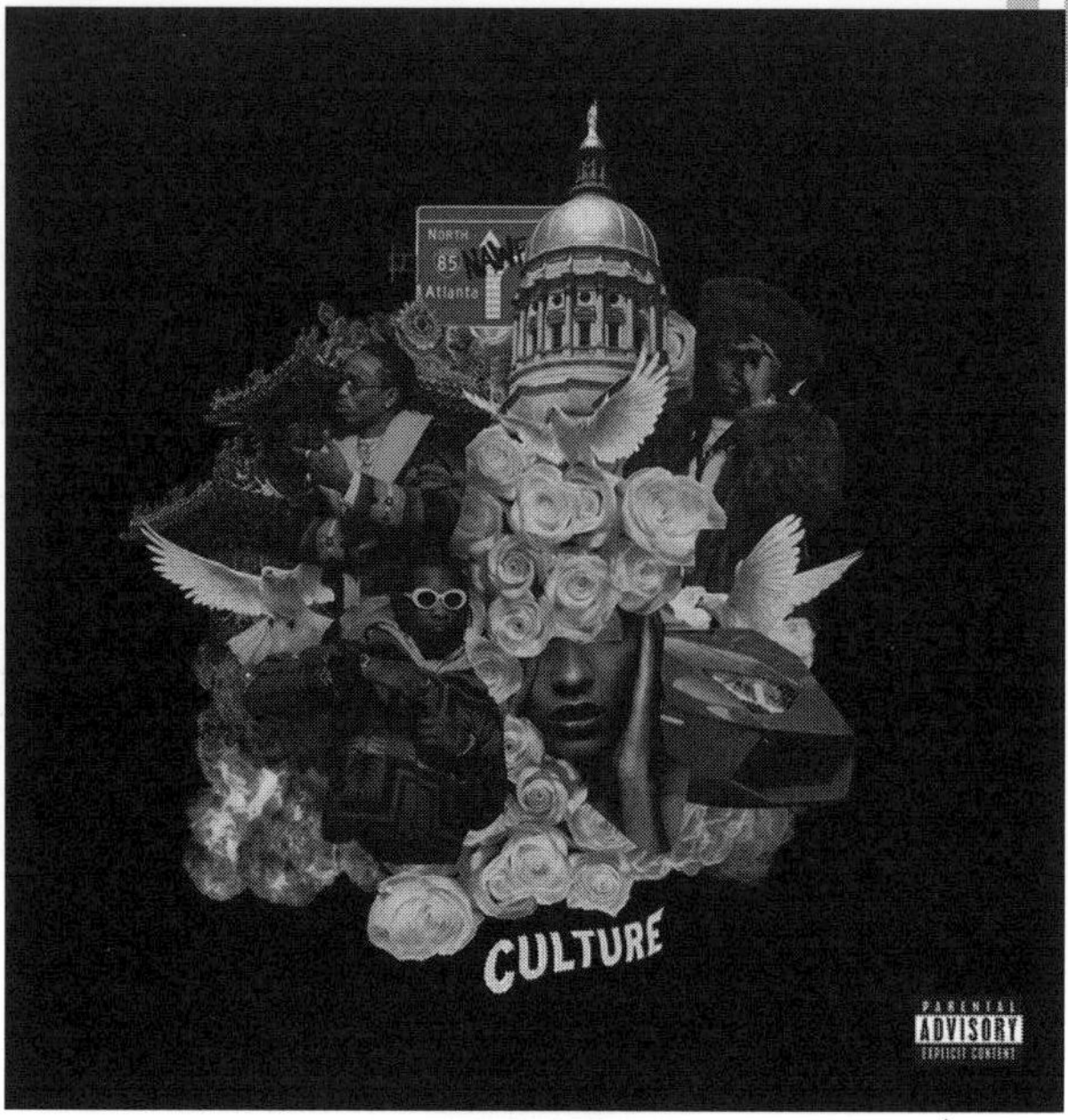

Migos

Culture

Quality Control Music (2017)

①Culture ②T-Shirt ③Call Casting ④Bad And Boujee ⑤Get Right Witcha ⑥Slippery ⑦Big On Big ⑧What The Price ⑨Brown Paper Bag ⑩Deadz ⑪All Ass ⑫Kelly Price ⑬Out Yo Way

Produce **DY, Tre Pounds, Nard & B, XL Eagle, Buddah Bless, G Koop, Metro Boomin, Deko, OG Parker, Zaytoven, Cardo, Purps, etc.**

アトランタ出身の3人組が残した、2010年代トラップの金字塔。ラップ・ゲームを制し、ポップ・ミュージックに至るまで全てのビート&ラップを「ミーゴス的なもの」にしてしまった功績は計り知れない。実は血縁関係にあるというクエヴォ、オフセット、テイクオフの3人がグループを結成したのは2008年で、2013年に「ヴェルサーチ」がヒット。そこで披露された三連符フロウはラップ・ゲームを一変させ、特にドレイクが反応したことで新たな時代のリズムとしてシーンを席巻した。本作は「ヴェルサーチ」のリズムを基軸により一層の完成度を高めていった決定版。メトロ・ブーミンやNard & B、G Koopといったプロデューサーが作り出す音はTR-808のベース音とハイハットで構成された極めてシンプルなもので、そこに3人の絶妙なラップが放り込まれていく。ビートもラップも隙間をいかに効果的に操るかが勝負となり、代表曲「Bad And Boujee」をはじめ、数えきれないほどのラッパーがこのノリを模倣し休符の扱いに悪戦苦闘した。ある種の文化遺産とも言えるこの雛形は、2021年までに渡って「カルチャー3部作」として手を変え品を変えアレンジされていった。

つやちゃん

090

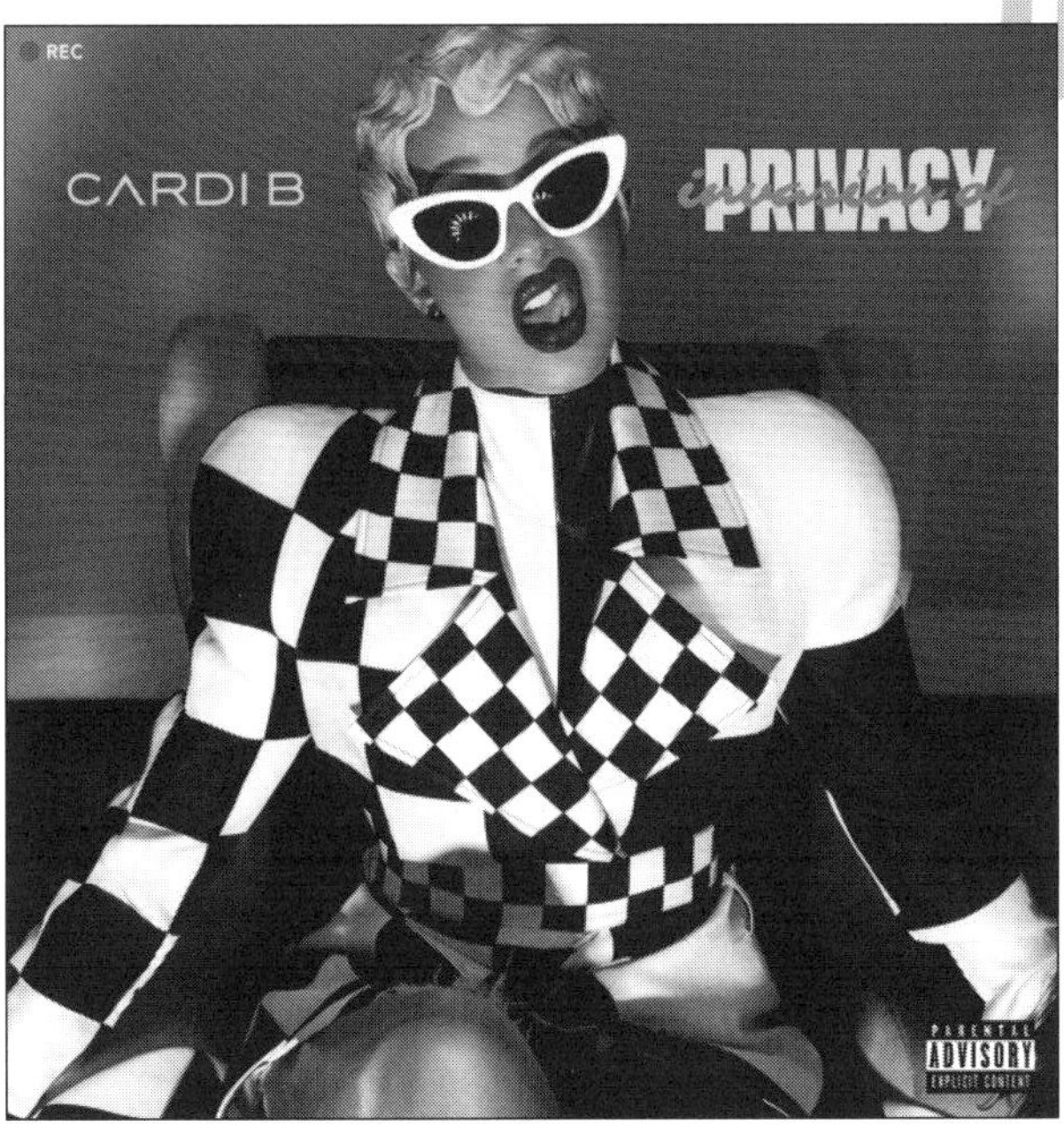

Cardi B

Invasion Of Privacy

KSR Group（2018）

①Get Up 10 ②Drip ③Bickenhead ④Bodak Yellow ⑤Be Careful ⑥Best Life ⑦I Like It ⑧Ring ⑨Money Bag ⑩Bartier Cardi ⑪She Bad ⑫Thru Your Phone ⑬I Do

Produce Cassius Jay, Ayo The Producer, Keyz, Jwhite, Boi-1da, VinylZ, @williedonut, Needlz, 30 Roc, Cheeze Beatz, DJ Mustard, etc.

カーディ・Bは2010年代に最も商業的成功を収めた女性ラッパーであり、クオリティ面においても、本作を貫通する柔軟な音楽性と鋭いリリックは群を抜いている。多くのラッパーと同様に、彼女も自身の背景を声に込める——NYに生まれ、貧困と家庭内暴力から逃げるためにストリッパーをしながら学費を稼いできたこと。SNSとTVのリアリティ番組出演をきっかけに注目を集めたこと。しかしそれ以上にスピットされるのは、恋人であるミーゴスのオフセットはじめ男性への批判と力強い女性性の誇示であり、性的魅力と性的快楽の享受に対する全面的な肯定だ。ミーゴスとの「Drip」に象徴的な通り、当時トレンド最盛期だったトラップのリズムを目一杯使いながら、中盤ではバッド・バニーやケラーニとともにラテン・トラップへとアプローチし、終盤まで強気な姿勢を崩さない。本作の強度はもちろんリアルタイムでもひしひしと伝わってきたが、むしろいま聴くとより一層の影響力を実感できるだろう。世界中で数多活躍している女性ラッパーのストロングなスタイルのほとんどが本作を参照しているし、ラテン・トラップが隆盛する中でトラップの可能性を追求し拡張した功績は大きい。

つやちゃん

セックス・マシーン／ポエティック・ジャスティス

荏開津広

Grandmaster Flash & The Furious Five『Greatest Messages』
右端がメリー・メル

彼は書いていた：世界中を何回も回ったが、今では凡庸なものにしか興味がない――『サン・ソレイユ』、クリス・マルケル、1983年。

ウクライナ生まれでそもそもはボクサーを志していたウラジミール・ルボフニーが2008年に専念し始めたYouTubeチャンネルのVLADTVは、数多くのラッパーやDJをゲストに招くトーク・コンテンツで人気が高い。ルボフニー改めホストのDJ VLADは自分とも重なる音楽体験を持っているようで幾人もの黎明期のヒップホップ・アーティストをも招きチャンネル全体が貴重なアーカイヴとなっているが、1980年代のヒップホップに少しでも触れたことのある者にとってそのAリストから消去不可能なグランドマスター・フラッシュ＆ザ・フューリアス・ファイヴにいたメリー・メルの出演回はとりわけ興味深かった。

例えば「以前にメディアを通して聞いたのだが」と前置きしDJ VLADがメリー・メルの「エミネムとバトルをして勝つ自信がある」という過去の発言について尋ねると、メリー・メルが間髪を入れずに「簡単だ……お手のものだ」と応答しVLADが説明を求める件などは〝ショーツ〟一瞥のみではただ説得力に欠けるだろうが、ビギーからジェイ・Zやラキム、2パックまでにふたりの話が及ぶ全体を通すと、こちらにもメリー・メルの言いたいことの筋が少しづつ通ってくる。

ひとつはもちろんメリー・メルたちがそれまでになかったラップを含むヒップホップというアート・フォームを創り上げた世代だということだ。

しかしそれだけではなく、40年以上のキャリアを誇って未だに現役であるメリー・メルのラップの真価を推し量るには、トラップでもドリルでも、もしくはギャングスター・ラップでもポリティカル・ラップでも、膨大なこれまでのラップ全体を対象に類似点を共有することで名付けられてきたジャンルのまたそれぞれから誰かのラップを恣意的に選ぶのではなく、無数のそれぞれのラップの相違を分析しその絡み合いから成り立つラップの階位ともいうべき織りなす幾重もの層を見定めること、その展望を得て初めて歴史を通しての体系が顕になると彼は云っているのだ。

その前提でDJ VLADとの対話の行先において、先ほど羅列されたラッパーのほとんどより自分が偉大である、いや話をはっきりさせるためにもっというなら自分がラップの歴史上で最も偉大なMCであるとメリー・メルは口にする。

本来ならルネサンスの偉大なるマスターたちの古典のごとく扱われて然るべきメリー・メルのアートがいかに決定的な価値を持つか未だに判定さえされておらず、彼の後に登場した数えきれないほどのラッパーたちは「ストリート」の「出」やら「係り」を持ち出してのボースティングを繰り返すばかりだ。「ドレーやキューブはクールだが」「ビーフなど馬鹿らしい」というメリー・メルは、万が一仮にそれが〝リアル〟であろうがなんであろうとアートのコンテント／フォルムの観点からのみでなくヒップホップの歴史からも同義反復どころか退行ではないかと指摘する。

メリー・メル自身や彼ら「有色」の「貧しい」子供たちを彼らがいたそこではない別の場へと召喚したのは、銃や暴力といった「ストリート」の「コード」ではない。そうではなく、「彼ら」が遂行しようとしていた急進的政治主義が敗北した後にマイクを通し成り立つ言葉／パフォーマンスの力によって、自分たちのような人間の集うことのできる──「ストリート」が差し出す通常の経験の総体とまったく異なる──開放された公共圏を現実に存在する道路や公園や寂れたバーや改造されたローラースケート・リンクという空間に魔術のように、つまりパーティの続く間だけに限ってだが現出させることに成功した。

例えば、メリー・メルたちの創りあげたヒップホップの黎明期から2013年にまで続くパーティ・ラップは、愉しい時間を過ごすということ＝パーティそれ自体についてラップがなされることから始まった。

その初期からそこで連呼される話題のひとつはセックスで、発展して目を惹かれる異性や自らの身体的な特徴やベッドの内での具体的な描写があっても、実のところは平凡どころか即物的だったりするが、つまりはそこだけは要点でない。そもそれは親の目の届かないところでの子供たちだけのパーティにおいて披露されるところから始まったので、例外はあってもすべてが彼らの実生活の経験というのではない。むしろラップは詩的なコンテントそのものと、そのコンテントが具体的な発話や振る舞いをもってしてパフォームされることで産み出される集合的なもうひとつのパフォーマティヴィティ、すなわち「アーバニティ」と「ブラック」な具体性を充溢させるとりあえずのパーティから始まる現実の場のありよう、その双方に関わっており、それはまた空間的にも人的に遠く離れた本来関係もないはずのところを狙ったかのように特定に喚起する力を持つ。ゆえに私たちの持つことのできる一見良心的な〝多様性〟や〝マイノリティ〟についてのほとんどの言葉や美学がスローガンの裡に息絶えて届かないとき、結局は凡庸な日常でよく目にすることやモノを表す連なりでしかないはずの、ブレイクビーツと呼応する言葉が、グラフィティが、ブレイキンだけが政治性を帯びたまま、つまり階級意識をなおざりにせずにグローバルに蔓延っていく。

身につける装身具や絵画の好みから毎年の避暑の過ごし方に至るまでの暮らしの細部にしぶとく残るブルジョワジーなありように落ち着くことを拒否したまま、ヒップホップは生きていくこと／生きられることを可能とした。その意味で、ヒップホップは、西欧の伝統に育まれた従来の芸術の諸々の形式の外側にして内側からの侵入者である。これまでも繰り返し書き記してきたが、例えば、押韻／rhymingはラップと同様にその昔々にはホメロスの『オデュッセイア』を芸術たらしめたとして、私たちはプラトンが詩人を追放すべきとの対話を記していることを忘れてはならない。ならば、ラッパーは検閲と深く関わらざるをえない。

同時に、集合的にヒップホップが目指すのは自分たちのやって来たところに滞まることではないしどこかにある〝ルーツ〟への単純な回帰でもない。ブロンクスの体育館のパーティの暗闇のうちでマイクを握るところから始まって50周年を迎えなお表現が続行されるアート／パフォーマンスは、１９７０年代半ば、貧困と醜悪さばかりが横行していて知り合いのいない少し離れた集合住宅の敷地内に足をうっかり踏み入れるだけで追い剥ぎやら殺傷沙汰に遭いかねない、自分たちにまとわりつく「ストリート」「ライフ」を丸ごとひっくり返したところから始まっているからだ。ヒップホップは真っ直ぐに回顧的になる理由を持ちえないので、その原理として政治的、社会的に未来の来るべき価値と結ばれている。

ところで、政治的、社会的な未来としての来るべきセックスの物語の端緒があるとして、セクシャリティ／ジェンダーについての私的な意見を公に書き記すことから始めることは自分にとって心地好いものではない。これは個人的な感慨ではなく迷妄めいた疑似科学とヒップホップのもたらす解放のヴィジョンが相容れないゆえであり、ここには自分の性的な嗜好を含めてありとあらゆる性についての一切の自分の意見を記すことはしない。

その替わりに記しておきたいのは、念の為、つまり自分でも誰でも個人が頭の中で性的なファンタジーの空想に耽ったりその社会的な役割について考えを押し進めようが、それを個人の意見としてどこにどう表明しようが、それとは無縁のアナーキーなまでの力をもってＤＪ／ラップ／グラフィティ／ブレイキンがセクシャリティ／ジェンダーを脱／再・構築する契機、その主要な力のひとつとなってきたということだ。

その顕在化を暫定的に１９８０年代後半として、それはセックスにまつわる典型的なスローガンを離れ、あからさまに政治として、つまり私たちがまだまだ囚われているブルジョワ的な価値を排していく力とそれ込みで現実的に「ブラック」であろうとするセクシャリティ／ジェンダーのありようとの均衡のなかではっきりしてきた。今後、対しての抑圧もより激しくなることが予期される。ラッパーには、自身の思惑とはまた別に、暴発する銃のごとく、現実から追放される危険を犯すほど詩的な言葉の操作をついしてしまう人々がいつも含まれている。

091

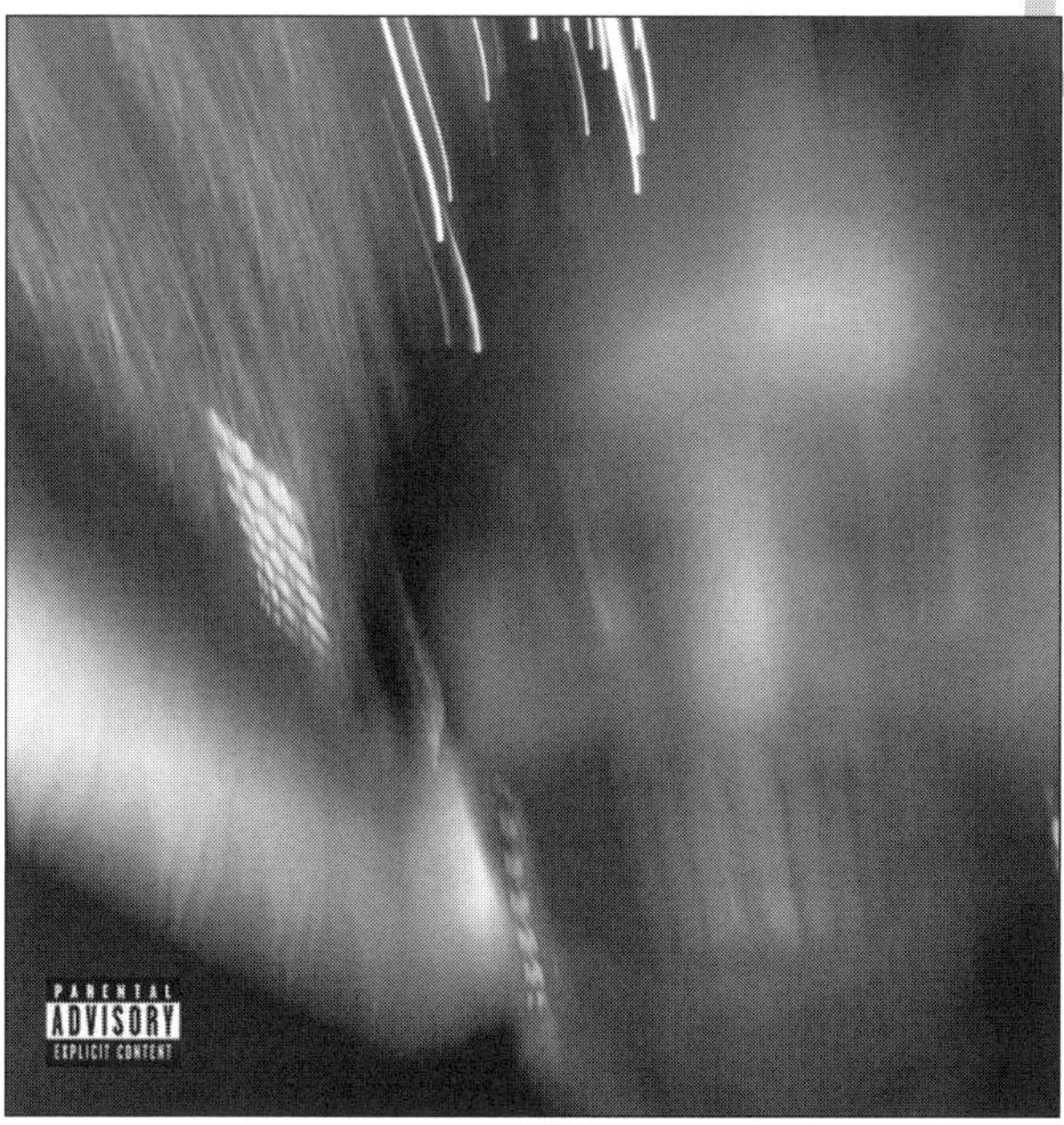

Earl Sweatshirt

Some Rap Songs

Tan Cressida (2018)

①Shattered Dreams ②Red Water ③Cold Summers ④Nowhere2go ⑤December 24 ⑥Ontheway! ⑦The Mint ⑧The Bends ⑨Loosie ⑩Azucar ⑪Eclipse ⑫Veins ⑬Playing Possum ⑭Peanut ⑮Riot!

Produce Thebe Kgositsile, Adé Hakim, Darryl Joseph, Denmark, Black Noise, Sage Elsesser, Shamel

ロスアンジェルスのヒップホップ・クルー、オッド・フューチャーに16歳で加入。リーダーのタイラー・ザ・クリエイター以上に猟奇的なリリックが話題を呼んだアール・スウェットシャートだったが、このサード作でタイラーの影響下から抜け出して自身のスタイルを確立した。前作に続いて多くの曲を自ら手がけているのだが、サウンドは一変した。ほぼ全ての曲が1分台で、ソウル・チルドレンやリンダ・クリフォードといったR&Bを意図的にビートをズラしてループさせているのだ。一聴すると粗っぽいけど、繰り返し聴いていると彼独自の美意識によって考え抜かれたものであることが分かるはず。次第にサイケデリックな感覚が病みつきになってくるはずだ。一方でリリックは、2018年に他界した父ケオラペットス・コージットサイル（南アフリカ出身の詩人）に捧げられた内省的なもので、「Playing Possum」では母シェリル・ハリスの声も使用。アルバムは、叔父にあたるヒュー・マサケラが吹くトランペットをサンプリングした「Riot!」で幕を閉じる。父の死を機に、家族のルーツと真摯に向かい合った本作は絶賛され、各種メディアのその年のベストテンに選出された。

長谷川町蔵

092

Jean Grae & Quelle Chris

Everything's Fine

Mello Music Group (2018)

①Everything's Fine ②My Contribution To This Scam ③OhSh ④House Call ⑤Don't Worry It's Fine ⑥Gold Purple Orange ⑦Peacock ⑧Doing Better Than Ever ⑨The Smoking Man ⑩Breakfast Of Champions ⑪Scoop Of Dirt ⑫Zero ⑬Everything's Still Fine ⑭Waiting For The Moon ⑮River

Produce Jean Grae, Quelle Chris

南ア生まれのMCとデトロイトの中堅プロデューサーによるコラボレート・アルバム（当時41歳と34歳で、制作中に結婚）。デザイン通り「量産型人間」を皮肉った内容。『すべて順調』というタイトルもトランプ政権になって人種問題も政治もすべてが後退しているのに、いつも「素敵」とか言ってる人たちをからかったもので、オープニングでいきなり「お帰りなさい、すべて順調よ」と軽く笑わせ、13曲めで再び「まだ順調〜」と畳み掛けるあたりはスネークマン・ショーのしつこさを思い出す（実際にコメディアンも参加）。風刺であると同時にセラピーにもなっているという高度な歌詞をダイレクトに楽しむことは難しいけれど、Pファンクやディアンジェロを思わせるサイケデリックなファンク・ビートにジャズの要素を強く絡ませたサウンドは日本人でも細部まで堪能できる。冒頭から変則ビートかと思うと微妙にインダストリアルなエフェクトも効果大。這いつくばるような「OhSh」に「House Call」、あるいはプレミアばりの渋い管楽器が光る「Gold Purple Orange」から「The Smoking Man」へ。暗い時代のデ・ラ・ソウル。

三田格

093

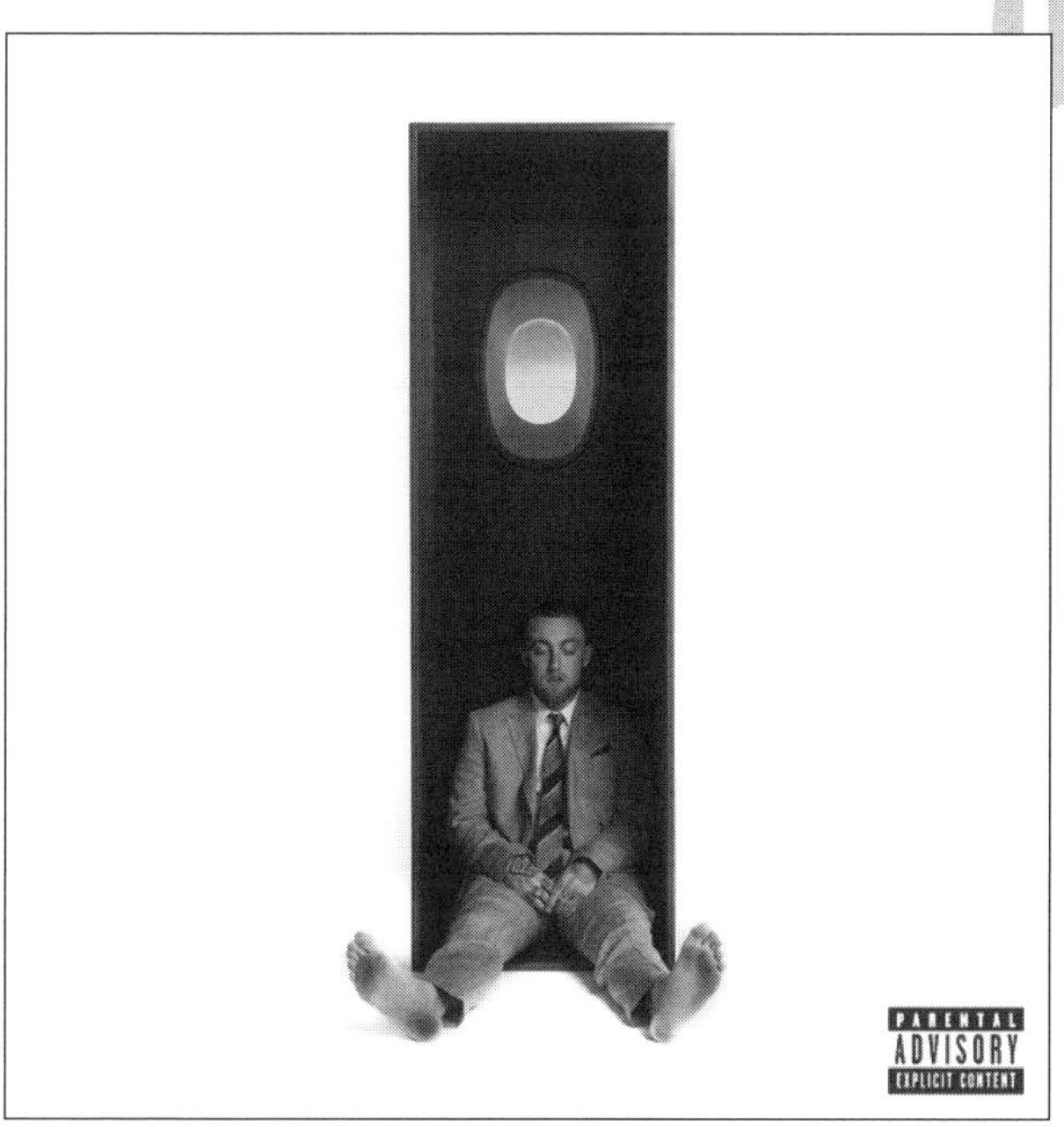

Mac Miller

Swimming

Warner Bros. (2018)

①Come Back To Earth ②Hurt Feelings ③What's The Use?
④Perfecto ⑤Self Care ⑥Wings ⑦Ladders ⑧Small Worlds
⑨Conversation Pt.1 ⑩Dunno ⑪Jet Fuel ⑫2009 ⑬So It Goes

Produce Mac Miller, Jon Brion, Dev Hynes, Pomo, Dam-Dunk, Tee Watt, Alexander Spit, Cardo, etc.

ペンシルヴェニア州ピッツバーグ出身のマック・ミラーは15歳でラッパーとして活動を始め、ミックステープ『K.I.D.S.』や全米チャートで1位となったデビュー・アルバム『Blue Slide Park』ではポジティヴな魅力を振りまいた。また、サウンドは基本グルーヴィで、彼自身が制作に大きく関与し、音楽的な厚みと安定感を増した通算5作目にあたる本作でも、ジャジーなギターやライトなファンクが聴ける曲が2曲ずつ入っているし、歌にも本腰を入れている。ただ、２０１４年の『Faces』以降、薬物名の引用が目立ち、その使用と抑鬱あるいはそれらとの折り合いの付け方に腐心する曲が増える。ハイな状態から素面に戻る「Come Back To Earth」で始まる本作は、表題に倣えば、困難をかき分け、明るい未来に到達するまで「泳ぎ」きりたい、という意志の表れか。「Self Care」なる曲もある。だが「Jet Fuel」では、そのための燃料が薬物やアルコールだ、と依存を断ち切れずにいる。マック自身は、本作発表の1ヵ月後にオーヴァードーズで亡くなってしまうが、この遺作はメンタルヘルスをめぐる問題について示唆に富む作品となっている。

小林雅明

094

Travis Scott

Astroworld

Cactus Jack (2018)

①Stargazing ②Carousel ③Sicko Mode ④R.I.P Screw ⑤Stop Trying To Be God ⑥No Bystanders ⑦Skeletons ⑧Wake Up ⑨5% Tint ⑩NC-17 ⑪Astrothunder ⑫Yosemite ⑬Can't Say ⑭Who? What! ⑮Butterfly Effect ⑯Houstonfornication ⑰Coffee Bean

Produce Travis Scott, 30 Roc, B Wheezy, B Korn, Sonny Digital, Hit-Boy, Cubeatz, OZ, Tay Keith, J Beatzz, Frank Dukes, Boi-1da, Thundercat, etc.

本作が、夜空の天の川の下、キノコに助けられ、雄大なエコー峡谷で録音されたと言ったら、あなたは信じるだろうか？　事実ではないが、そんなサウンドだ。トラヴィス・スコットが2018年にリリースした『アストロワールド』は、ラップ・ミュージックで最もサイケデリックなアルバムという栄冠に輝いた。彼の故郷、テキサス州ヒューストンにある往年のテーマパークにちなんで名付けられたこのアルバムは、万華鏡のようなサウンドというより、むしろアストロワールドの乗り物のひとつひとつに込められた自由な感情の万華鏡だ。エコーに包まれ、リバーブ、ゴースト・ヴォイス、カリフォルニアのチルヴァイヴに浸った17曲は、私たちの内なる精神をより目覚めさせ、またメロディックなラップ・フロウはリピートしやすいがバブルガムではない。「Seems like the life I need is a little distant（私に必要な人生とは少しの距離がある）」。このリリックの美しさは、私たちが現実から必要としている距離は、音楽そのものの空間的なビートの中の距離であることを思い出させてくれる。スコットの3作目のリリースは、彼を新しいトラップ世代の最前線に立たせた。

緊那羅：デジラ

095

XXXTentacion

?

Bad Vibes Forever (2018)

①Introduction (Instructions) ②Alone, Part 3 ③Moonlight ④Sad!
⑤The Remedy For A Broken Heart (Why Am I So In Love) ⑥Floor 555 ⑦Numb ⑧Infinity (888)
⑨Going Down! ⑩Pain = Bestfriend ⑪$$$ ⑫Love Yourself (Interlude) ⑬Smash!
⑭I Don't Even Speak Spanish Lol ⑮Changes ⑯Hope ⑰Schizophrenia ⑱Before I Close My Eyes

Produce XXX Tentacion, John Cunningham, Robert Soukiasyan, Dell Soda, Den Beats, Laron Wages, P. Soul, Rekless, Smash David, TM88, Tre Pounds, Z3N, etc.

現時点でSpotifyで最も再生されているヒップホップ・アルバムだ。1998年にジャマイカにルーツのある両親の下、南フロリダに生まれたラッパー／シンガーソングライターの通算2作目で、アコースティック・ギターの弾き語り（「ALONE, PART 3」）、歪んだトラップ（「Floor 555」）、ジョーイ・バッドアスを客演に迎えたブーンバップ寄りの「infinity (888)」、またバウンシーなレゲトンもあり音楽性は多彩。カート・コバーンからの影響も伺える。だが重要なのは、同性愛者への殴打行為の吹聴、ガールフレンドへの激しい暴行や不法監禁による逮捕などで倫理的な論争と切り離せないほど暴力的な若者が、一方で「Moonlight」や「Sad!」などのセンチメンタルな曲で希死念慮、孤独や愛の苦悩を歌い、多くの若者がその矛盾を抱えたカリスマを熱狂的に支持したことだ。評伝を書いたジャレット・コベックは、この暴力と孤独の背景には制度的人種差別とそれに起因した愛の不在があると分析した。人気絶頂の最中、強盗に撃ち殺されて20歳で亡くなったのち、「Sad!」のMVが公開され、皮肉にもビルボード・ソング・チャートHot 100で1位を獲得することになる。

二木信

096

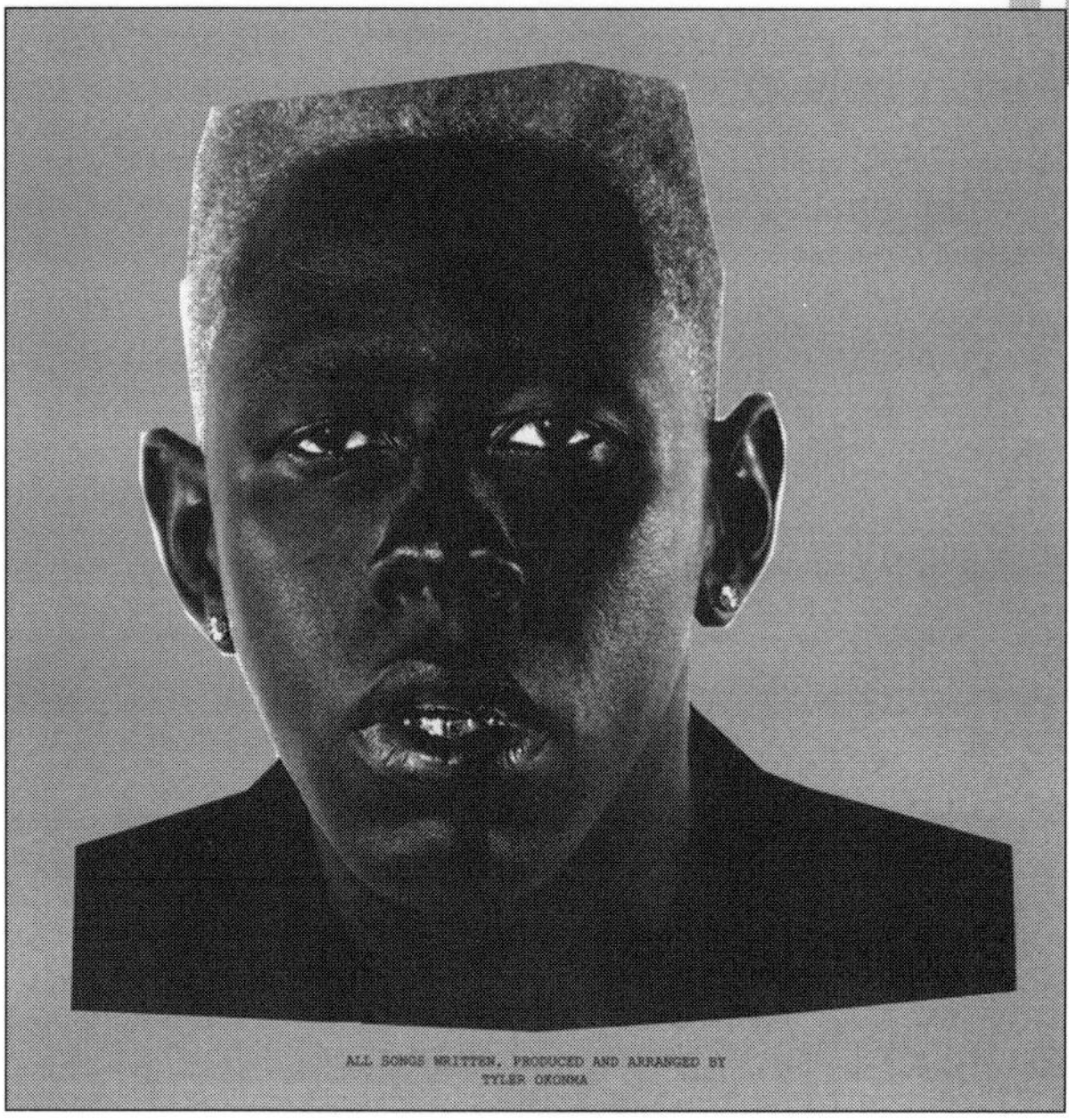

Tyler, The Creator

Igor

Columbia (2019)

①Igor's Theme ②Earfquake ③I Think ④Exactly What You Run From You End Up Chasing ⑤Running Out Of Time ⑥New Magic Wand ⑦A Boy Is A Gun ⑧Puppet ⑨What's Good ⑩Gone, Gone / Thank You ⑪I Don't Love You Anymore ⑫Are We Still Friends?

Produce Tyler Okonma

自らのクルー、オッド・フューチャーを率いて、2010年代のシーンを盛り上げた功労者のひとり、タイラー。1991年生まれでLAの郊外育ち、NERDとエミネムをアイドルに、音楽、アート、ファッションにのめり込む。初期の露悪的な作品で注目を集めてからは、あらゆるジャンルのものすごいレア盤コレクターでもあるのだが、本来の音楽マニアぶりを発揮。ほぼ全作品のソングライト、ビート・メイクも自ら手がけてきたが、前作『Flower Boy』から音楽家としての手腕・技術もネクスト・レヴェルに。そうして本作ではヒップホップ人がつくる時代のポップスの、2010年代総括版を形にしてみせ、遂に名実ともに音楽シーンのトップに立った。多くは失恋、孤独、疎外感がテーマなのは近年のヒップホップらしいが、自らの感情を表現するのにもはやラップでは追いつかず、多くで歌っている。その点も含めてカニエ・ウェストが『My Dark Twisted Fantasy』で聴かせるも、あまりの重圧に放り投げてしまった作風に真っ向から挑み、更新してみせたアルバムにも思える。山下達郎「Fragile」の引用も美しい「Gone, Gone / Thank You」も話題に。　**小渕晃**

097

Jay Electronica

A Written Testimony

Roc Nation (2020)

①The Overwhelming Event ②Ghost Of Soulja Slim ③The Blinding
④The Neverending Story ⑤Shiny Suit Theory ⑥Universal Soldier ⑦Flux Capacitor
⑧Fruits Of The Spirit ⑨Ezekiel's Wheel ⑩A.P.I.D.T.A.

Produce Jay Electronica, Hit-Boy, Swizz Beatz, The Alchemist, No I.D., Khruangbin

パンデミック初期にリリースされた数多くのアルバムの中でも、2020年3月13日にリリースされた『A Written Testimony』は忘れがたく、世界的な疫病の渦中にまずはネット上で羽ばたいた。本作がリリースされるまでのジェイ・エレクトロニカの神話は、ヒップホップ界で崇拝されているにも拘わらずメインストリームになるにはあまりにエキセントリックで、神秘的なリリシストというものだった。13年以上もの間、公式なフル・アルバムは1枚もリリースされなかったが、ジェイ・エレクトロニカは業界的ヒップホップには堕落しない、ヒップホップそのものだ。だいたい、待ち望まれていたリリースが、その宣伝文句通りになることはほとんどないが、本作はその誇大広告を凌駕する、クールなプロダクションとバキバキのビートだけでない、彼とジェイ・Zの未発表バトル・アルバムでもある。そもそもこれまでジェイ・Zがこのレヴェルでコラボレートするのはビヨンセやカニエ・ウェストのような巨匠たちだけだった。ひとつの作品にこれだけのものを捧げたという事実が、ジェイ・エレクトロニカのラップがいかに聖書的であるかを示している。

緊那羅：デジラ

098

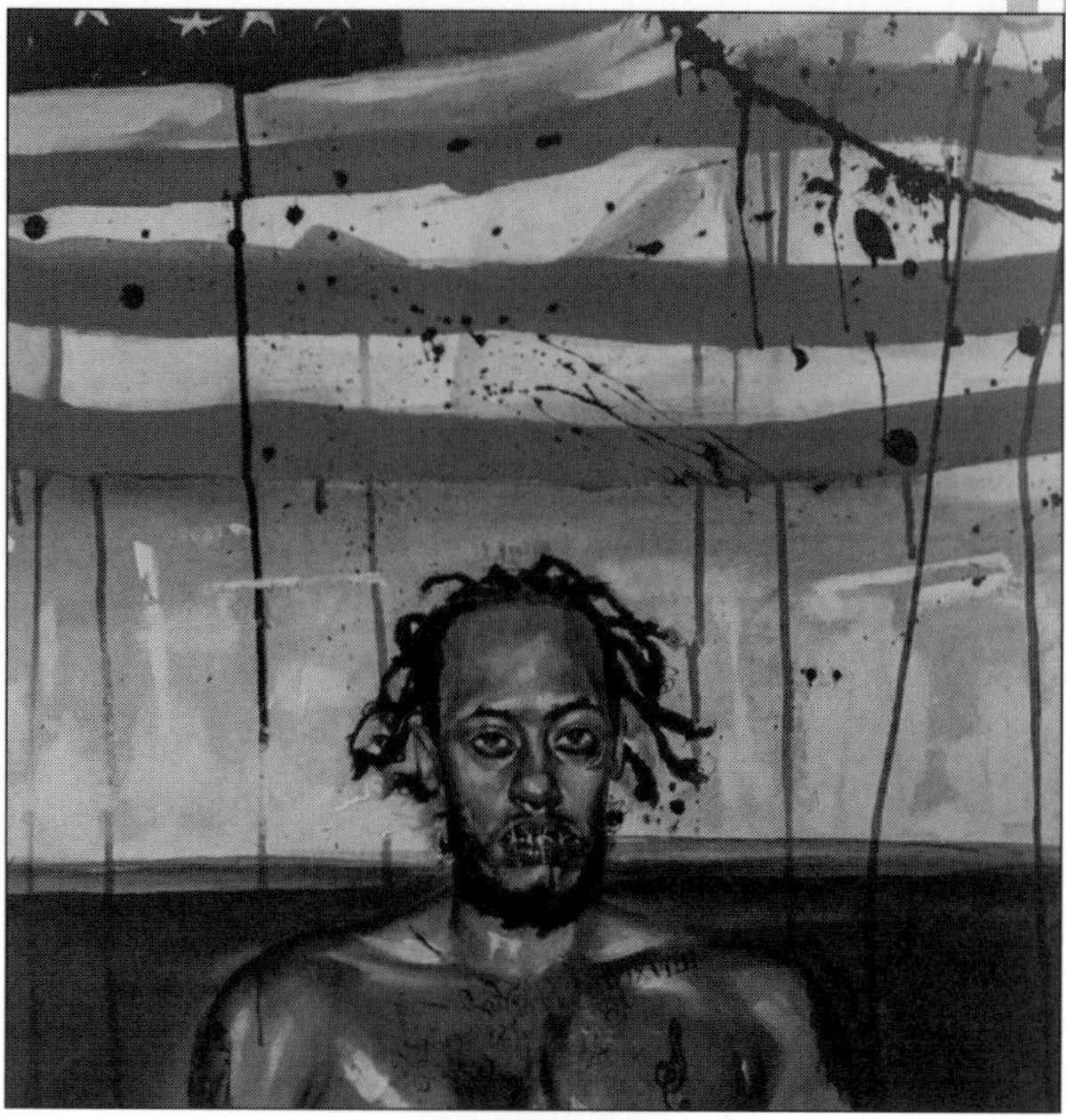

Pink Siifu
Negro

no label (2020)

①BLACKisGod,A ghetto-sci-fi tribute(_G) ②SMD ③FK ④we need mo color. Abundance ⑤BLACK! ⑥Adam x Jalen, eye luv u ⑦ameriKKKa, try no pork. ⑧run pig run. ⑨DEADMEAT ⑩myheadHURT. ⑪Chris Dorner. ⑫Nation Tyme. ⑬homicide/genocide/ill die ⑭bebe's kids, APOLLO ⑮dirt ⑯faceless wings,BLACK! ⑰blackest LOVE, like paint on tha wall ⑱steal from the ENEMY ⑲ON FIRE, PRAY! ⑳Black Be Tha God, NEGRO.(wisdom.cipher) all praises to ALLAH, A Lady

Produce Pink Siifu, Jeremiah Jae, AshTreJenkins, Roper Williams, Coco Loco, Jerald Frazier, Nick Hakim, Psychopop, Michael Lundy, etc.

ヒップホップが実験的な、素晴らしい雑食性を秘めていることの好例のひとつであり、またブラック・ライヴズ・マターの抗議デモの真っ只中、人種差別／白人至上主義がはびこる不公平な世界への怒りと悲しみの感情をここまで濃厚にぶちまけた作品もそうない。サン・ラーという土星生まれの音楽家の地球での故郷と囁かれているアラバマ州バーミンガム出身のピンク・シーフには、フライ・アナキンとの美しいファンタジー、モダン・ジャジー・ヒップホップの傑作『FlySiifu's』⑳がある。だが他方では、パンクで、ノイズで、ハードコアで、フリー・ジャズの雄叫びを上げている本作『Negro』もある。ここにはオートネット・コールマンもPファンクもバッド・ブレインズもあるが、「ameriKKKa, try no pork」のような曲ではCRASSを彷彿させるニュースや会話のコラージュを試み、「myheadHURT」ではスクリューを、「Nation Tyme」では数多のハイブローな電子音楽も真っ青の非同期なジャズを披露し、アルバムを締める「Black Be Tha God ～」はスライのもっとも前衛的なファンクに接近している。

野田努

099

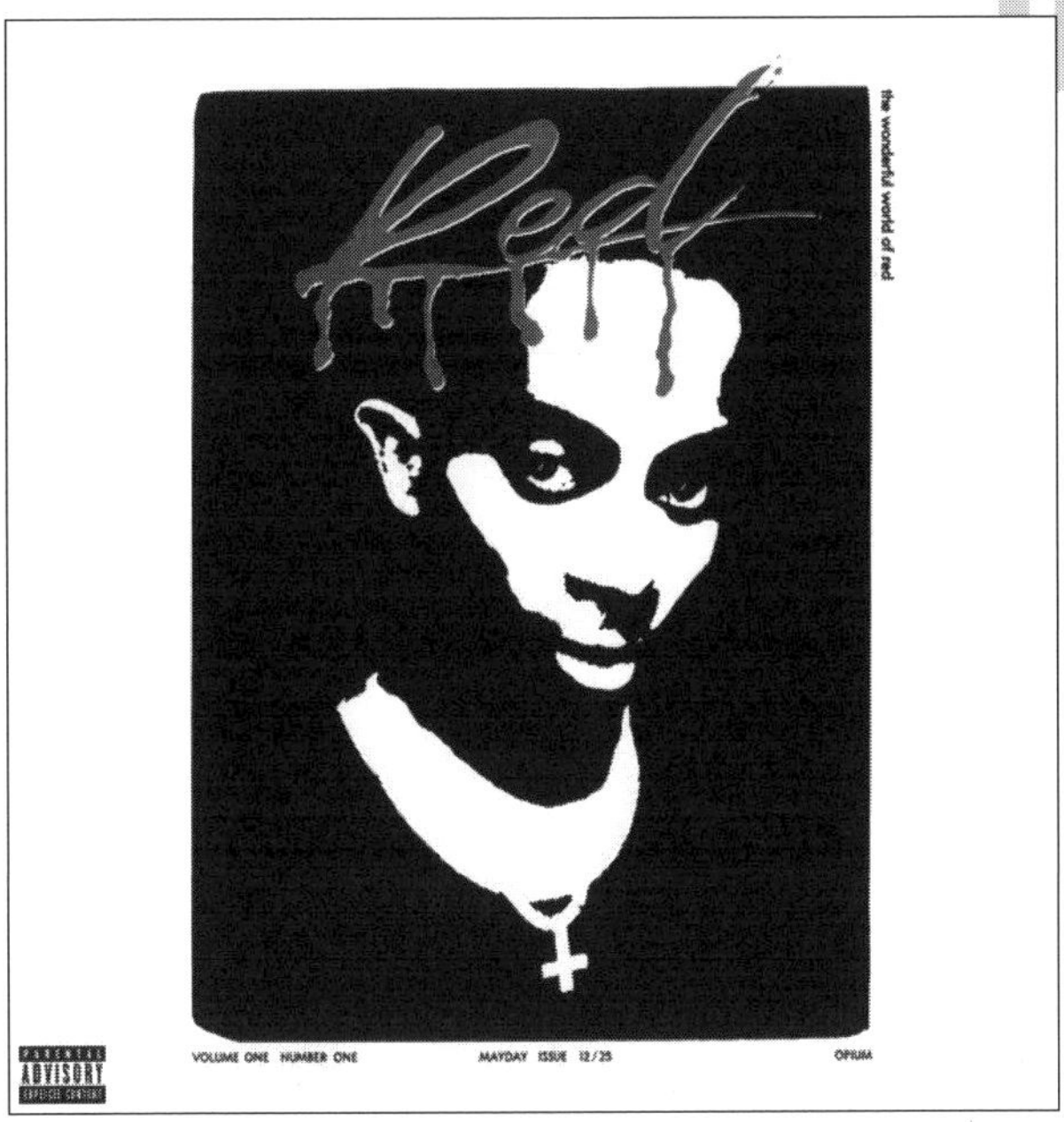

Playboi Carti

Whole Lotta Red

Interscope (2020)

①Rockstar Made ②Go2DaMoon ③Stop Breathing ④Beno! ⑤JumpOutTheHouse ⑥M3tamorphosis ⑦Slay3r ⑧No Sl33p ⑨New Tank ⑩Teen X ⑪Meh ⑫Vamp Anthem ⑬New N3on ⑭Control ⑮Punk Monk ⑯On That Time ⑰King Vamp ⑱Place ⑲Sky ⑳Over ㉑ILoveUIHateU ㉒Die4Guy ㉓Not Playing ㉔F33l Lik3 Dyin

Produce F1lthy, Gab3, Jasper Harris, Jonah Abraham, Juberlee, Ken Carson, KP, Lil 88, Lucian, Lukrative, Maaly Raw, Ojivolta, Wheezy, etc.

アトランタ生まれのカルト・スターが、現在のMCネームを名乗り本格的に活動を始めたのは2013年のことだった。エイサップ・モブのメンバーとの交流を深める中で、徐々にSoundCloud上で楽曲支持を高めていく。2018年にはデビュー盤をリリースしヒット、それに続く本作の収録曲がリークを繰り返す中でカーティの評判はますます醸成され、アルバムを待つ熱気は高まっていった。2020年のクリスマスについに陽の目を見た本作は、70年代のパンク雑誌『Slash』の表紙を模したおどろおどろしいアートワークからはじまり、暴れまわるベース音に荒れ狂うシンセ音という歪で極端な輪郭を持ったトラック、そしてラップともシャウトともとれる異形のMCがリスナーに大きなインパクトを与えた。元々マンブル・ラップのような軟らかいラップ・スタイルを持ってはいたものの、そのスタイルは一気にエスカレートしさらなる非・意味の試みへと駒を進めた。あまりの奇形的サウンドにリリース当時は賛否両論が巻き起こったが、徐々にレイジが新たなビートとして浸透していく中で本作の先駆性に注目が集まった結果、評価は揺るぎないものに。以降、2020年代のヒップホップの多くは本作の影響下にある。

つやちゃん

100

Denzel Curry

Melt My Eyez See Your Future

Loma Vista (2022)

①Melt Session #1 ②Walkin ③Worst Comes To Worst ④John Wayne ⑤The Last ⑥Mental ⑦Troubles ⑧Ain't No Way ⑨X-Wing ⑩Angelz ⑪The Smell Of Death ⑫Sanjuro ⑬Zatoichi ⑭The Ills

Produce Robert Glasper, Thundercat, Cardo, DJ Khalil, Dot Da Genius, JPEGMafia, Karriem Riggins, Kenny Beats, Mickey De Grand, etc.

XXX・テンタシオンらと新時代のマイアミ・シーンをレペゼンし、シーンの最前線に躍り出たデンゼル・カリー。土地ごとのカラーが以前のようにはなくなり、ネットを通じてあらゆる情報に好きなだけアクセスできる今の時代を象徴するように、1995年生まれでデザイン・スクールに通った彼は、作品毎に興味の赴くままに作風を変えるように。LAでつくった前作『Zuu』は、今の時代のローライダー・ファンクを聴かせるものでやはり好評を得たが、この5thではガラッと変身。『スター・ウォーズ』のルーツとしてたどり着いた『七人の侍』や『用心棒』といった三船敏郎主演・黒澤明監督映画を始め、松田優作の『探偵物語』に、『カウボーイビバップ』や『ルパン三世』のサントラなどなど、ジャパン・カルチャー・オマージュ全開だ。とはいえサウンドは、菅野よう子や大野雄二からの影響をソウルクエリアンズや今の西海岸新世代ジャズに置き換えているところが秀逸で、コンセプト的にも音楽的にも時代のど真ん中を捉えた。東洋志向が同じで、必然的にウータン・クランを思わせるところもあるが、僕ら日本に住む者にはとても聴きやすい。今の時代ならではの情報てんこ盛りなコンセプト作の秀作だ。

小渕晃

Dr.Strangelove or How I Learned To Stop lamenting And Love The Album

50年分の私の偏愛アルバム／シングル

文：アボかど、磯部涼、緊那羅：デジラ、小林雅明、小渕晃、
つやちゃん、野田努、長谷川町蔵、二木信、三田格、水谷聡男、渡辺志保

本書にもあるベスト・アルバム・ガイドをつくっていていつも思うのは、ベストではないけど個人的に愛してやまないアルバムも合わせて、読者さんにおすすめしたいという思いだ。絶対的なクオリティや、歴史的な価値、後世に与えた影響といった観点から考慮していくと、「ベスト・アルバム」というものは自ずと限られてくる。ただ当然だけれど、そういった価値基準から遠く離れた作品の中にも優れたものはある。個ではなくシーン全体を楽しむのがヒップホップの要点だけれど、シーンの動向や時代性に全く関係なく生まれたものでも、どうしたって惹かれてしまうものもある。このコーナーではライター各氏に、普段は紹介する機会のない、私だけの偏愛盤について思う存分にその愛を語ってもらった。「50年分のベスト・アルバム100」に選出されているアルバム以外ならなんでもOKというルールだ。各人が何千、何万枚と聴いてきた中での偏愛ベスト、お楽しみください。　小渕晃

dälek
GHOSTFACE KILLAH
Grandmaster Flash and The Furious Five
GREATEST MESSAGES
PARTYMOBILE
PARTYNEXTDOOR
PIMPALATION
THE PIMP IS FREE!
SCREWED UP
DJ CLUE?
BONUS
beat classic
a tribe called quest
THE LOVE MOVEMENT
THE COLD VEIN
CANNIBAL OX
super lover cee + casanova rud
GIRLS
Curren$y
DOWN FOR LIFE
ON TOP OF OUR GAME
SOULJA BOY
THE DeANDRE WAY
BIZ MARKIE
JUST A FRIEND
MO WAX
GENIUS / GZA
COLD WORLD
AMAZING ✻ SENSATIONAL ✻ THRILLING
STEREO
SON OF BAZERK
NO SELF CONTROL AND THE BAND
BAZERK BAZERK BAZERK
SOUL BROTHER #1
VIVID SOUND
ILL NA NA
JERU THE DAMAJA
The Sun Rises in the East
CLOCKERS
100 Miles And Runnin'
PUBLIC ENEMY
FEAR OF A BLACK PLANET
Bun B
TRILL
Gangsta Boo
BOTH WORLDS *69

VA
Screwed Up, Inc Presents The Best Of Suavehouse 2 Chopped & Screwed
Suave House (2001)

PARTYNEXTDOOR
Partymobile (Chopped Not Slopped)
OVO Sound (2020)

Pimp C
Pimpalation
Wood Wheel (2006)

アボかど

私がヒップホップを聴き始めた2000年代半ば頃は、チョップド&スクリュードが広まっていった時期だった。最初はピンと来なかったがすぐに虜になり、以降ずっと偏愛し続けている。近年はDAWでピッチを落としてリヴァーブをかける「スロウド+リヴァーブ」と呼ばれるリミックス手法も人気を集めているが、スクリューとは似て非なるものである。2枚使いによる反復やスクラッチなども加えるスクリューはあくまでもDJの音楽なのだ。

DJ・マイケル〝5000〟ワッツのスクリューでは、「DJの音楽」としての側面を強く感じることができる。ピンプ・Cの2006年作『Pimpalation』に付属するワッツによるスクリュー版は、チョップも多く細かい仕掛けで盛り上げるワッツのスタイルが堪能できるスクリューだ。

現行スクリュー・シーンでは、OG・ロン・C率いるチョップスターズが精力的に活動している。エース格のスリム・KとDJ・キャンドルスティックが手掛けたパーティネクストドアの2020年作『Partymobile』のスクリューは、浮遊感のあるサウンドの心地よさがスクリューで倍増された素晴らしい作品だ。

ベスト盤のような作品でも名スクリューは多い。私のお気に入りはスアーヴハウス作品のベスト盤スクリュー『Screwed Up, Inc presents The Best of Suavehouse 2 Chopped & Screwed』で、スペイシー&ファンキーな原曲の魅力がスクリューによってさらに引き出されている。なお、まだスロウダウンする楽しみ方が浸透していなかった2001年リリースの同作のアートワークには「あなたのCDプレイヤーやこのディスクには何も問題はありません」などとの注意書きがある。それが今ではスロウド+リヴァーブなどが広く聴かれている。時代によって聴き方や価値観の変化が起きるから音楽は面白い。

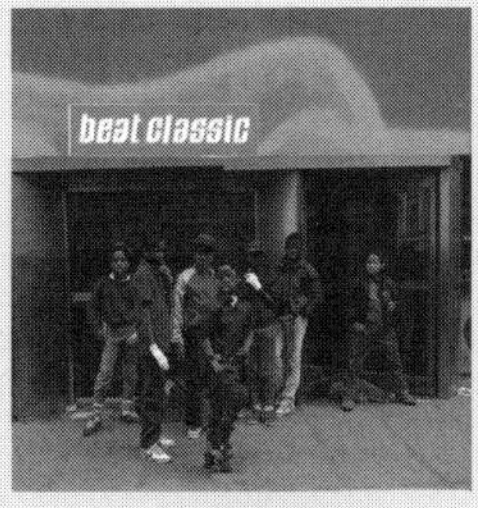

VA
Beat Classic
D.C. Recordings（1997）

DJ Q-Bert
Demolition Pumpkin Squeeze Musik
Dirt Style（1994）

A Tribe Called Quest
The Love Movement
Jive（1998）

磯部涼

今回、監修を務めている小渕晃さんから約20年振りにオファーをもらって、思わず遠い目になってしまった。初めてライターとしての仕事を振ってくれたのが、当時、『ブラック・ミュージック・リヴュー（略称：bmr）』に在籍していた小渕さんだ。1999年のことだったと思う。私はそれこそテクノ雑誌だった『ele-king』を読んでそこに載っているヒップホップのレコード（ミッシー・エリオット／ティンバランドはムードマンが、ウルトラマグネティック・MCズは中原昌也さんが紹介していて知った気がする）を買うような折衷的な音楽好きで、正統派のR&B／ヒップホップ専門誌だった『bmr』はほとんど読んだことがなかったが、その頃、音楽誌でライターを募集していたのが同誌ぐらいしかなかった。そこに、いま思えば場違いとしか言いようがないECDの『Melting Pot』という実験的なアルバムの青臭いレヴューを送りつけたところ、何故か小渕さんが連絡をくれたのだ。もっとも彼にしてみれば、流行していた（そして『bmr』の弱い点だった）いわゆるアンダーグラウンド・ヒップホップについての書き手を探していただけなのかもしれないが、私はむしろ代々木八幡にあった編集部に行って、小渕さんからいま売れているヒップホップ――例えば99年11月に出たドクター・ドレーの『2001』――が如何に刺激的かという話を聞くことが楽しかった。その少し前、ATCQの『ザ・ラヴ・ムーヴメント』やQ・バートのミックス・テープ、デプスチャージがつくったオールド～ミドル・スクールのコンピレーションを買って、「何てアヴァンギャルドなんだ！ こんな音楽聴いたことない！」と歴史からの断絶性に興奮していた自分に、ヒップホップ以前から歴史は脈々と続いているのだということを教えてもらった気がする。その上で聴き直すこの3作はまた違った面白さを感じさせてくれたのだった。

Kids See Ghosts
Kids See Ghosts
Getting Out Our Dreams (2018)

Cannibal Ox
The Cold Vein
Def Jux (2001)

緊那羅：デジラ

ヒップホップには一夜限りのコラボレーションのようなものがある。その多くは団結の輝きを見せるが、アーティストがゲスト参加以上のことに投資するのは稀だ。

1998年、NYのアンダーグラウンド・レーベル、ディフィニティヴ・ジャックス（Def Jux）においてカニバル・オックスが結成された。ヴァスト・エアーとヴォードゥル・メガラ、そしてカンパニー・フロウのOBにしてDef Juxのトップであるエル・Pをプロデューサーに迎え、ヴィデオ・ゲーム／コミックに影響を受けた名作『The Cold Vein』が誕生した。エレクトロニカ的でアフロ・フューチャー的でありながら親しみやすい作品で、エレクトロニクスと詩的な言葉（「you were a still born baby, mother didn't want you but you were still born」）は、学術的であると同時にストリートをレペゼンするものだった。本作のラップに対する高評価は、年を重ねるごとに増していく。だが残念なことに、エル・Pとカニバル・オックスが再びレコーディングをすることはなかった。

カニエ・ウェストとキッド・カディのユニークな組み合わせにも魔法があった。彼らがフル・アルバムを一緒に作るという、より野心的な一歩を踏み出したのも、それぞれが精神的に追い詰められていた時期から立ち直り、感情的につながったからだった。2018年の『Kids See Ghosts』は、ふたりのようでもあり、ふたりのどちらでもないようでもある。カニエはより正直にマイクに向かっている。彼のエゴは抑制され、キッド・カディはメロディックにカニエを引き立て、しかも彼のソロ作品よりも集中力がある。残念なことに、2022年のカニエのふざけた態度は、彼らの関係を永遠に壊してしまった。すべての火花は残念ながら消えてしまったのだ。

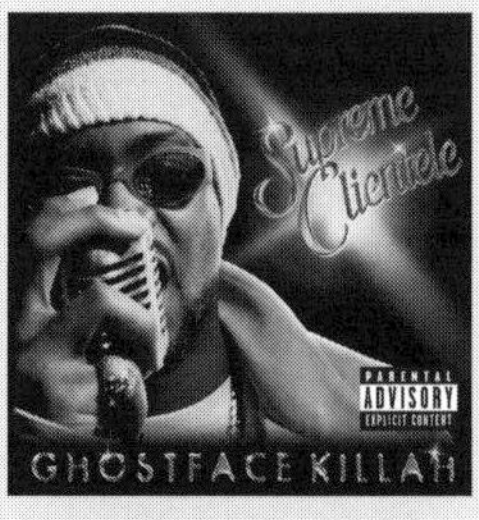

Ghostface Killah
Supreme Clientele
Razor Sharp (2000)

Billy Woods
Aethiopes
Backwoodz Studioz (2022)

Dälek
From Filthy Tongue Of Gods And Griots
Ipecac (2002)

小林雅明

ヒップホップで一番好きな盤は?と訊かれたら、答えに多いに悩んでしまうけれど、偏愛盤は?となれば、すぐ答えられる。この原稿を依頼された瞬間に思い浮かべた順にアルバムを挙げてゆくと、ニュー・キングダム『Paradise Don't Come Cheap』(1996)、ダイアレク『From Filthy Tongue Of Gods And Griots』(2002)、そして、上記2作のどの収録曲よりもヒップホップからかけ離れた曲も入っているけれど、チャイルディッシュ・ガンビーノ『Because The Internet』(2013)となる。

自分の場合、必ずしも聴いた回数が多い盤と偏愛盤は重ならない。というのも、レヴューやライナーノーツを書いたり、インタヴューの準備をしているあいだに、極端な言い方をすれば、もうしばらくこれは聴かなくてもいいや、と思えてしまうほど、ひとつの作品を繰り返して聴くことになるからだ。よって、自分にとっての偏愛盤とは、わけもなく突然聴きたくなる機会が多い盤ということになるだろうか。

そこに、比較的最近仲間入りしたのは、アーマンド・ハマーのビリー・ウッズによる『Aethiops』(2022)だ。ただ、よく考えてみると、確かに、わけもなく突然聴きたくなって、実際に聴いてしまうわけだが、何度聴いてもひっかかるところ、よくわからないところが出てきて、聴くたびに、そのあたりに耳が引き寄せられている。それが、ここまで挙げてきた盤の共通点でもある。

そうなると、なんど聴いても理解したい気持ちをかき立ててくれる盤が、自分にとっての偏愛盤だとも言える。そういった点で最強なのは、ゴーストフェイス・キラーの『Supreme Clientele』(2000)だろう。彼特有のスタイルは、ここで確立されたわけだが、平たく言えば、なにを言っているのかよくわからないのが彼のスタイルだからだ。いつかは、少しくらい自分の理解が進むことになるのだろうか。

Le$
Midnight Club
SxS（2017）

Curren$y
Pilot Talk
DD172（2010）

Super Lover Cee & Casanova Rud
Girls I Got 'Em Locked
DNA International（1988）

小渕晃

「Do The James」や「Gils I Got 'Em Locked」の、ポール・Cの手によるドラムスが、僕にとってのヒップホップの核だ。これぞ「ドープ」なインストもぜひ聴いて欲しいけど、このビートにハマって、人生が変わった。

ベイエリアでの2パックの同居人だったサフィアーは僕が一番好きなラッパー。『Boxcar Sessions』はウェッサイ・ファンクで新世代ジャズな大名盤。ドゥー・オア・ダイはボンサグに劣らぬシンギング・ラップの王者。同郷の後輩カニエ・ウェスト参加の『D.O.D』は2000年代シカゴ・ソウルを代表する名盤と言いたいソウルフルな逸品。ニューオーリンズのセカンドライン・ファンクそのままなのはジュヴィナイル率いるUTPの『The Beginning Of The End...』。北米で最もファンキーなビートとラップが聴ける。同じくニューオーリンズ出身のカレンシーが、スキー・ビーツとつくったスペース・スモーク・ロッキン・ファンク集『Pilot Talk』は、他に類のないサウンドにハマるカルト人気盤。独創的すぎてマニア受けに終わったけど素晴らしい。同じく他に類のない、ラテン・フレイヴァとストレートなヒップホップ要素のミックス加減の絶妙さで、愛さずにいられないのがイーストLAのデリンクエント・ハビッツ。彼らはどのアルバムもいい。

時にダフト・パンクにも通じる、オーケストレイションとドラムスの融合にハマるのが、オランダの才人ニコレイがビートを担うフォーリン・エクスチェンジの『Connected』。これも含めて、インスト盤があるものは普段はそちらばかり聴いている。浮遊感が心地いいのはLesの『Midnight Club』も同じ。同郷ヒューストンの先達ESG『Sailin' Da South』の現代版のよう。今年はリル・ヨッティ『Let's Start Here.』を偏愛中。

Soulja Boy
The DeAndre Way
Collipark (2010)

D4L
Down For Life
D4L (2005)

Dem Franchize Boyz
On Top Of Our Game
So So Def (2006)

つやちゃん

エッセイで書いた通り、私はリル・ジョンをきっかけに本格的にヒップホップに開眼したリスナーである。本稿では、リル・ジョン起点の史観としては重要な盤に違いないものの、本書のレヴューからは漏れてしまっている傑作の3枚について記したい。紹介する作品は、まずデム・フランチャイズ・ボーイズ『On Top Of Our Game』とD4L『Down For Life』。ポスト・リル・ジョンを提示した作品として非常に分かりやすい選盤であろう。要は、スナップである。

スナップとは、クランクのフォーマットを継承しながらも、スナッピング=指パッチンや口笛といったより一層軽快でスムーズな音をリズムに使用したサブジャンル。2005〜2006年頃に隆盛し、クランク同様ゆったりとしたBPMでゆるくノるダンスも流行った。前者は「Lean Wit It, Rock Wit It」、後者は「Laffy Taffy」という特大ヒット曲を生んだが、基本的にはかけ声ワンループで押し切るミニマルなナンバーが揃う。ヒップホップのダンス・ミュージックとしての側面を取り出しとにかく極端化したような軽やかさが魅力で、リル・ジョンの発明があったからこそここまでのさらなる軽量化を推し進めていけたのだろう。デム・フランチャイズ・ボーイズは次のアルバムも非常にクオリティが高く、D4Lはショウティ・ローはじめメンバーのソロ作品も素晴らしい。

スナップはこの後も女性4人組、チェリッシュが『Unappreciated』でR&Bとの融合を図ることでジャンルとして進化。ここでは、その一旦の最終形態としてソウルジャ・ボーイの『The DeAndre Way』も挙げたい。デビュー曲の「Crank That」が有名だが、その後セカンド・アルバムである当作では、クランク〜スナップとして進化してきたサウンドが物語性を獲得しもう一度ヒップホップの重厚さへと回収されていくさまが観察できる。リル・ジョンによる実験はソウルジャ・ボーイによって結論づけられたという見立てであり、結果、2000年代のチープな実験は完成を迎え、時代は2010年代へと駒を進めていった。

Genius / GZA
Cold World
Geffen (1995)

DJ Shadöw / DJ Krush
Lost And Found (S.F.L.) / Kemuri
Mo Wax (1994)

Biz Markie
Just A Friend
Cold Chillin'(1989)

野田努

ぼくのような80年代後半にヒップホップにのめり込んだ世代の多くは、ビースティ・ボーイズを入り口とした、元UKパンク／ニューウェイヴのリスナーだった。M/A/R/R/Sの「Pump Up the Volume」にびっくりして、コールドカットの「Say Kids What Time is It?」があって、いやいやでもこれはアメリカのダブル・ディー&スタンスキの「Lesson 1, 2 & 3」というシングル盤が最初にあってと、タイニー・パンクスの『宝島』での連載「LAST ORGY」かなんかで知った。とにかく、ぼくのなかで他人のレコードを回すだけのDJの意味がひっくり返ったときの衝撃といったらなかった。DJが格好良く見えたそのときこそ自分がヒップホップを好きになった瞬間だったのだ。やがてPEの「Welcome to the Terrordome」のイントロに戦慄を覚え、故ビズ・マーキーの超名曲「Just a Friends」が古いソウルとR&Bのループで作られていることを知って驚嘆し、そしてエリック・B&ラキムの「Paid in Full」のコールドカット・リミックスを探した人間にとってのヒップホップはサウンドの斬新さがすべてだった。だから、1994年にロンドンはコベントガーデンにあった先鋭的なレコード店ファットキャットのスタッフから推薦されたDJシャドウとDJクラッシュのスプリット盤「Lost and Found / Kemuri」に震えたのも当然だった。ぼくが好きなのはサッカーではない、フットボールだ。ラップではない、ヒップホップなのだ。偏愛盤はたくさんあるけれど、しかしもし1枚だけ選べと言われれば、ジニアスの「Cold World」になるかもしれない。もっとも落ち込んだとき、心が荒んだときに入ってくるのは、いまでもこの、RZAの氷河めいたトラックが素晴らしい、ヒップホップ史におけるもっとも寒々しい曲だったりする。

Son Of Bazerk Featuring No Self Control And The Band

Bazerk Bazerk Bazerk

S.O.U.L. (1991)

長谷川町蔵

パブリック・エネミー（PE）のプロダクション・チームとして一世を風靡したボム・スクワッドがMCA傘下に設立したS.O.U.L.(Sound Of Urban listeners)レーベル。そこから登場したのがサン・オブ・バザークだった。メンバーは同名のリード・ラッパーを含む5人編成。全員60年代ソウル・レビュー風ファッションに身を包んでいる。PEのフレイヴァー・フレイヴの親友との触れ込みで売り出されたのは、PEでは隠し味だったコミカルな部分を全面展開したグループとして構想されたことを証明している。

そのアルバム『Bazerk Bazerk Bazerk』は、ジェイムズ・ブラウン『Please, Please, Please』をパロったスリーブからして人を食っていたが、サウンドはさらにぶっ飛んでいた。PEサウンドをベースにメタルやレゲエの要素が闇鍋状態でブチ込まれ、Pファンクのマイケル・ハンプトンもギターで参加。そこにバザークのボビー・バードを思わせる無骨なヴォイスが乗り、ほかの4人が全力で煽りまくるのだ。あらゆる意味でトゥーマッチな彼らのスタイルは、当時主流だったストイックな表現の真逆を行くものだったし、エンタメ方面に全振りしたリリックはPEファンを戸惑わせるものだった。

アルバムは評論家には絶賛されたものの、セールス的には大失敗。これを境にボム・スクワッドの威光は低下していった。筆者はリリース当時、取り憑かれたように聴いていたものだけど、ヒップホップがシーン全体で作られていく音楽であることを理解するにつれ、シーンの空気を全く読んでいない本作を黒歴史扱いするようになった。でも今年翻訳が出たザ・ルーツのクエストラヴの本『ミュージック・イズ・ヒストリー』で絶賛されていたのを目にして久々にCDラックを探してみた。不思議なことに、聴かなくなるとすぐに処分する人間にもかかわらず、本作はずっとコレクションに留まっていたのだ。そして本当に久しぶりに聴いてみた。やっぱり最高だった。

Foxy Brown
Ill Na Na
Violator (1996)

OST
Clockers
MCA (1995)

Jeru The Damaja
The Sun Rises In The East
Pay Day (1994)

二木信

僕のヒップホップへの扉を開けたのは間違いなくDJ・プレミアだ。DJ・プレミアはオルタナティヴ・ロックやハウス／テクノなどに夢中な音楽好きとの懸け橋だった。フッドの陽気なパーティの雰囲気を伝えるノーティ・バイ・ネイチャー「Hip Hop Hooray」には一切関心を示さないボアダムズやジェフ・ミルズを愛する連中もDJ・プレミアの「前衛的なサウンド」は無視できなかった。僕は「ヒップホップってヤバいだろ」と得意げに友達に聴かせた。

偏愛とは人生の忘れられない経験と深く結びつく。特にジェルー・ザ・ダメジャ「Come Clean」。『The Sun Rises In The East』のLPで何度も再生したが、あのポコポコと鳴る音の秘密がわからなかった。いまとなればジャズ・ドラマーのシェリー・マンからのサンプリングだとわかるが、当時はインターネットもなく、DJ・プレミアの構築美はハード・ディガー以外にとって完璧なる秘儀だった。DJ・プレミアでもう1曲挙げるとすれば、「Return Of The Crooklyn Dodgers」だ。スパイク・リーが監督した映画『クロッカーズ』のサントラに入っている。歌詞カードを読みながら英語のライミングの妙技に触れ、映画と曲を通して暴力の肯定と暴力を生み出すシステムを批判的に考察する芸術の違いを知る。R&Bやソウルも含むサントラが素晴らしい。また、フォクシー・ブラウンのファースト『Ill Na Na』は衝撃だった。1996年のリリース時に僕は15歳、ブルックリンがホームの彼女は17歳。カーディ・Bに15歳でハマってしまうようなものだ。ブラックストリートとの「Get Me Home」、ジェイ・Zとの「I'll Be」の映像をMTVで何度も観た。全盛期のトラックマスターズがアルバムの大半の曲を手掛けた。ヒップホップ・ソウルとハードなサウンドを往復するアプローチのなかに確実に踊れるグルーヴを忍ばせるプロダクションは僕の耳と趣味をだいぶ広げてくれたのだった。

Heavy D. & The Boyz
Peaceful Journey
MCA (1991)
*「Don't Curse」収録

N.W.A
100 Miles And Runnin'
Ruthless (1990)

Public Enemy
Fear Of A Black Planet
Def Jam (1990)
*「Burn Hollywood Burn」収録

水谷聡男

90年代マイク・リレー偏愛。

代わる代わるMCが独自のフロウを駆使しながらマイクをリレーしていくのはヒップホップの醍醐味のひとつである。中学生の頃MC・ハマーしか知らなかった私だが、90年、高校入学早々に友人に渡されたパブリック・エネミーのアルバムに入っていたのが「Burn Hollywood Burn」。チャック・D、アイス・キューブ、ビッグ・ダディ・ケインへとリレーされる速射ラップはそれまで聞いたことのない攻撃的な音楽で、一気にホンモノのヒップホップの世界へと引き込まれた。

時を同じくして、その友人が次に薦めたのがNWAの「100 Miles And Runnin'」。東へと逃亡?したアイス・キューブに恨み節たっぷりに繰り広げるマイク・リレーは、血気盛んな年頃の僕に大きなインパクトを与えた。NWA関連でもこれを越えるマイク・リレーはなく、怒っているラップに勝るものナシと偏愛評価したい。ドレーとキューブの陰に隠れがちなMC・レン（偏愛）が「F△×K、フ△×クと畳み掛けるオリジナル・ヴァージョンでの試聴をオススメする。

その後、後聞きするデ・ラ・ソウルのネイティヴ・タン・ポッセ・カット「Buddy」や、ジュース・クルーのポッセ・カット「The Symphony」（この曲でのクール・G・ラップのフレーズ"rampage"を用いたEPMDの同名曲のスクラッチ偏愛）、そしてプロフェッサー・X「Close The Crackhouse」（ワイズ・インテリジェント超偏愛）などを経て最終的にマイク・リレー最高峰の偏愛としてたどり着いたのがヘヴィ・D&ザ・ボーイズの「Don't Curse」。ピート・ロックの2枚使い調のシンプルなトラックの上で、グランド・プーバ、CL・スムーズ、ビッグ・ダディ・ケインそしてQ・ティップといった東のスターMCがしのぎを削る。中でもクール・G・ラップが僕の偏愛No.1。個性豊かな各々の佇まい、ファッションが堪能できるPVでの試聴をオススメする。

Earl Sweatshirt
Doris
Odd Future (2013)

TTC
Ceci N'est Pas Un Disque
Big Dada Recordings (2002)

Atmosphere
Lucy Ford
Rhymesayers Entertainment (2000)

三田格

・アトモスフィア『Lucy Ford』

カート・コベインは賢明にも「白人はヒップホップをやるべきではない」と発言していたけれど、スラッグだけはその忠告を無視して正解だった。白人に特有のレイジーでダークな倦怠感からサイケデリックへの道筋をつけた2枚のEP『Ford One』『Ford Two』は圧巻のひと言で、とくにアンチコンからジェルやムードウスウィング9を起用した3曲はアンダーグラウンドの存在意義をこれでもかと印象づけた。

・TTC『Ceci N'est Pas Un Disque』

新自由主義の影響を受け始めたフランスで様々な葛藤をユーモアとペーソスに昇華させた傑作。甲高いテキの声からスネアの処理まで空前絶後の面白さ。DJ・ヴァディムのトラックは永遠でしょう。同じレーベルのインフィナイト・ライヴズ『Morgan Freeman's Psychedelic Semen』もユーモアでは引けを取らない。

・アール・スウェットシャート『Doris』

元オッド・フューチャーの最年少ラッパーによる1作目。洗練されたアンニュイなムード。気力が湧かない時はこればかり。中途半端なピアノのループが印象的な先行シングル「Chum」がいい。

ヒップホップはアルバムより曲単位で聴くことが多い。「Jump Around」「Shimmy Shimmy Ya」「The Rain (Supa Dupa Fly)」「Shake Ya Ass」「Who」「Jiggle It!」「Coffee Shop」「Pop Champagne」「212」「No Flex Zone」「Blue Suede」「Bodak Yellow」「Sugar」……この何年かは南アのA・リース「Selfish」がずっと頭から離れず。

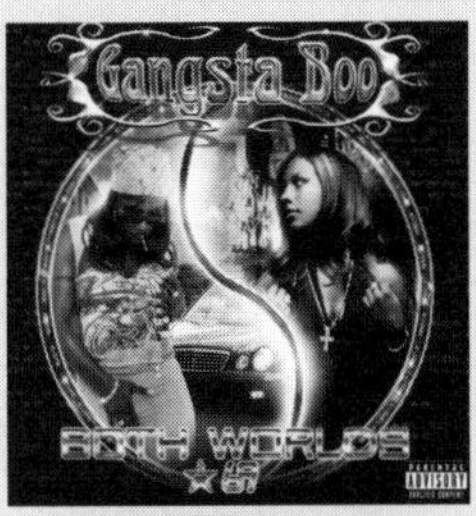

Gangsta Boo
Both Worlds,*69
Hypnotize Minds (2001)

T.I.
King.
Grand Hustle (2006)

Bun B
Trill
Rap-A-Lot (2005)

渡辺志保

偏愛というと、筆者の場合、やはりサウスへの情熱は隠しきれない。グッディ・モブ『Soul Food』に触れ、その土臭さとイナタさ、田舎ならではの鬱積したブルージーさにヤラレてしまった。アトランタやニューオーリンズ、ヒューストン、マイアミ、メンフィスと、南部都市のヒップホップについては、かつての『bmr』が教科書がわり。歴代のOGライターの方々のおかげでバン・B『Trill』やマイク・ジョーンズ『Who Is Mike Jones?』、リュダクリス『Back For The First Time』といった名盤への理解&愛情を深めていったのであった。特に00年代半ば〜後半にかけての南部サウンドの進化具合は凄まじく、荒々しく叩きつけるようなベース・ラインや猛々しいコーラス、派手なシンセはいまだに感情を最高に昂らせる。スリー6マフィア『Most Known Unknown』、8ボール&MJG『Living Legend』などを夢中で聴いた。クラブに行けばD4L『Down 4 Life』、クライム・モブ『Crime Mob』、TI『King』といったアルバムからのヒット曲が掛かっていたし、新譜を集めたブートのミックスCDも山ほど買っていたっけ…。そんなわけで、2010年代に入ってエイサップ・ロッキーやドレイクらがこぞってヒューストン産ヒップホップへのオマージュを捧げる楽曲をリリースしている様子にはびっくりしたし、サウス発祥のトラップ・ビートがおしゃれダンス・サウンドに融合されたり、アジアのポップスにもその影響を及ぼしたりするとは予想だにしていなかった。その分、愛するサウスのビートが歴史やカルチャーを無視した〝トレンド〟として消費され、やがて飽きられるのではと勝手な危機感を抱かずにはいられない。最後に、2023年元旦に惜しくも急逝したギャングスタ・ブー『Enquiring Minds』、『Both Worlds,*69』、そして彼女がドラマ・ボーイとタッグを組んだ『It's Game Involved』を紹介して筆を置く。

VINYL GOES AROUND PRESENTS そこにレコードがあるから

第2回 ヒップホップの生み出したサンプリングという芸術

水谷聡男×山崎真央

サンプリングの基礎はブレイク

〝ブレイク〟とは（大まかにいうと）曲のドラムやパーカッションが強調される部分を指すことは今では周知の事実である。クール・ハークはその〝ブレイク〟という観念を見出し、そこだけを2枚の同じレコードを使ってループさせてプレイするということを最初に行った。その初披露が今から〝50〟年前の1973年8月11日のブロンクス。この日は後にヒップホップ誕生の瞬間として一般的に語られるようになった。1979年に録音されたDJアフリカ・バンバーターの『Death Mix — Live!!!』（アナログ・リリースは1983年）は今すぐに聴くことのできるヒップホップ黎明期の様子を知れる貴重な音源だ。ザ・ジャクソン5の〝It's Great to Be Here〟などのブレイクをDJが次々にループさせ、その上にMC（ラップ）が乗るという、ライヴの臨場感がそのまま詰め込まれたレコードで、初期ヒップホップにおいてブレイクの重要性がよくわかる。

では、まずはブレイク誕生以降、サンプリングが生まれるまでの経緯をざっと追ってみよう。1979年にローカルなブームにすぎなかったヒップホップのシーンに地元の音楽ビジネスが一気に参入してくる。前述の『Death Mix』を（後に）リリースした初期ヒップホップを語る上では重要なレーベル〈Paul Winley Records〉は世界初のブレイク・コンピレーション『Super Disco Brake's』をリリースさせるが、ヒップホップ初の世界的なヒットになったシュガーヒル・ギャングによる〝Rapper's Delight〟に見られるように、録音現場ではブレイク2枚使いの出番はなく、スタジオ・バンドの演奏によるディスコ・トラックにとって代わっていく。さらにそれ以降はドラム・マシンのTR‐808を軸としたエレクトロ・トラックが主流となっていき、ブレイクが録音現場で登場することは稀であった。

しかし1986年にその潮目が変わる。それは一般的な価格で購入のできるサンプラーの登場であった。エンジニア／プロデューサーであったマーリー・マールは操作ミスから偶然にサンプラーでレコードのスネアの音を録音。ここに新たな可能性を見出し、サンプラーを使用したトラック・メイキングが実践されていく。そして同じ年に70年代からブレイクに魅了されていたレニー・ロバーツとルー・フローレスというディガーが大量のブレイク集をアナログで発売。これが『Ultimate Breaks & Beats』である。この二つが同時期に登場したことがつながり、ブレイク・ネタがサンプラーに取り込まれたトラック・メイキング＝サンプリング主体のヒップホップが全国的に普及する。

70年代に礎を築いたクール・ハークらのスタイルがここにきてようやくヒップホップの

根幹となっていくのだった。

＊

山崎 1986年頃から広まったサンプリングですが、初期はやはり『Ultimate Breaks & Beats』収録曲のワンフレーズを使用したループ使いが多いですね。

水谷 やはりザ・チャンプやインピーチ・ザ・プレジデントとかのブレイクはかっこいいですからね。インパクトがすごい。

山崎 いつ聴いても痺れる、ブレイク・クラシックですね。70年代の時点でこれに目をつけたハークやバンバータは偉大だと思います。

水谷 ワンループのサンプリングはヒップホップの歴史において一つの完成形ですね。この辺の影響がインディペンデント系に及んだのがいわゆるランダム・ラップです。

山崎 ちょうどGroove-Diggersのヒップホップ編で7インチをリイシューする、A・P・Gクルーもロイ・ポーターのまんま使いはかっこいいですよね。

水谷 このあたりまではどちらかというと土着的でファンク色が強いのですが、『Ultimate～』路線から外れて、さらに常識を覆していくのがいくのがネイティヴ・タンの連中で。1988年頃からニュースクールと呼ばれる時代に突入していくんです。

山崎 なるほど。いわゆるオーソドックスなブレイクというところから少しずつ外れていく。ネタの選び方がより進化していきますね。それまでのゴールド・チェーンが似合うようなたくましいサウンドから、ポップで全体的にも聴きやすくなりますね。

水谷 そうですね。洗練された音になっていく。この辺のセンスってレアグルーヴとかUKからの影響があるんじゃないかと感じます。

山崎 確かに、『Urban Classics』や『Rare』といったコンピレーションでは既にロイ・エアーズやマイティー・ライダースなんかは早い時期から紹介されていますからね。それが逆輸入的にUSシーンに影響を及ぼしている可能性は高そうです。

水谷 この頃もまだ基本はワンループだったりするんですが、1990年頃になるとサンプリングを複数使って展開させていく。横に重ねて展開をつけたり上物とビートを別にしていったり。デ・ラ・ソウルはその展開が大味なんですが、ATCQはもう少しまとまっていた。

山崎 サンプラーって元々は曲を録るものではなくて、楽器の一音を録音してそれを音階に振ることのできる機材だったんですよね。例えばストリングスの音を数秒録れば、キーボードで音階をつけて演奏できるというような。なので当時は録音秒数も限られていたわけですが、少ないメモリを駆使して、サンプリングを合わせていく技は本当に凄いですね。

水谷 メイン・ソースのラージ・プロフェッサーは『Breaking Atoms』でそこからさらに進化させるんですよ。上ネタのメロディの重ね方や、特にコーラスを全く別のネタから持ってくるセンスがすごくて。切り取り方も小節をそのまま切るんじゃなくて、聴いてもすぐにはわからない使い方をする。サンプラーの使い方がどんどん高度になっていくんですね。ラージ・プロフェッサー以前と以降ではヒップホップにおいてのサンプリングの手法が変わる。彼に影響を受けたピート・

ロックやDJプレミアが集結して1994年のナズの『Illmatic』に繋がっていくんです。……とラージ・プロフェッサーについてはいくらでも語ってしまうのですが、彼についての話はまたあらためてele-kingのweb版で掲載しますのでご期待ください。

MUROさんが凄い

山崎　この対談をするにあたってMUROさんの最初のミックス・テープ『KING OF DIGGIN' vol.1』を聴き直しました。

水谷　1995年に出たこのテープを今改めて聴くと当時のMUROさんの凄さがよくわかりますね。

山崎　このテープはヒップホップのサンプリング・ネタだけで構成されていて、100曲以上が90分テープにクイック・ミックスされて収録されているのですが、もう狂っているとしか言いようがない凄まじさというか。

水谷　で、我々で未だ公開されていないこのテープのトラック・リストを解明しようということになったのですが、30年近くたった、この情報過多の時代でさえもめちゃくちゃ大変でした。テープの音質なのでシャザムも通用しなかったです。

山崎　当時は今みたいにネットもなければディスクガイド本もない時代ですからね。90年代半ばにこれだけのネタを集めたMUROさんのディグ力は異常だと思います。

水谷　例えば1000枚のレコードから100曲探せって言われたって、相当しんどいと思いますが、世の中のレコード全てから探すって常識的には考えられませんね。ここまで一気に集めたのって当時は世界でもMUROさんだけだと思いますよ。しかも聴いてさらにすごいなって思ったのが、サンプリングしているヒップホップならなんでも良いわけではなくて、当時MUROさんが好きだったであろうヒップホップのネタ元に厳選されているんですよ。ターゲットを絞ってディグしている点もすごい。

山崎　以前、インタヴューをさせてもらった時に、90年代はアメリカのレコード・コンヴェンションでレジ横にレコードの箱が山積みになるくらい買っていたとおっしゃってましたが、本当に店の端から端まで買うようなことをしなければこのテープは作れないレベルです。

水谷　『vol.2』もこの後すぐに出たのですが、そっちも凄いので、またの機会にVGAチームで解明してみたいですね。そして、いつかMUROさんに『KING OF DIGGIN'』の再現DJをVGAのYouTubeチャンネル「Momoyama Radio」でやってもらえたら感慨無量です。

『KING OF DIGGIN' vol.1』トラック・リスト

SIDE A

1. Sweet Charles / Soul Man
2. Ronnie Laws / Tidal Wave
3. Quincy Jones / Snow Creatures
4. Showbiz & A.G. / Diggin' in the crates
5. Joe Williams and Thad Jones, Mel Lewis The Jazz Orchestra / Get Out of My Life
6. The Coasters / Down Home Girl
7. James Brown / Popcorn With a Feeling
8. Edie Brickell & New Bohemians / What I Am
9. Odetta / Hit or Miss
10. Eugene McDaniels / Cherrystones
11. The Loading Zone / Can I Dedicate
12. Shelly Manne / Infinity
13. Young-Holt Unlimited / Wah Wah Man
14. B.T. Express / If It Don't Turn You on (You Oughta Leave It Alone)
15. Monk Higgins / Little Green Apples
16. Jean-Jacques Perrey / E.V.A.
17. Maynard Ferguson / Mister Mellow
18. The Meters / Can You Do Without?
19. 9th Creation / Bubble Gum
20. Eddie Harris / Lovely Is Today
21. Morton Stevens / The Long Wait (Hawaii Five-O OST)
22. Eugene McDaniels / Jagger the Dagger
23. Edna Wright / Oops! Here I Go Again
24. RAMP / Daylight
25. Parliament / Mothership Connection (Star Child)
26. The Outlaw Blues Band / Deep Gully
27. Joe Farrell / Upon This Rock
28. Paul Butterfield / I Don't Wanna Go
29. Stone Alliance / Sweetie Pie
30. The Three Sounds / Repeat After Me
31. Ike Turner and The Kings of Rhythm / Getting Nasty
32. Cerrone / Rocket in the Pocket (Live)
33. Brother Jack McDuff / Hold It for a Minute
34. Kool & the Gang / Dujii
35. James Brown / Can Mind
36. Kool & the Gang / Give It Up
37. Tommy Roe / dizzy
38. Flaming Ember / Gotta Get Away
39. Fred Wesley and The J.B.'s / More Peas
40. 24-Carat Black / The 24-Carat Black Theme
41. London Beats / London Beats Vol. 1
42. Bill Doggett / Honky Tonk
43. Belle Epoque / Miss Broadway
44. Pleasure / Celebrate the Good Things
45. The Music Machine / Come on In
46. Lowell Fulson / Pico (Tramp)
47. The Mar-Keys / Honey Pot
48. The Mar-Keys / Grab This Thing
49. The Sweet Inspirations / I'm Blue
50. Spirit / Ice
51. Milt Jackson / Olinga
52. Jimmy McGriff / Green Dolphin Street
53. Commodores / Girl I Think the World About You
54. Rotary Connection / Memory Band
55. Jack Bruce / Born to Be Blue
56. Joe Chambers / Mind Rain

SIDE B

57. Muro From Microphone Pager / 真ッ黒ニナル迄
58. The Crusaders / Marcella's Dream
59. The Cannonball Adderley Quintet / Capricorn
60. Reuben Wilson / We're in Love
61. Grover Washington, Jr. / Loran's Dance
62. Ohio Players / What's Going On?
63. Sly & the Family Stone / Remember Who You Are
64. Gary Bartz / Gentle Smiles (Saxy)
65. John Klemmer / Free Soul
66. Young-Holt Unlimited / The Creeper
67. Roy Ayers Ubiquity / Feel Like Makin' Love
68. Ahmad Jamal / Misdemeanor
69. O'Donel Levy / We've Only Just Begun
70. Young-Holt Unlimited / Light My Fire
71. Erma Franklin / Light My Fire
72. Sly & the Family Stone / Trip to Your Heart
73. Melvin Van Peebles feat. Earth, Wind & Fire / The Man Tries Running His Usual Game but Sweetback's Jones Is So Strong He...
74. The Fatback Band / Gotta Learn How to Dance
75. Ernie Hines / Our Generation
76. Marlena Shaw / California Soul
77. Mel & Tim / Groovy Situation
78. The Main Ingredient / Magic Shoes
79. The Ambassadors / Ain't Got the Love (Of One Girl on My Mind)
80. Gary Byrd / Soul Travelin' Pt. I (The G.B.E.)
81. Dizzy Gillespie / Matrix
82. Idris Muhammad / Crab Apple
83. Ray Bryant / Up Above the Rock
84. James Brown / Blind Man Can See It
85. The Notations / Superpeople
86. Donald Byrd / Wind Parade
87. Faze-O / Riding High
88. Eddie Drennon / Do What You Gotta Do
89. Al Hirt / Harlem Hendoo
90. Galt MacDermot's First Natural Hair Band / Ripped Open by Metal Explosions
91. The Blackbyrds / Wilford's Gone
92. Les DeMerle / A Day in the Life
93. Ray, Goodman & Brown / Another Day
94. Minnie Riperton / Inside My Love
95. Little Richard / The Rill Thing
96. The Whole Darn Family / Seven Minutes of Funk
97. Lonnie Smith / People Sure Act Funny
98. Charles Kynard / Something
99. The Turtles / Buzzsaw
100. The Isley Brothers / I Turned You On
101. Pointer Sisters / Don't It Drive You Crazy
102. Isaac Hayes / Walk on By
103. Gwen McCrae / 90% of Me Is You
104. The New Birth / Honeybee

Contributors

執筆者プロフィール

アボかど

1991年生まれ、新潟県出身・在住の音楽ブロガー／ライター。専門分野はヒップホップ、特にアメリカのギャングスタ・ラップ。10代の頃に『bmr』とインターネットを通してヒップホップにのめり込み、2012年には音楽ブログ『にんじゃりGang Bang』をエイサップ・ヤムズへの憧れからTumblrで開設。2021年からはブログをnoteに移転し、新譜のレビューを中心に論考なども執筆している。

磯部涼（いそべ・りょう）

ライター。単著に『ルポ 川崎』（サイゾー、2017年）、『令和元年のテロリズム』（新潮社、2021年）、共著に大和田俊之、吉田雅史との『ラップは何を映しているのか――「日本語ラップ」から「トランプ後の世界」まで』などがある。雑誌『モーニング』（講談社）で原作を手掛ける漫画『リバーベッド』（作画：青井ぬゐ）が連載中。12月に第4巻が発売予定。

緊那羅：デジラ（緊那羅：Desi La）

ニューヨーク出身、東京在住。電子音楽家 / 3Dアーティスト / グラフィックデザイナー。https://kinnara-desila-afrovisionary-creations.bandcamp.com/

小林雅明（こばやし・まさあき）

肩書き不詳。もう30年近くもヒップホップに関するあれこれを書いてきていて、2022年からは、ヒップホップに特化したポッドキャスト『小林雅明のRap Bandit - R_（毎月2回更新）も始まりました。著書『ミックステープ文化論』『誰がラッパーを殺したのか』、翻訳書『ラップ・イヤーブック』等。ドナルド・グローヴァー／チャイルディッシュ・ガンビーノに関する書籍がCOMING SOON。

小渕晃（こぶち・あきら）

TOWER RECORDS アルバイト、レコード・ショップ CISCO勤務を経て、月刊『bmr（ブラック・ミュージック・リヴュー）』編集～編集長を計15年。現在はフリーのライター、編集者。編著書『HIP HOP definitive 1974-2017』『ギャングスタ・ラップ ディスクガイド』（ともにele-king books / P-VINE刊）、『シティ・ソウル ディスクガイド』1＆2（DU BOOKS刊）、他。

荏開津広（えがいつ・ひろし）

DJ／ライター／Port B『ワーグナープロジェクト』音楽監督。東京の黎明期のクラブ、P.PICASSO、MIX、YELLOWなどでDJを、以後主にストリート・カルチャーの領域で国内外にて活動。2010年以後はより批評的な活動が増え、キュレーション／ディレクション／音楽監督／構成執筆なども。早稲田大学他で非常勤講師。

高橋芳朗（たかはし・よしあき）

東京都出身。音楽ジャーナリスト／ラジオパーソナリティー／選曲家。著書は『マーベル・シネマティック・ユニバース音楽考』『新しい出会いなんて期待できないんだから、誰かの恋観てリハビリするしかない～愛と教養のラブコメ映画講座』『ディス・イズ・アメリカ 「トランプ時代」のポップミュージック』など。ラジオの出演／選曲はTBSラジオ『ジェーン・スー 生活は踊る』『アフター6ジャンクション』『金曜ボイスログ』など。

つやちゃん

文筆家／ライター。ヒップホップやラップを中心にさまざまな音楽、カルチャーに関する論考・インタビューを執筆。音楽誌や文芸誌、ファッション誌など寄稿多数。著書に『わたしはラップをやることに決めた フィメールラッパー批評原論』（DU BOOKS）など。

長谷川町蔵（はせがわ・まちぞう）

レペゼン町田、色々やってる文筆家。2023年10月現在『ミュージック・マガジン』のアルバム・レヴュー欄で「ラップ／ヒップホップ（海外）」を担当しています。主な著書に『インナー・シティ・ブルース』『サ・ン・ト・ランド サウンドトラックで観る映画』『文化系のためのヒップホップ入門1～3』（大和田俊之氏との共著）『ヤング・アダルトU.S.A.』（山崎まどか氏との共著）など。

野田努（のだ・つとむ）

ele-king編集長。いちばん最初に買ったヒップホップのレコードはエレクトロ満載のトミーボーイの2枚組のベスト盤でした。今年、いちばん最近買ったUSラップものは、データですがジーン・グレイです。

二木信（ふたつぎ・しん）

1981年生。音楽ライター。単著に『しくじるなよ、ルーディ』（ele-king books）、企画・構成に漢 a.k.a. GAMI著『ヒップホップ・ドリーム』（河出書房新社）など。ヒップホップを中心に、QETIC、FNMNL、ele-king、TURN、Real Sound、ナタリー、CDジャーナル、ミュージック・マガジン、日経エンタテインメント、ユリイカ等で執筆。

山崎真央（やまざき・まお）

VINYL GOES AROUND / Groove-Diggers / MOMOYAMA RADIO / 株式会社Pヴァイン企画制作担当。人生で最初にハマったヒップホップは、Eric B. & Rakim「Paid In Full (Seven Minutes Of Madness - The Coldcut Remix)」。

水谷聡男（みずたに・としお）

Pヴァイン／GROOVE DIGGERS／VINYL GOES AROUND。50周年に本誌にも参加させていただき、同時にレアグルーヴのリイシュー・シリーズGROOVE DIGGERS初となるHIP HOPタイトル(A.P.G. CREW)をリリース出来たのは嬉しい。引き続きHIP HOP文化に貢献すべく、来年はVGAチームで新たなネット・サービスとレコード・プレス工場をスタートする予定です！

三田格（みた・いたる）

1961年、LA生まれ。ライター、編集。共著に『Techno Definitive』、共編に『別冊ele-king坂本龍一追悼号 日本のサカモト』など。ヒップホップが長く続く音楽だと思ったのはLL・クール・Jを初めて聞いた時で、しばらく聴くのをやめていた音楽をまた聴くようになったのはLL・クール・Jを聴いたからで、そのLL・クール・Jが「Lip Sync Battle」の司会をやっていた時は目が点になりました。

渡辺志保（わたなべ・しほ）

広島市出身。ケンドリック・ラマーやニッキー・ミナージュ、コモンら海外アーティストほか、国内のアーティストへのインタビュー経験多数。共著に『ライムスター宇多丸の「ラップ史」入門』（NHK出版）などがある。block.fm『INSIDE OUT』をはじめ、ラジオMCとしても活動する他、イベントの司会業なども行なう。現在、ポッドキャスト番組『渡辺志保のヒップホップ茶話会』配信中。

from editor

クール・ハークは今年68歳だそうだ。意外とまだ若い。そんなふうに感じるほど、50年という年月は長く思える。スヌープ・ドッグが将来主婦タレントと料理番組に出演し、料理本を出して日本でもヒットするなどということを、出所して作ったデビュー・アルバム『ドギー・スタイル』のときに誰が想像し得ただろうか。ラッパーが料理本を出すのは彼が初めてではない。ケリスは『My Life on a Plate』を、故クーリオも『Cookin' With Coolio』という料理本を出版している。ギャングスタ・ラッパーがフットボールのコーチやポルノ映画の監督をやり、若い頃は「俺は毎日吸う」とラップしていた男が大人になって合法的に大麻産業に与するのはまだわかるけれど……、いや、そう、ヒップホップは否応なしに歳を取って、なんだかんだ大人になった(ならざるえなくなったのだ)。2022年のスーパーボウルのハーフタイムでは、ケンドリック・ラマーのほか、ドクター・ドレー、スヌープ・ドッグ、エミネム、メアリー・J・ブライジ、そして50セントらおじさんたちがステージに立って、エミネムは人種差別に抗議するポーズを披露した。ＰＥが2020年のバーニー・サンダースの集会でパフォーマンスを披露したことは、まあ、納得のいく話ではあるが、ジェイ・Ｚがたとえ表面的だとしてもフェミニズムの影響を露わにしていることに驚きを隠せない自分がいる。ヒップホップ・リスナーの主役が若者なのは間違いないだろうけれど、ひとつ言えるのは、しかし同時にこの音楽も歳を重ね、若いころには見せなかった表情も見せていること、それはそれでぼくはとても興味深く思っている。

今回は、長年にわたって、そしてたったいまもなお、アメリカというやっかいな国の巨大なヒップホップ文化と向き合って書いているライターの方々に書いてもらえたことを光栄に思います。撮影に協力してくださったレコード店の方々にもこの場を借りて、お礼を申し上げたい。みなさま、本当にありがとうございました。(野田)

ele-king books

別冊ele-king
HIP HOP 50 ISSUE
ヒップホップ誕生50周年記念号

2023年12月4日　初版印刷
2023年12月4日　初版発行

監修　小渕晃
編集　野田努(ele-king)
アシスタント　松島広人

装丁　長井雅子(in C)、小嶋香織(oflo)

発行者　水谷聡男
発行所　株式会社Pヴァイン
〒150-0031 東京都渋谷区桜丘町21-2 池田ビル2F
編集部:TEL 03-5784-1256
営業部(レコード店):TEL 03-5784-1250　FAX 03-5784-1251
http://p-vine.jp

発売元　日販アイ・ピー・エス株式会社
〒113-0034 東京都文京区湯島1-3-4
TEL 03-5802-1859　FAX 03-5802-1891

印刷・製本　シナノ印刷株式会社

ISBN 978-4-910511-62-7

■撮影協力

HMV record shop 渋谷
〒150-0042
東京都渋谷区宇田川町36-2
ノア渋谷1F／2F
営業時間:11〜21時

Manhattan Records
〒150-0042
東京都渋谷区宇田川町10-1
木船ビル
営業時間:12〜21時

JAZZY SPORT
SHIMOKITAZAWA
〒155-0031
東京都世田谷区北沢2-19-17
沢田屋ビル3F-A
営業時間:月火→定休日
水木金→13〜20時
土→12〜20時
日→12〜18時